A BOA POLÍTICA

RENATO JANINE RIBEIRO

A boa política
Ensaios sobre a democracia na era da internet

1ª reimpressão

Copyright © 2017 by Renato Janine Ribeiro

Grafia atualizada segundo o Acordo Ortográfico da Língua Portuguesa de 1990, que entrou em vigor no Brasil em 2009.

Capa
Gustavo Soares

Crédito da imagem da p. 230
© Chris Vena

Preparação
Cláudia Cantarin

Revisão
Márcia Moura
Isabel Cury

Dados Internacionais de Catalogação na Publicação (CIP)
(Câmara Brasileira do Livro, SP, Brasil)

Ribeiro, Renato Janine
   A boa política : Ensaios sobre a democracia na era da internet / Renato Janine Ribeiro. — 1ª ed. — São Paulo : Companhia das Letras, 2017.

   ISBN 978-85-359-2957-7

   1. Democracia 2. Ensaios 3. Filosofia política 4. Internet (Rede de computador) 5. Política I. Título.

17-05713   CDD-321.8

Índice para catálogo sistemático:
1. Democracia : Ciência política   321.8

[2017]
Todos os direitos desta edição reservados à
EDITORA SCHWARCZ S.A.
Rua Bandeira Paulista, 702, cj. 32
04532-002 — São Paulo — SP
Telefone: (11) 3707-3500
www.companhiadasletras.com.br
www.blogdacompanhia.com.br
facebook.com/companhiadasletras
instagram.com/companhiadasletras
twitter.com/cialetras

*Para meus meninos,
Rafael e Felipe*

Sumário

Introdução 9

1. A boa política 25
2. Democracia versus república:
   a questão do desejo nas lutas sociais 34
3. A inveja do tênis 48
4. Direitos humanos que não atraem o povo 54
5. Os direitos humanos ameaçam a democracia? 56
6. A perda do referencial comum da sociedade:
   o avanço dos particularismos 72
7. A eleição e a queixa: representação forte e fraca ... 90
8. A direita tem os meios, a esquerda, os fins 104
9. Como o PT perdeu a imagem ética 115
10. Pode existir uma utopia pós-moderna? 123
11. Democracia, compaixão, república, ou Atenas
    foi melhor que Roma? 140
12. Pode haver política que não seja democrática? ... 151
13. Sobre o voto obrigatório 169

14. O militante moderno e o cidadão romano 191
15. Os perigos do Universal 200
16. Corrupção antiga, moderna e pós-moderna 212
17. O Brasil e a democracia de protesto. 218
18. A quarta agenda da democracia brasileira 252
19. A internet não é uma ágora 265
Conclusão — Um futuro desconhecido 271

Notas. 279

Introdução

A proposta ou pergunta deste livro é simples e audaciosa: pode a filosofia política servir para tratar da política imediata, esta que rodeia nossas vidas? Nós, que frequentamos os clássicos da filosofia, tendemos a dizer que ela se diferencia de sua prima, a ciência política, porque trata das questões macro; mas nosso problema é que, de tão enormes, essas questões acabam muito distantes de tudo, inclusive de nós. Se pensarmos nos 2500 anos de filosofia ocidental, no tempo quase igual de filosofia política, veremos, sim, que esta trata das *grandes* perguntas, como a dominação, a obediência, a soberania, a representação — mas que se abstêm dos tópicos mais próximos. Mas é só isso? É isso? Seguramente a filosofia política não discutirá quem ganha a próxima eleição, porém isso ninguém sabe mesmo com plena certeza; não é isso o que eu lamento: o ruim é a filosofia abrir mão do *fog of war*, da névoa da guerra — ou da política —, dessa bruma em que nos perdemos, mas onde por fim nos encontramos, ainda que no lugar não esperado nem desejado.

Podemos tentar mais do que isso: pensar a filosofia política como *contemporânea* dos homens e mulheres que agem. Ela não lida com a ação, com o *negotium* em que as pessoas constroem sua vida social e suas decisões sobre o mundo? Então ela não pode se refugiar apenas no *otium*, sacrificando a vida ativa à contemplativa.[1] Os ensaios que se seguem procuram elaborar esse compromisso com o momento presente. Nisso, aliás, temos referências notáveis — mesmo que praticamente nenhuma delas apareça neste livro: referências no significado de inspiradores, predecessores — como Sartre, Merleau-Ponty, Arendt, para ficar somente nos que conheço melhor. Pois Sartre fala do colonialismo europeu e do totalitarismo soviético, Merleau-Ponty procura decifrar os signos da política, Arendt examina o que (não) passa pela cabeça do criminoso sendo julgado em Jerusalém. Não vejo como fazer filosofia política sem uma opção decidida pela vida ativa. E penso que, no Brasil, a filosofia política deve cada vez mais abordar questões como essas. Mas é óbvia a dificuldade, porque fazer filosofia política não se confunde com proselitismo. Filosofar sobre a prática coletiva não é a mesma coisa que simplesmente revestir opiniões próprias com a roupagem de grandes autores. É abrir rumos novos. É até mesmo tomar partido, mas jamais adotar, como critério, o de seguir um partido.[2]

Inevitável, enquanto escrevia este livro, pensar na experiência que tive no primeiro escalão do governo, como ministro da Educação do Brasil, entre abril e outubro de 2015. Esse período e mesmo essa experiência não serão tema da presente obra: ficam para um livro futuro. Mas a vivência foi preciosa. Ainda mais porque assumi o ministério depois de escrever toda segunda-feira, durante três anos, artigos sobre política brasileira para o jornal *Valor Econômico*. Neles procurei utilizar o instrumental da filosofia política — e outros, inclusive a literatura, mas sobretudo essa minha área de eleição — para entender o que acontecia com o poder no Brasil. Saí assim, sem mediações, da posição de comentador ou estudioso para a de ministro, da discussão sobre a política para a ação política.

Fala-se muito em intelectual público; o termo parece-me redundante: há intelectual que não seja público? Entendo que a grande diferença entre o romancista, o poeta, o professor, o cientista das exatas, biológicas ou humanas, e por outro lado o intelectual, está na questão do valor. Uma coisa é escrever, pesquisar, lecionar, até mesmo publicar *papers* — outra é discutir essas coisas e outras à luz dos valores éticos, políticos, da qualidade de seu uso. O primeiro intelectual talvez tenha sido o faraó egípcio Tamuz, que, a cada invenção que lhe trazia seu vizir, o deus Thoth, discutia seu valor — uma história narrada ou criada por Platão, em seu *Fedro*. A história é célebre porque Tamuz/ Platão condena a escrita — entre outras razões, porque facilita a mentira —, porém não importa tanto esse julgamento; o que conta é ele discutir o valor do conhecimento à luz de seu uso. Ora, numa época como a nossa, em que invenções e descobertas se sucedem em alta velocidade, debater seu valor ético e às vezes político é prioritário. É verdade que dificilmente uma invenção ou descoberta deixará de ser utilizada, sejam quais forem seus efeitos — portanto, condená-las não adianta grande coisa. Mas é possível verificar seus problemas, seus riscos, tentar mitigá-los. O papel *mínimo* do intelectual é, se não pode promover uma utopia, dar o máximo de si para efetuar uma redução de riscos.

Darei um exemplo. Nos smartphones, há aplicativos para seguir a saúde de seu proprietário. É questão de tempo que todos os exames laboratoriais e outros estejam armazenados em algum lugar e, sendo cruzados com dados epidemiológicos relativos à idade, ao sexo, a hábitos alimentares, ao histórico familiar, indiquem ao portador os riscos que pode correr. Teremos assim alarmes prévios. Antes de surgir um problema de saúde, a pessoa já saberá que está num microgrupo de maior risco. Há coisa melhor que isso? Quantas vidas não serão salvas, quantas doenças, evitadas? Mas ao mesmo tempo esse estoque de informações já processadas é uma invasão terrível da privacidade. Quem tiver acesso a tais dados poderá cometer assassinatos quase sem deixar rastros. Os célebres atentados que a CIA planejou contra Fidel Castro não serão mais a chacota do mundo (como a ideia de injetar em seus charutos um produto depilador, que o fizesse perder todos os pelos e, com a barba, o carisma...) e se tornarão realidade.

Esse aplicativo deverá ser de uso corrente em não muito tempo. Qual o papel do intelectual, então? É discutir suas vantagens e riscos. Isso evidencia que seu lugar não é o do especialista — o médico, o pesquisador, o especialista em informática —, e sim o do generalista. Todo intelectual "público" é um generalista. Cabe-lhe fazer associações. Ele liga informações e temas diversos para deles retirar propostas para o mundo. Ora, escrever sobre política pode ser uma dessas tarefas generalistas, em especial se for entendida como o modo pelo qual saímos de nossa passividade para nos tornarmos sujeitos ativos no mundo — que é como a entendo. Por isso mesmo, a política — ou seu estudo — é sempre interdisciplinar. Hoje em dia, ela padece de uma quase primazia da economia; é como se a política fosse governada pelas determinações *econômicas*. Mas há de tudo na política, até literatura. E o importante é isto: o intelectual é um generalista não só porque mistura vários tipos de conhecimento, mas também porque faz isso para o bem comum, a melhor vida geral, o sucesso — ou a redução do fracasso — coletivo.

É evidente que, assim, dou sentido *ético* ao papel do intelectual. Se ele apenas medisse as consequências das invenções, oferecendo ao detentor do poder possibilidades de realizar o bem ou o mal — isto é, de baixar ou ampliar o sofrimento no mundo —, seria apenas um especialista, como o deus-ministro Thoth, que expõe mas não escolhe. No entanto, o papel verdadeiro do intelectual quem assume é o rei Tamuz: indagar e promover o bem coletivo. Daí também que se deva indagar *qual* é esse bem, o que muitas vezes fica longe de estar óbvio. É um trabalho interminável, sempre posto em questão.

Ser ministro da Educação, especialmente quando você nunca foi filiado a partido algum, é uma posição que a tradição brasileira recente chama de "técnica". Mas, embora haja pastas, como a Casa Civil e a Justiça, que têm uma presença política mais visível, a diferença correta não é entre ministérios políticos e técnicos, porém entre os de foco mais partidário e aqueles que, também sendo políticos, atuam mais em nome do Estado do que do partido ou do governo. A Educação é um grande caso nessa direção. Podemos juntar a Saúde, a Inclusão Social[3] e várias outras pastas, mas o Ministério da Educação (MEC) tem uma característica relevante: é a educação que mais pode formar as pessoas na direção de maior liberdade e responsabilidade. Na Saúde e em parte na Inclusão Social, as medidas que melhoram a vida das pessoas podem ser adotadas sem que delas nem sequer tenham consciência, sem que as percebam ou as tornem valores seus: digamos, o saneamento de córregos, o investimento na qualidade da água ou dos alimentos. Já na Educação — e na parte *autossustentável* da Saúde e da Inclusão Social —, essa consciência é *indispensável*. É o que constitui a emancipação, o trabalho pelo qual alguém que é cativo, dependente, subordinado se torna sujeito, livre, cidadão.

Ser ministro da Educação é, em certo e forte sentido, ser ministro da Liberdade. Mesmo em épocas de bonança, não é nada fácil.

Afirmei que é importante, para quem *pensa* a política, ter uma *experiência* política. Isso porque a filosofia, mesmo política, me parece que tende a ser muito filosofia e pouco prática, pouco política. Sem em nada reduzir seu caráter *filosófico*, seu pendor intransigente pela pergunta, penso que precisamos reforçar seu lado *prático*. Afinal, ela estuda a ação coletiva dos homens, à medida que eles deixam simplesmente de ser objeto ou resultado de inúmeras interferências e procuram, com mil dificuldades, ser de algum modo sujeitos de suas ações — um sujeito coletivo, o mais possível consciente, de uma vida coletiva.

Ora, ser sujeito, ter consciência, não são metas fáceis. A filosofia do século XX e ao que parece também a do XXI submeteram a um severo bombardeio as ilusões da consciência, do sujeito soberano, do primado de sua vontade. Sabemos que o sujeito sabe menos do que desejaria, domina menos do que gostaria, em suma, pode menos do que quer. Os últimos cem anos foram implacáveis com a ilusão cartesiana, baconiana também, de que o homem se tornasse senhor e dono da natureza.[4] Em outras palavras, continuamos usando a razão e a tecnologia para dominar a natureza, mas esse príncipe da Criação que éramos nós perdeu muito de seu poder. Ou, se quiserem, a *prática* mais chã de nosso tempo celebra os avanços sobre a natureza, mas a *reflexão* sobre essa prática, seja na filosofia, seja nas áreas mais éticas e espiritualizadas, contesta o sucesso dessa ação voluntariosa. Cresceram os instrumentos de dominação sobre o mundo, porém a pretensão de controlá-lo não se realizou — e os melhores dentre nós talvez sejam os que se mostram menos ingênuos, menos pretensiosos do que Bacon, Descartes e outros pensadores do começo da modernidade, que sonhavam com esse controle.

E, no entanto, de todas as ciências humanas, de todas as formas de ação humana, a política é a que mais depende de termos um sujeito no controle. Quase podemos dizer: é a área cuja meta é colocar um sujeito humano no controle. A própria palavra *poder* — o substantivo por excelência da política — já indica esse foco de interesse. Afirmei anteriormente que na política procuramos nos tornar, de objetos, sujeito; e que buscamos isso apelando a dois grandes fatores: primeiro, uma união que faça nossa força, uma força que, separados, não teríamos; segundo, a constituição do sujeito com base na consciência que ele tenha dos pontos positivos e negativos da vida social. Então, quando a primazia do sujeito é contestada, quando os limites da consciência são apontados, o que fica da política? O que fica da filosofia política?

O que posso dizer é que ela precisa estar consciente da quase impossibilidade de seu propósito, que é conseguirmos tomar as rédeas de nosso destino pela ação em conjunto. Ela parte de uma constatação preciosa: a de que não melhoramos a vida com o homem reduzido a objeto, nem com o indivíduo. Precisamos construir sujeitos, além disso coletivos e, principalmente, ativos. Nem a individualidade, nem a vida apenas contemplativa. Mas na construção da política — que hoje, como explicaremos depois, só pode ser democrática — não há promessa de êxito. Não temos garantia de que, substituindo indivíduos desarticulados por um sujeito coletivo, teremos sucesso.

Por isso, a experiência é tão importante na política. Melhor dizendo, temos nela duas matrizes notáveis de experiência. Uma, a da revolta; outra, a do exercício do poder. As duas conhecem amplas gradações. A revolta vai do simples protesto no interior do Estado democrático de direito até a luta armada pela destituição de um regime. Vai do aprimoramento até a destruição. Já o poder vai das formas da democracia, também elas bem variadas, até os regimes autoritários, ditatoriais e totalitários. Mas é decisivo, para entender a política, ter alguma vivência do que é mandar, do que é obedecer, do que é protestar, desobedecer e mesmo se revoltar.

Todas essas experiências são relevantes. O descontentamento é fundamental, porque abre espaço para a história, não como passado, mas como futuro. Entretanto, uma passagem decisiva na democratização de qualquer país se dá quando a grande maioria dos eleitos pertence a agremiações que em algum momento tenham exercido o poder. Isso as obriga a ser responsáveis. O protesto expressa a liberdade, o poder exige a responsabilidade. O protesto exige que se vá adiante, talvez até o impossível, o poder acautela, talvez demais até; o jogo dos dois é indispensável para a política.

A revolta, na sua forma mais radical, que é a utópica, é um ótimo solvente de conformismos. Mas o poder é um forte solvente de ilusões. Uma das melhores características da democracia é, assim, a alternância, obviamente que dentro das leis e segundo eleições — porque ela permite modular as experiências opostas do sonho e do feijão, da utopia e da realidade.

Estar no ministério brasileiro, num período duro que foi o de uma crise que só crescia, foi — para mim — um bom contrapeso a uma vida inteira quase toda dedicada ao pensamento. É verdade que, pensando sempre a teoria *política*, sempre procurei ter como parâmetro a realidade, a prática; contudo, a prática do poder, mesmo quando ele está escoando pelos dedos de quem o exerce, é uma *paideia* como poucas.

Tal como a ética submete cada um de nós à exigência de que se torne sujeito, de que assuma a responsabilidade por seus atos, a política exige dos mesmos indivíduos que sejam sujeitos responsáveis, com seus pares e seus ímpares, por este mundo sendo construído pelos humanos. A timidez de nossos filósofos faz que por vezes deixem de lado essa meta ambiciosa, mais vezes fracassada do que bem-sucedida, mas que é a única que caracteriza propriamente a política.

A política é feita mais de fracassos que de sucessos. Idealmente, seu gênero seria a epopeia: a narrativa triunfal de um coletivo que avança de êxito em êxito, ficando as ameaças e as derrotas nos capítulos pares de uma obra que começa e termina numerada no ímpar. Ímpar não é apenas o primeiro capítulo, pela óbvia razão de ser o primeiro; é também o final, porque o êxito definitivo indica algo que não tem paralelo ou par. Mas, se esse seria o ideal da política — isto é, se sem ele não há política, apenas modalidades de martírio —, sua verdade é a tragédia. Em algum momento, ocorre a derrota.

Toda política termina em derrota. Os grandes impérios, todos, acabaram. A dominação de uma dinastia, no passado, ou de um partido, em nossos tempos democráticos, sempre termina — às vezes para não voltar. Hobbes dizia que o Estado, o Leviatã, é um "deus mortal": o que podemos fazer com ele é retardar sua morte. E podemos retardá-la indefinidamente. No entanto ela está inscrita, como perigo, em seu ser: daí que ele sofra "doenças", cujo sintoma mais forte era, em seu tempo, a rebelião.

Em nosso tempo, não necessariamente o Estado é mortal, mas o governo é. Ou melhor, o Estado é mortal a perder de vista; alguns existem há vários séculos; conquistas e anexações pela força das armas, que foram a forma canônica da política internacional durante milênios, tornaram-se raríssimas. Criaram-se muitos novos Estados desde a Segunda Guerra Mundial, todos em nome da independência ou da liberdade; que eu me lembre, sumiu apenas um, a Alemanha Oriental. Já um governo é mortal em nosso tempo mesmo de vida: deve ser substituído pela oposição ao cabo de alguns anos, talvez uma década, e, se demorar mais que isso, entra para a lista dos regimes duvidosos, prováveis ditaduras.

No tempo das monarquias fortes, nas quais oposição era traição, a morte do Estado não era frequente — mas era, sim, uma ameaça constante. Hobbes sintetiza muito bem esse medo dos reis ao chamar seu Estado de "deus mortal": a morte é inevitável, só podemos adiá-la. Contudo, a modernidade, a democracia souberam protegê-lo da morte, construindo esse anteparo eficiente que se compõe de governo, de partidos, de eleições. Com sorte, os partidos se alternam: um deles se esgota no poder, outro sobe. Com sorte, isso se faz pelo jogo democrático. Com sorte, eles se renovam, mas não morrem nem são mortos.

Vivi, no governo brasileiro, os seis meses em que a possibilidade do impeachment se converteu em probabilidade; mais um semestre, e se tornou certeza e depois realidade. Vi a agonia do semideus mortal que era um partido eleito e reeleito. Não é fácil essa agonia. Enquanto se jogam as cartas, não se sabe em que vão dar. Podemos narrar, já ou algum dia, essa história como uma sucessão inexorável de fatos e falhas que caminhavam necessariamente para o desenlace que tiveram — ou como uma série de acontecimentos que apontaram ora um lado, ora outro, até que tiveram um final, que poderia ser esse ou outro.

Neste momento não estou discutindo teoria: falo de uma experiência. Se a teoria bastasse, poderia filiar-me à tese de que nada é inevitável ou necessário na História, ao contrário do que pretenderam o marxismo e, com ele, várias escolas; ou de que é inútil, numa disciplina que tem seu quê de científico, especular sobre o que poderia ter sido. Apenas penso que as histórias que sairão sobre esse período terão que lidar com essa desnecessidade do que aconteceu, com as opções que várias vezes estiveram abertas.

Isso é mais política do que filosofia. Ou é a política mudando a filosofia. Foi assim, poderia ter sido de outro modo. A filosofia tenderia a prestigiar mais o conceito, a necessidade. A experiência humana, porém, aponta na direção oposta: conceitos são frágeis, são inventados, são modificados; e necessária, inevitável, pouca coisa é. A filosofia política é mais diferente da filosofia stricto sensu do que parece. Talvez isso explique, aliás, uma questão que levanto há vários anos: por que, quando se ensina filosofia em nossas faculdades, a disciplina geralmente estruturante, a espinha dorsal, que acaba sendo a História da Filosofia, se concentra em questões de ontologia e de teoria do conhecimento, na valsa entre o ser e os modos de conhecê-lo. Mal se cogita ensinar, nessa disciplina, filosofia política ou ética.

E isso pode ser porque essas duas partes da filosofia prática escancaram sua fraqueza, enquanto ontologia e teoria do conhecimento ostentam uma seriedade, uma densidade maiores. Mesmo a filosofia do século XX, tão atenta à experiência humana, que em seu final foi passando do real ao virtual, conserva essa hierarquia — pelo menos em nossos estabelecimentos de ensino. Mas, seja como for, não há como fazer filosofia política sem seu lado frágil, duvidoso.

Uma questão que serve de pano de fundo a quase toda a nossa discussão: haverá uma tendência política governando estes últimos séculos? Podemos dizer que sim, e que ela consiste na ampliação das liberdades pessoais e políticas, na expansão do regime democrático, no avanço dos direitos humanos, na melhoria das condições de vida, na redução dos preconceitos, num progresso rumo a maior igualdade. Listaremos a série de revoluções que abrem a democracia moderna — a inglesa, a americana, a francesa — e, mesmo que deixemos de lado, por menos bem-sucedidas, a russa, a chinesa, a cubana, diremos que há um avanço, sim. Foram ensaios e erros, uns mais errados que outros, porém todos deixaram um legado — uso a palavra quase maldita — de progresso.

Mas essa interpretação supõe que períodos por vezes longos de retrocesso em todos esses tópicos foram apenas parênteses. Significa entender que a restauração das monarquias europeias entre 1815 e 1830, a repressão aos movimentos nacionais e populares após 1848, em suma, o longo século (1815-1918) em que, na Europa inteira, somente a França e a Grã-Bretanha tiveram algo de democrático, em que a civilização era sinônimo de exclusão de multidões, e depois disso o sucesso estrondoso e mundial dos fascismos e seus avatares no período posterior à Primeira Guerra Mundial, que tudo isso não passou de parênteses, de paradas momentâneas. E se não tivessem sido? E se tivéssemos ainda as monarquias, sua extrema estratificação social, o preconceito reinando? E se o parêntese fôssemos nós?

A questão se torna ainda mais importante devido às turbulências políticas dos últimos anos, incluindo a crise da União Europeia com a anunciada saída britânica e a eleição de um presidente indescritível nos Estados Unidos. Saberemos — um dia — se tudo isso foi um parêntese a mais ou se representou um fim. Se tiver sido um fim, terá sido porque as pessoas se cansaram da política? Terá sido porque os benefícios sociais que a democracia trouxe — em toda parte, inclusive no Brasil, a quase supressão da miséria, a redução da pobreza, maior igualdade de oportunidades — terão chegado a seu limite? Mas também pode ser que estejamos vivendo a agonia indignada de um mundo arcaico, o do privilégio e do preconceito, daquilo que mais adiante chamarei de a *má política*. Hoje, é francamente impossível dizer qual desses futuros há de prevalecer. O leitor notará que torço pelo avanço das causas democráticas. O verbo "torcer" pode parecer pouco filosófico, uma intromissão do futebol ou das paixões da arena no meio de uma reflexão, porém é exatamente isto: não podemos supor que a razão preveja o futuro. Isso não lhe compete, nem a ninguém.

Um ponto comum ao longo deste livro é a opção pela democracia, mais que pela república. Digo adiante que os dois formam a boa política de nosso tempo, assim como a oposição — mais tensa — entre liberalismo e socialismo. Não há boa política sem a promoção do bem comum, matéria-prima da república, conduzido pela vontade de todos, firmes em sua igualdade, lema democrático por definição. Enquanto a república assegura a unidade, a continuidade do Estado, a universalidade de seu direito, a democracia baseia-o na igualdade de todos, no direito de todos a expressar suas ideias e valores e a desenhar o perfil daquele Estado, mais para o lado liberal ou para o social. E escrevi esta obra, no correr de alguns anos — sempre querendo dar-lhe unidade, sempre querendo que aquilo que naquele instante era um artigo depois se convertesse em capítulo de um livro que acabou sendo este —, convicto de que o mundo avançava para um regime de maior democracia. República, liberalismo e socialismo viriam juntos. Confesso: acreditei e acredito no progresso das liberdades.

Hoje, contudo, tenho alguma dúvida. De um tempo para cá, prevalece o recuo. A Grã-Bretanha optou por sair da União Europeia, os Estados Unidos elegeram um presidente que opta sistematicamente pelas pautas mais reacionárias possíveis, nossa vizinha Colômbia rejeitou em referendo uma paz que não seria perfeita, mas poria fim a um longo massacre de seu povo, o Brasil dividiu-se de forma terrível. Há pautas democráticas que estão mais focadas na política e dizem respeito à inclusão social, à eliminação da miséria e mais tarde da pobreza, à promoção da igualdade de oportunidades, que — esta última — é o grande tema liberal, mas que o liberalismo realmente existente nem sempre se empenha em concretizar. E há pautas democráticas que destacam a liberdade pessoal, as escolhas de vida, o direito de seguir sua orientação sexual, de valorizar sua etnia, sua identidade cultural no sentido mais amplo dessa expressão. Ou seja, há na democracia o que é política e há o que se refere aos costumes, aos modos de ser, ao que a língua chama de "comportamental". Cada uma dessas duas abas tem seus fãs e nem sempre quem apoia uma delas defende a outra. No entanto, o retrocesso tem ocorrido em ambas. Daí que seja difícil saber se estamos numa etapa difícil, se presenciamos um recuo temporário, para depois voltarmos a nosso rumo para maior liberdade (que seria, talvez *necessariamente*, o destino da configuração atual de nossa sociedade), ou se chegamos ao termo de uma época. Este livro tem mais sentido se pensarmos do primeiro modo, isto é, se acreditarmos que não apenas a política, mas também a sociedade, vai se democratizar mais.

Não consigo voltar a um texto já escrito sem reescrevê-lo. Mudei várias vezes de estilo. Acredito que, até morrer, estarei revendo minhas frases. Houve tempos em que as escrevi mais longas, repletas de subordinadas; talvez tenha sido quando citava uns poucos termos em latim, francês, alemão, nada muito complicado, expressões de uso constante em meu meio universitário, mas que não são dominadas por todos os potenciais leitores; depois, dividi mais os períodos, substituí orações subordinadas por coordenadas, pode ser que tenha tornado minha escrita mais democrática ou, pelo menos, mais paratática do que sintática, mais horizontal do que vertical — um pouco o português do Brasil, como o define José de Alencar em sua carta ao dr. Jaguaribe; não importa. Escrever para jornais ajudou; dar palestras, gravar depoimentos e, no Ministério, discursos, também. Sempre reescrevo. Dá bastante trabalho. Ainda por cima, quando reúno em livro artigos que saíram cá e lá, pulverizados, refaço-os; não gosto da ideia de somente cortá-los e colá-los em sequência; procuro preencher os vazios que haja entre um e outro, elimino repetições de um em outro. Em suma, tenho horror do vazio e da redundância. Daí que reunir artigos em livro seja penoso e demorado. Daí que sempre gere uma obra nova.

Daí, também, que sinta no que escrevo um tom provisório. Houve tempo em que gostava de ler o que tinha escrito, sentia-me descobrindo textos que havia esquecido e me davam prazer; hoje, não consigo reler uma página sem alterá-la. O ponto final, que é sempre o prefácio, é a mais árdua das tarefas.

Os artigos que aqui uno cobrem uns vinte anos. Todos giram em torno da democracia, suas características, seus potenciais e, também, suas dificuldades. Foram escritos querendo *praticar* a filosofia política, como a esta altura acredito ter deixado claro. O melhor a fazer pela filosofia política talvez seja não tanto teorizá-la, e sim *praticá-la*. Não se *fabrica* filosofia política; ela é práxis. É o que antes chamei de experiência ou vivência. Como pensar a política sem a prática, logo ela, que, se não for prática, não é nada? Os clássicos, quando servem, ajudam a pensar a atualidade. Estou preparando outro livro, sobre Maquiavel, em que vou utilizá-lo para pensar Édipo e também a política brasileira. Certamente Maquiavel é melhor para isso do que Hobbes. Mas basta usá-lo — para entender os presidentes desde 1985 — e constataremos que filosofia política não é matéria de vida contemplativa. Tem tudo a ver com a vida ativa.

Será a filosofia política, então, mais cética que a ciência sua prima, que leva o mesmo sobrenome? É possível. Nós da filosofia não damos tanta importância ao imediato. Se formos discutir os padrões de representação partidária, dificilmente usaremos estatísticas. É improvável que tabulemos entrevistas. Não pensaremos tanto nas saídas rápidas para a crise, ou pelo menos não falaremos tanto de seus protagonistas efêmeros. Talvez estejamos mais distantes do dia a dia. Mas essa não é, ainda, uma resposta suficiente. Mesmo os personagens efêmeros: por que não ler nossos políticos, brasileiros e estrangeiros, à luz dos *Caracteres*, essas duas listas de tipos humanos, uma antiga, a de Teofrasto, outra moderna, a de La Bruyère? Isso não será filosofia?

Porque a filosofia não é o estudo sereno, lúcido, calmo da política. Isso porque política é alarido, é confusão, é turbulência. Se a lermos com calma, estaremos errando de objeto. Por isso, volto ao começo: a filosofia política não lida só com o macro, aquilo que de tão longo e demorado parece estar acima da história. Ela trabalha — ou deve trabalhar — com a história viva. Ela deve fazer que a história viva. E que vivamos a história.

Duas pequenas notas finais: primeira, alguns textos precisavam de um esclarecimento histórico. Nos casos em que possa haver confusão, e somente neles, acrescentei nota de rodapé ao texto. Segunda, para os textos disponíveis na internet, indiquei o link. Mas não é raro que desapareçam ou mudem de endereço. Aconselho, se isso acontecer, que usem uma ferramenta de busca.

São Paulo, novembro de 2016

1. A boa política

Por *boa política*, para o período que vem desde a Segunda Guerra Mundial, refiro-me a esses dois pares que são república e democracia, liberalismo e socialismo. O primeiro par é tenso, o segundo é mais tenso ainda, quase contraditório. De república e democracia, falarei no próximo artigo.

Por *liberalismo*, entendo a convicção de que cada ser humano tem uma riqueza única, a qual para florescer requer apenas que sejam retirados os obstáculos em seu caminho. O governante liberal deveria ser somente um modesto jardineiro, que corta as ervas daninhas, sem jamais entortar galhos, sem orientar os ramos numa direção, sem atrever enxertias. Daí que o liberal não goste da intervenção do Estado: longe de fortalecer os indivíduos, ela os orientaria numa direção determinada, pondo em xeque sua criatividade, sua originalidade, a riqueza de suas diferenças.

Mas no Brasil o que mais temos são liberais superficiais, que tomam essa decorrência (a desconfiança em relação ao Estado) como se ela fosse a definição do liberalismo mesmo. Perdem com isso seu sentido ético, a teoria do homem que o caracteriza, para ficarem apenas com a aparência.

É fundamental o seguinte: o Estado não é o único obstáculo que limita o florescimento espontâneo de cada um. As Igrejas, os preconceitos raciais e outros, a própria injustiça social são outros tantos problemas que impedem uma pessoa de realizar todas as suas potencialidades. O inimigo do liberal não é o poder de Estado, é todo obstáculo *externo* que impeça as riquezas únicas de cada um de desabrocharem.

Mesmo assim, o liberalismo tal como o conceituo não se confunde com o socialismo.

Para os liberais, em resumo, deve haver igualdade de oportunidades; para os socialistas, igualdade de resultados. Resultados iguais são, do ponto de vista liberal, um estímulo à indolência ou à falta de criatividade. Já os socialistas consideram que a defesa liberal da concorrência, mesmo entre pessoas que têm oportunidades iguais, estimula a tensão ali onde seria melhor, humanamente falando, a cooperação. Uns querem competir, outros cooperar. Além disso, podem acrescentar os socialistas, é difícil delimitar o que cada um produziu, gerou, agregou em termos de valor. Numa cadeia complexa de produção, o valor que cada pessoa agregou é quase indissolúvel do trabalho dos outros.

Podemos ir além. Uma coisa é não saber quanto vale o trabalho de cada um na produção de coisas. Outra é chegar aos intangíveis que têm seu papel na criação de bens e serviços. Um exemplo singelo: num ambiente de trabalho, uma pessoa que pouco ou nada produz, economicamente falando, pode trazer um clima afetuoso, um prazer de trabalhar, um entusiasmo de viver que seguramente amplia os resultados econômicos. Podemos mensurar isso? É até possível que sim, mas, se quisermos tudo medir, acabaremos por gastar mais dinheiro medindo do que fazendo. Há, portanto, para criticar o liberalismo, uma razão prática (difícil medir o que cada um fez isoladamente) e uma de princípio (estimular melhor a cooperação).

    Liberalismo e socialismo somente são legítimos quando têm um ponto de partida ético. No primeiro, a igualdade de oportunidades significa que sejamos iguais no ponto de partida. No socialismo, a meta é que sejamos iguais no ponto de chegada. Daí o destaque que o primeiro dá à competição, bem como sua reticência perante os que se portam como parasitas. Daí o valor que o segundo atribui a alguma forma de harmonia, bem como sua convicção de que vagabundos ou parasitas na verdade são vítimas da sociedade e não podem ser tratados com dureza; devem, sim, ser tratados. Podemos prosseguir nesta lista de diferenças, mas lembrando que — por mais que expressem duas visões conflituosas do mundo — pode haver migração de uma coluna para a outra. Darei um exemplo.

    Na Escandinávia e nos Países Baixos, que são como que as pátrias do Estado de bem-estar social, mesmo governos de direita mantêm políticas que começaram à esquerda — assim como, mais na economia, governos à esquerda mantêm ou adotam políticas iniciadas à direita. Resumindo: a esquerda entende mais do social, enquanto a direita parece entender mais da economia. Um exemplo é a questão da licença-paternidade, tão ridicularizada por nossos conservadores quando a Constituição de 1988 a fixou em cinco dias. Em vários países do Norte europeu, ela é longa. Em pelo menos um, chega a dois anos, a repartir entre pai e mãe segundo sua livre escolha, desde que nenhum se beneficie dela por menos de seis meses. Isso porque se notou que faz diminuir problemas de saúde, física e mental, melhorar o aprendizado, baixar a criminalidade. Assim, algo que a esquerda propõe em nome da justiça (e da cooperação), a direita assume em nome da eficiência dos gastos. As razões invocadas são diferentes, porém há um diálogo, uma passagem de um lado a outro.

Talvez se possa dizer que o socialismo seja mais *explicitamente* ético. A velha ideia de Mandeville governa muito da economia: dizia ele que os vícios privados geravam benefícios públicos (na verdade, seriam a *melhor* forma de gerá-los); a aposta no egoísmo seria mais útil para produzir bens sociais. Assim, para um liberal, um socialista pode aparecer como ingênuo: pois acredita que a remuneração final não dependa do empenho ou da criatividade do indivíduo, o que pode favorecer, mesmo sem ser essa a intenção, a indolência e o conformismo. Já para um socialista, um liberal pode tolerar demais o egoísmo: porque aceita como motor do desenvolvimento o "instinto animal" do capitalista e também porque há pessoas que trabalham menos devido a algum problema, ou simplesmente não têm dom para os negócios, mas podem possuir qualidades de outro tipo, não premiadas pelo mercado. Em síntese, para o socialista, entre meios e fins há identidade de natureza: meios éticos para fins éticos, cooperação para termos uma sociedade justa; já para o liberal, o mundo é complexo demais e, para termos fins éticos, devemos usar meios que sejam não necessariamente antiéticos, mas talvez aéticos (dos quais o principal é a ganância).

Temos que afirmar isso com cuidado, porque o liberalismo também é ético — como dissemos no começo deste artigo —, entretanto talvez se possa dizer que o liberal genuíno quer um *mix* de ética e eficácia econômica, enquanto o socialismo faz o valor ético da cooperação ser *superior* aos ganhos econômicos que ela possa proporcionar. Digamos que para o liberalismo competir é um *meio* eficaz, positivo, ao passo que para o socialismo cooperar é um *valor*; que para o liberal a economia é fundamental na sociedade, enquanto para o socialista ela é apenas um meio. O liberal jamais vê a desigualdade como um fim em si, embora ela seja inevitável, dados os valores dele. Ela é consequência, mas não meta, do liberalismo. Já os socialistas defendem como valor moral uma igualdade mais ampla, a do ponto de chegada.

Há um problema aqui: ambas as doutrinas são ideais, quase utópicas. É frequente dirigir-se essa crítica ao socialismo (muitos antimarxistas já disseram que Marx propôs um mundo admirável, só que inviável), mas também vale para o liberalismo. Separar cada pessoa, para valorizar o que ela tem de único e de melhor, não é simples. Talvez não seja possível. Somos todos formados socialmente. O liberalismo tende a crer que a sociedade, ou melhor, sua expressão política, o Estado, é um peso; mas cabe replicar que devemos — ao Estado e sobretudo à sociedade — muito de nossa formação. Daí que o liberalismo tenha um forte elemento ideal, idealista. Dificilmente poderá ser aplicado à risca. Tentativas nesse sentido, como as thatcheristas, geraram alguns sucessos e muitos fracassos.

Liberalismo e socialismo, em que pesem seus problemas, pertencem à boa política. Podemos querer mais cooperação, podemos preferir mais competição, mas é necessário que mesmo esta última se dê em igualdade de oportunidades. Muito depende da situação concreta. Há ocasiões que requerem mais competição, outras que demandam maior cooperação. Defendo unir as duas no que chamo de *coopetição*, quando a competição vai até certo ponto e a razão de ser do jogo social é a cooperação.[1] Políticas sociais podem nascer na confluência, ainda que tensa, de liberalismo e socialismo. Se decidirmos focar nos mais necessitados, dar-lhes apoio para que se igualem em oportunidades, seremos liberais — mesmo que num país de cultura política pobre, como o Brasil, essa política de remoção de obstáculos ao pleno florescimento de cada um gere a acusação de socialismo.

Ainda um ponto, sobre a boa política. Ela sempre se dá na tensão. Não é possível escolher só a democracia, repelindo a república — e é difícil adotar apenas o liberalismo ou o socialismo, uma vez que, se forem autênticos, isto é, se o liberalismo defender a igualdade de oportunidades e o socialismo for democrático, haverá pontos de confluência entre os dois. Portanto, a boa política de nosso tempo está sempre em alguma dosagem. Pode haver conflitos ásperos na prática, mas, se a política for boa, os lados compartilharão vários pontos em comum. A arte do estadista estará em larga medida nessa capacidade de dosar. O estadista é como um médico, se lembrarmos que a medicina grega gravita em torno da palavra *phármakon*, que pode indicar o remédio ou o veneno, dependendo da oportunidade e da quantidade de sua aplicação. O homem de Estado não é um cientista, e por isso mesmo não falamos em ciência ou técnica do estadista, e sim em sua arte.

Se há a boa política, também existe a má. Ela se resume no preconceito. O preconceito é o nome que, em nosso tempo, cabe a toda desigualdade injusta. (Lembro que, para os liberais, a desigualdade no ponto de chegada não é injusta, mas fruto de menor empenho, resultando, portanto, de uma escolha.) A desigualdade injusta — que culmina na exclusão do outro — encontra álibis. Podemos negar igualdade a alguém por sua pobreza, cor de pele, gênero, nível cultural ou educacional. No entanto, em todos os casos, é pré-conceito, isto é, algo que proclamamos a partir de nossa ignorância. Não é um conceito a que chegamos a partir de estudo, um "pós-conceito", palavra que nem sequer usamos porque é sinônimo de conceito; é algo que *finge* se colocar no lugar do conhecimento. O problema é que, na política, o preconceito causa males sem conta. Deixa de ser um problema de (mau) conhecimento, torna-se um problema de ação má e de injustiça. Causa fome, doença, mutilação, morte. Não é fortuito que nossa era histórica comece com as Luzes: as grandes revoluções que foram a inglesa, a americana e a francesa estão umbilicalmente ligadas a um conhecimento melhor do homem e do mundo. Conhecendo melhor nossa sociedade, seremos mais éticos.

Evidentemente, não se pode dizer que a raiz dos males na vida social esteja no preconceito. O preconceito é a narrativa que justifica os males, que permite agir mal na política e na ética, mas não é ele que os engendra: palavras e discursos preconceituosos servem de veículo, de condutor, quando muito de multiplicador. O racismo contra os negros, nos últimos quinhentos anos, não é fruto de um preconceito, e sim de uma opressão que os carimbou como trabalhadores forçados, sem direitos. O discurso sobre sua inferioridade justifica essa opressão, em vez de causá-la. É decorrência, não causa.

Na verdade, porém, e é triste dizer isso, o fim da opressão sobre negros e mulheres, da perseguição a homossexuais e indígenas, não foi tanto uma vitória do pensamento, mas de uma série de mudanças econômicas reduzindo ou mesmo eliminando as condições que levavam a tais injustiças. O trabalho escravo ou forçado existiu durante milênios, mesmo atenuado sob a forma da servidão europeia medieval, e isso porque havia trabalhos que ninguém escolheria de bom grado. As gravuras do Brasil colonial que mostram escravos carregando barris cheios de fezes para deitá-las no rio — enquanto guardas lhes apontam armas — comprovam que, sem a ameaça de uma violência física no limite do letal, ninguém faria esse trabalho. Não é fortuito que a escravatura seja combatida e finalmente vencida — pelo menos em suas formas mais evidentes — somente depois da invenção da máquina a vapor e da difusão do trabalho assalariado, ao longo do século XIX.

Já a igualdade entre homens e mulheres vai se afirmar, e ainda assim com duros percalços como os que temos visto em nosso próprio Brasil, somente quando a força bruta, apanágio histórico do sexo masculino, perde importância para a inteligência. A homossexualidade também é mais aceita quando se somam o receio da superpopulação global, a drástica redução da mortalidade infantil e, além disso, se deslocam as causas da riqueza: para os mercantilistas e ainda na primeira metade do século XX, ela estava no tamanho da população de um país; para nós, está cada vez mais na inteligência e educação de seus cidadãos. Não precisamos mais ter filhos, ou tantos filhos. E eu poderia continuar por aí, longamente, acrescentando outros fatores que mudaram o mundo; o que importa, contudo, é que há bases materiais para a redução do preconceito.

É interessante como a indústria do entretenimento elide essas bases materiais, para apontar apenas o preconceito como causa para a desigualdade social. Já estudamos, em nosso livro *O afeto autoritário*, as telenovelas da rede Globo que condenam o preconceito contra a mulher, o negro, o indígena, o e a homossexual, a pessoa com deficiência;[2] demos a elas o elogio que merecem. Também já as criticamos por apresentarem os problemas vividos por esses grupos como fruto, exclusivamente, do preconceito. Mas não deixa de ser um sinal interessante dos tempos essa leitura idealista e não materialista da desigualdade extrema e injusta. Quando toda opressão sobre um grupo é debitada na conta do preconceito, é sinal de que as bases materiais que a sustentavam perderam sua razão de ser. Não importa tanto a falha na verdade histórica, importa a perda de legitimidade de uma ou mais formas de exclusão. O filme *Elizabeth* (1998), de Shekhar Kapur, sobre a primeira rainha inglesa com esse nome, é um exemplo entre muitos. Todo o conflito em torno da Reforma Anglicana — com a futura rainha correndo risco de morte no reinado de sua irmã Maria, católica — é reduzido a uma questão de preconceito. Nós, espectadores supostamente mais ilustrados, nos chocamos com a barbárie daquele tempo. Para um historiador, porém, essa leitura é péssima. Reduzir as guerras de religião à intolerância atesta uma falta radical de senso histórico. Diferenças de religião tinham a ver com diferenças políticas radicais. A melhor linguagem para falar de política era a da religião, das religiões. Entretanto, para o estudioso da política, essa falta de senso da história pode ser uma bênção. Pode indicar a distância que ficou entre nós e aquela época. Pode indicar uma dificuldade de compreender outra cultura, pode também nos proclamar como aqueles que acreditamos estar no fim triunfal da História — mas essa ilusão autocomplacente gera um bom fruto, que é o aumento da tolerância e, com ela, da democracia. Ninguém precisa acreditar que a boa política é fruto, sempre, da razão em seu melhor momento. A democracia pode crescer graças a ilusões úteis. Alguns erros são produtivos.

2. Democracia versus república: a questão do desejo nas lutas sociais[1]

Estamos acostumados a utilizar república e democracia como termos quase intercambiáveis. Os dois nomes parecem expressar o arremate a que chegou o Ocidente moderno, em termos de organização política desejável. Evidentemente, sabemos que há repúblicas que não são democráticas — porém para essas ditaduras do antigo Terceiro Mundo, não vale o nome de república! — e democracias que são monarquias constitucionais (mas, diremos, são até mais republicanas que as repúblicas), como as que sobraram na Europa. Assim, a oposição que pode haver entre os dois regimes se desfaz em nosso tempo, porque implicitamente supomos que se distingam as verdadeiras e as falsas repúblicas, as democracias genuínas e as de fancaria. Aqui, no entanto, vamos revalidar uma oposição entre os dois termos, não para fazer dela um absoluto, e sim para mostrar que pode ser heurística, que pode contribuir para pensar, e quem sabe melhorar, a política.

Na tradição que se inicia na Grécia, a democracia passa por ser o regime dos *polloi*, dos muitos. Essa multidão de pobres se mobiliza, sobretudo, pelo desejo de ter, e o grande risco do regime em que ela prevalece é que oprima, com seu número, os mais ricos. A tirania não está limitada ao caso em que um domina, ou em que uma minoria toma para si o governo, mas cabe em todas as eventualidades nas quais se deixa a ganância substituir o direito e a lei. Há uma tirania da massa, tão detestável quanto a do indivíduo ou a do grupo. O governo tirânico de um só, a oligarquia e o que chamaríamos hoje de deformação da democracia (mas a que Aristóteles dá exatamente o nome de "democracia", para espanto do leitor atual e dificuldade de seus tradutores) têm em comum o primado do desejo ganancioso sobre o respeito à lei. E é esse espectro que ronda a democracia, e é por isso que ela suscita, em toda uma vertente do pensamento grego, fortes reticências. Pouco educada — afirma-se —, a massa dos *polloi* pode facilmente entusiasmar-se pela expropriação dos ricos e pensar que a política não é senão o modo de confiscar o excedente que possuem. Vê-se que por aí segue parte essencial da atual política de esquerda, na medida mesma em que esta é caracterizada por conferir à discussão política uma conexão social e que não pode pensar a questão política como se ela se referisse apenas aos poderes de Estado, mas sim considerando os poderes como gerados a partir da sociedade. Essa política de esquerda acerta ao ligar o político ao social, no entanto se equivoca ao deixar de lado a tópica republicana. Se não houver uma visão abrangente do poder, a compreensão da coisa pública, o risco será pensar na distribuição esquecendo a produção, será perder de vista a questão de poder, será reduzir a ação de esquerda a um distributivismo que, no fim das contas, vira o parceiro menor de uma política econômica que não muda a produção, somente distribui o que em períodos mais prósperos se mostra como um excedente econômico tão benfazejo quanto eventual.

Antes de prosseguir, vamos discutir melhor o *desejo*. Esse termo, em especial no que se refere à democracia, se reveste de sensível vagueza. Tal caráter vago, porém, não é fortuito: é resultado necessário das questões que ora expomos. Antes de mais nada, o desejo é afirmado na terceira, e pejorativa, pessoa: quem diz a democracia como regime do desejo, ou os *polloi*/pobres como essencialmente desejantes, são os meios conservadores ou dos *aristoi*, estes melhores ou ricos que os antagonizam. (Pejorativa porque a terceira pessoa não é apenas a de quem se fala, mas, se estiver *ausente*, aquela de quem se fala mal, como já sugeri, a partir de um trecho de Hobbes em que alude às pessoas que relutam em deixar uma sala, onde conversam, porque têm medo de que falem mal delas assim que saírem...[2] À segunda pessoa tributamos o respeito de aceitá-la ou instituí-la como interlocutor, enquanto a terceira é não só ausente como "ausentada", excluída, do discurso.)

Assim, o desejo é, em primeiro lugar, ganância, em segundo, desejo *de bens*, em terceiro, o epítome do que é irracional, em quarto, a raiz ou o limite da indecência. Quanto mais se deseja, menos razão se tem. Desejam-se bens, e por isso se quer roubá-los: não há diferença significativa, aos olhos de alguns conservadores, entre o desejo de furtar e o de expropriar, entre o crime comum e o projeto político socialista. Mas não precisamos nem devemos aceitar esse amálgama entre o político e o criminoso.

Propomos aqui duas coisas. Primeira, que desde os antigos um caráter *social* tenha estado presente na caracterização da democracia. É comum ouvir que a democracia foi uma questão puramente formal, jurídica, constitucional, burguesa, dizem alguns, e que seria preciso acrescentar a essa ossatura insuficiente a carne do social, isto é, dos conflitos de classes, das relações econômicas etc. É verdade que, historicamente, assim se deram as coisas na modernidade, com uma democracia "formal" nos séculos XVIII e XIX, à qual um caráter social se juntou, ao preço de muitas lutas, desde meados do século XIX, mas sobretudo ao longo do XX — um caráter social que, aliás, desde a década de 1980 está em risco. Contudo, se já os gregos viam na democracia o despontar das lutas sociais, a novidade deixa de ser o momento, no século XX, em que ela passa de regime apenas político para adquirir uma dimensão social: o que é novo, o que precisa ser explicado, é *porque a modernidade iniciante construiu a democracia representativa como um regime do qual, de início, ela excluía o forte conteúdo social que os gregos nele depunham*. Não quero dizer que as reivindicações sociais efetuem uma reelenização da democracia, nem que correspondam melhor a uma essência imaginária do que seria esse regime político. Mas não cabe a ideia de um sentido inicialmente político, e só depois social, do regime democrático. Mais ainda: sugerimos que a democracia, regime dos *polloi*, congregue a um tempo a temática do poder e a das relações sociais. Cindir os dois temas foi um construto moderno complexo — e difícil.

O social não é um acréscimo recente a uma temática originalmente apenas jurídica ou política: ao contrário, o que precisa ser explicado é como, no início da modernidade, ao se revisitar a democracia antiga, a fim de torná-la representativa e de agregar-lhe os direitos humanos, separa-se de suas implicações sociais uma forma política, que passa a operar independentemente daquelas. Esse recorte não é um dado. É um problema.

Segunda: não há como separar as temáticas das lutas sociais e do desejo. Ou melhor, a separação entre as duas também é produto moderno. Usualmente as lutas sociais remetem à esfera dos interesses, mas só porque são entendidas segundo sua vigorosa racionalização. Desde os inícios da modernidade, o tema antigo das virtudes cede lugar ao dos interesses. Estes têm alguns traços básicos. O mais forte é a economicização das relações humanas: procura-se ver qual o verdadeiro interesse de cada um de nós. Isso dá a base para uma leitura econômica de nossas vidas. Mesmo o que é qualitativo, como a vida ou a vida boa, tende a ser quantificado, em meios e fins, em investimentos e resultados. Essa dominação do futuro mediante o presente é construída racionalmente: uma análise precisa de vantagens e prejuízos, de riscos e resultados, estrutura o tempo. O avanço das lutas sociais não destoará desse padrão. Quando os operários se organizam como classe a fim de lutar por seu quinhão, ou mesmo com o fito de extinguir a dominação burguesa, a palavra-chave é interesse, medido pelos padrões da economia e da razão. Aí temos, aliás, o eixo — e a limitação — do marxismo.

A política moderna destitui as virtudes de praticamente qualquer eficácia. Sem base nos interesses, é difícil uma política funcionar hoje. Daí que vá de fracasso em fracasso quem tenta, em nossos dias, fazer política apenas por ideais, princípios ou valores; daí que a ética que, inspirados em Weber, chamamos de "da convicção" seja, desde Maquiavel, desqualificada em termos de viabilidade política.

Precisamos enfatizar aquilo que virtudes, na Antiguidade, e interesses, nos tempos modernos, *reprimem*. Tanto virtude como interesse *moralizam* a política, a virtude de maneira direta e óbvia, o interesse de modo indireto e menos evidente. Não apaguemos a diferença entre interesses e virtudes. O interesse toma um caminho diferente do da virtude, porque esta passa pela recusa de si, pela abnegação, enquanto ele é o sinal mais claro da afirmação pelo menos de um certo si, o si econômico medido racionalmente. Mas, feita essa ressalva, virtude e interesse têm ambos por função reprimir algo que passa por perigoso, o desejo.

Voltemos aos perigos da democracia — ao risco, antevisto pelos conservadores gregos, de que a massa dos *polloi* decida expropriar os poucos ricos e instituir sobre eles uma tirania. O mesmo perigo é denunciado nos tempos modernos: no século XIX, negar o sufrágio universal é o recurso das direitas, receosas de que o populacho votante resolva confiscar as propriedades dos abonados. A multidão gananciosa, entre os gregos antidemocratas, é tida por viciosa — daí que seja preciso ativar as virtudes contra ela. Já entre os modernos, a turba ensandecida — para usar a tão curiosa expressão conservadora — não percebe o que é melhor para si própria, no médio ou longo prazo; por isso precisa ser tutelada pelos interesses. O desejo é visto como concupiscência ou mesmo como loucura. Implica uma escravidão às próprias paixões. O homem que apenas deseja, sem o controle da razão, necessita ser protegido, tutelado. Há, é claro, diferenças entre os distúrbios antigos e modernos causados pelo desejo. Mas nos dois casos a ênfase está posta na expropriação dos bens dos ricos. O desejo é essencialmente de bens; não se distinguem a reivindicação da massa e o furto ou roubo pelo criminoso; a massa que clama por igualdade no acesso à propriedade não é diferente do assaltante: pode até ser pior, constituir-se em quadrilha. Partido de esquerda, sindicato e quadrilha aparecem como próximos, ainda hoje, aos olhos de vários: basta ver como o movimento dos sem-terra foi apresentado, desde o início, pelos fazendeiros mais conservadores.

Até aqui, tratando do caráter desejante das lutas sociais, enfatizei que não se podem reduzi-las ao enfoque racional e econômico dos interesses. Sem dúvida, a mensuração e a racionalização que esses últimos permitem efetuar são preciosas. Graças a elas é que podemos negociar e, assim, instituir uma dimensão temporal na realização do que é desejado. O desejo negocia pouco; a virtude despreza a negociação; mas é do cerne do interesse negociar. Daí que não fique mal uma passagem do desejo ao interesse, e que essa articulação seja até mais feliz, pelo menos potencialmente, do que a oposição — mais radical, inegociável — entre desejo e virtude. Entretanto, o sério risco na perspectiva dominante, que dá primazia ao interesse, reside em simplesmente *esquecer* o desejo como base e motor de todo um processo social de descontentamento e de busca de novos contentamentos.

Passemos à república.

A temática republicana se diferencia, em sua definição, da democrática. Se há um tema que aparece constantemente, quer nos pensadores republicanos de Roma, quer na obra de Montesquieu quando reestuda aquele Estado, é o da renúncia às vantagens privadas em favor do bem comum e da coisa pública — renúncia a que Montesquieu dá o nome de *virtude*, e que traduzo por *abnegação*, porque é uma renúncia a si. Trata-se, para ele, de uma qualidade antinatural — dado que nossa natureza nos faria seguir as inclinações de nosso desejo para ter e ter mais —, construída por intensa educação.

Enquanto a *democracia* tem no coração o anseio da massa por ter mais, seu desejo de igualar-se aos que possuem mais bens do que ela, e por isso é um *regime do desejo*, a *república* tem no âmago uma disposição ao *sacrifício*, proclamando a supremacia do bem comum sobre qualquer desejo particular. Evidentemente, podemos criticar a república dizendo que o bem comum é uma máscara para interesses privados, que os sacrifícios que se fazem invocando a Pátria são desigualmente repartidos e, sobretudo, jamais põem em xeque a dominação de um pequeno grupo sobre a maioria. Mas gostaria de enfatizar na temática republicana a ideia de *dever* que nela está saliente.

Porque a grande dificuldade do pensamento democrático é, há muito tempo, articular a temática do desejo — no caso, o desejo das massas por ter mais — com a necessidade de que elas não se limitem a tomar os bens, de que se sentem privadas e, com isso, injustiçadas, mas também se proponham a conquistar o poder. A disputa pelos bens se salda por um fracasso quando não se desdobra — e se fundamenta — na luta pelo poder. Vemos isso na epopeia dos irmãos Graco, que se batem, na Roma republicana e socialmente desigual, por uma reforma agrária, porém terminam assassinados pela classe senatorial a que pertenciam e que os viu como traidores.

A questão é complexa, porque é no desejo, quer na Europa do século XIX, quer hoje no mundo todo, que surge a essência da luta social. As massas não reclamam porque se veem privadas de participação no Parlamento, no Executivo ou no Judiciário: o que as mobiliza é a privação do que é essencial para a vida — ou em nossos dias, como sustento neste livro, cada vez mais a falta que lhes faz um supérfluo que se tornou essencial. Deste, o melhor significante é o tênis de marca, cujo roubo funciona, nas grandes metrópoles do mundo pobre, como o sinal de como a política se joga no dia a dia do desejo. A inveja do tênis talvez seja o motor das lutas sociais nas periferias, mais do que nunca foi a propalada inveja do pênis em sua versão freudiana e antifeminista... Mas, se é no desejo que eclode o caráter social da luta política, ele é insuficiente para dar-lhe vazão e solução. E isso porque a luta pelo excedente, pelo que constitui a desigualdade, só na aparência é um combate pelo que sobra, pelo resto, pelo excesso: na verdade ela é a batalha pelo centro, pelo mando, pelo poder.

O problema é complexo. Se ficarmos no plano do desejo, o risco é enorme de que não saibamos encaminhar sua possível, ainda que sempre incompleta, realização. Mas, se quisermos resolvê-lo com muita presteza, perderemos a noção do que está em jogo. É o que acontece quando, rápido demais, se procura traduzir o descontentamento popular em termos de suas possíveis soluções: por exemplo, aumentar sua participação no Legislativo, no Executivo, melhorar o Judiciário, a polícia. O desejo tem seu tempo, sua demora; paradoxalmente, ele surge apressado, urgente, porém toda tentativa veloz de resolvê-lo (isto é, traduzi-lo em outra linguagem) resulta em fracasso. Como agora vou discutir seu encaminhamento, sua canalização, é preciso observar que toda essa hidráulica das soluções dará errado se não houver espaço para desvios, equívocos, demoras — as enchentes, as vazantes. Inevitável lembrar Maquiavel, em sua passagem sobre os homens que, sabendo das cheias que lhes vão destruir as cidades e os campos, precavidos, constroem represas, pontes, barragens (*O príncipe*, cap. XXV). Essa sabedoria que gera o saber moderno, essa moral da previdência que está na base da razão como planejamento, é útil — mas não deve, tratando-se de desejo, ser superestimada. A democracia é popular, está do lado da sociedade, dos que podem obedecer a maior parte do tempo, podem desobedecer algumas vezes — no entanto desejam o tempo todo; a república está do lado do poder, das instituições, expressando a lógica de quem manda. Ficar na sede (com *é* aberto) do poder significa perder de vista a sede (com *ê* fechado) de algo que não é poder, que é apenas equacionado por ele, e sempre mal equacionado. O desejo é esse inominado.

Como se viabiliza, se consolida, se realiza a democracia? Há uma questão essencial sobre o poder. Nele não há problemas, ou são poucos, *se e somente se* quem manda é diferente de quem obedece. Nesse caso, as regras que valem para todos não valem para quem governa. Isso é tão verdade que, mesmo em regimes democráticos, uma exceção se estabelece em favor do chefe de Estado,[3] ou até dos parlamentares, imunes a procedimentos que valem para os demais — o que é um resíduo da antiga ideia de *majestade,* que se adensava no rei. *Desde, porém, que haja identificação entre quem manda e quem obedece, o poder suscita uma série de problemas.*

Só na democracia, em tese pelo menos, há plena identificação entre quem manda e quem obedece. Só na soberania popular surgem com força os problemas de funcionamento político a que aludimos. Enquanto os outros regimes perderam legitimidade ao longo do século XX, a democracia foi se tornando o único modo de governo a ser, hoje, considerado legítimo. Mas esse seu superávit de respeito contrasta com um déficit de eficácia no plano do funcionamento. A democracia triunfa na legitimidade e falha no funcionamento. Funciona com dificuldade porque é mais fácil agir quando estão nitidamente separados quem legisla, executa ou julga, e quem obedece. Esse é um recorte testado em milhares de anos,[4] uma tecnologia do mando e da submissão mais do que desenvolvida — e, contra isso, a democracia tem apenas uma legitimidade jovem, que em duzentos anos não conseguiu capilarizar suas práticas, suas emoções, em escala comparável à dos autoritarismos de eficácia comprovada. Em suma, a experiência política de milênios aponta para o desligamento do mando e da obediência, ou seja, como bem percebeu Hobbes, entre lei e direito, ou, ainda, como diríamos na presente discussão, entre poder e desejo.

É a esses problemas — que nascem da própria definição da democracia — que a república fornece ao menos um esboço de resposta. A república é uma construção romana que visa exatamente responder à pergunta sobre as dificuldades que há quando os mesmos que mandam devem obedecer. Essa é a problemática do direito/dever constitutivo da democracia: do fato de que nesse regime, mais que em qualquer outro, não tem cabimento opor radicalmente direito e dever, como quer com tanta veemência Hobbes, no capítulo XIV do *Leviatã*. Se na democracia só pensarmos em satisfação dos desejos, ou mesmo em atendimento aos direitos humanos, esqueceremos o cerne constitutivo dela, que é o poder do povo: há democracia, essencialmente, não porque se sacie a fome ou se respeitem os direitos, e sim porque o povo detém o poder. Não é que fome ou violência sejam problemas menores — dissemos o contrário —, mas é que em princípio podem ser superados em registros políticos não democráticos[5] — ao passo que só há democracia quando ocorre uma responsabilização básica do povo por suas decisões.

Toda a questão republicana está no autogoverno, na autonomia, na responsabilidade ampliada de quem ao mesmo tempo decreta a lei e deve obedecer a ela. Entende-se que Hobbes, ao cindir *jus* e *lex*, direito e obrigação, tenha criado enormes dificuldades para um pensamento e uma prática republicanos. Toda a construção de seu Estado tende à monarquia — embora ele considere legítimos os regimes em que vários ou todos mandam, ou seja, a aristocracia e a própria democracia —, precisamente porque nele o essencial é o claro recorte entre quem manda e quem obedece. Na sua doutrina, é verdade que quem obedece *constitui* aquele que manda como seu representante e, portanto, obedece por assim dizer a si mesmo, contudo a *mecânica* cotidiana do sistema nega ininterruptamente essa semi-identificação entre o governante e os súditos, porque, sendo a lei simples expressão da vontade injustificada do soberano, ele não pode estar sujeito a ela. (É, pois, significativo que Hobbes estude mais a democracia do que a república. O "governo popular" é mais aceitável em sua teoria do que aquele no qual quem manda precisa, sempre, conter-se. E isso porque seu poder, sendo soberano, libera a *hybris* do governante, aquilo mesmo contra que a república é instituída.)

Esse esquema separando mando e obediência está mais ancorado em nossos costumes do que parece à primeira vista, já que nossa prática da política destoa muito de nossa consciência — ou teoria — a respeito dela. Dizemos que todos estão sujeitos à lei, mas praticamos melhor a cisão entre lei e direito, entre quem governa e quem obedece, sobretudo nos países em que a democracia é frágil ou por se consolidar. Pode haver, no entanto, um encontro entre as temáticas republicana e democrática. Melhor: *tem de haver esse encontro*, se quisermos que a democracia se realize. Uma democracia sem república não é *kratos*, é simples populismo distributivista, como vimos nas décadas em que, primeiro na Europa e depois na América Latina, as massas acederam à visibilidade do espaço social, manifestando-se inicialmente pelo seu desejo. Na prática, é o despotismo de um príncipe demótico. (O povo tem o poder na democracia, porém quando o regime é demótico, ele é apenas o destinatário do discurso dos poderosos.)[6] Daí que a reivindicação social seja, a um só tempo, o que permite sair da democracia restrita a uma elite para uma democracia de massas, e aquilo que pode reinstituir, no seu centro, um poder de príncipe ou tirano, uma heteronomia das multidões.[7] A democracia, para existir, necessita da república. Isso parece óbvio, mas não é. Significa que, para haver o acesso de todos aos bens, para satisfazer o desejo de ter, é preciso tomar o poder — e isso implica refrear o desejo de mandar (e com ele o de ter), compreender que, quando todos mandam, todos igualmente obedecem, e por conseguinte devem saber cumprir a lei que emana da própria vontade. O problema da democracia, quando ela se efetiva — e ela só pode se efetivar sendo republicana —, é que, ao mesmo tempo que nasce de um desejo que clama por realizar-se, também só pode se conservar e expandir contendo e educando os desejos. Eis a contradição difícil da democracia, que até hoje a limitou extraordinariamente e fez até, lá onde ela melhor se constituiu, que não fosse muito além da esfera política. A dificuldade de uma democratização dos afetos e da socialização, ou seja, da vida afetiva e das relações de trabalho, está exatamente nessa exigência da autonomia, que nem sempre é entendida como essencial, porque se deseja da democracia a distribuição dos bens, mais que a gestão do poder.

Mas, se a questão de traduzir tudo isso na prática é dificílima, a saída teórica me parece que já está posta. Há que entender toda a problemática da autonomia, ou seja, da autogestão dos poderes e de si que é característica da democracia, a partir de uma extensão dos valores republicanos. É o que Roma propôs, porém conservando um recorte essencial entre a minoria de patrícios, que ao mesmo tempo mandava e obedecia, e a maioria desprovida de direitos políticos. A solução republicana vigia para os membros do Senado, entretanto somente era possível na medida em que persistia a velha divisão de classes. Na verdade, era exatamente porque os senadores podiam mandar de maneira irrestrita sobre os que deviam obedecer ilimitadamente que eles podiam, no seio de seu corpo, praticar a difícil moralidade republicana, de obedecer à lei que eles mesmos promulgavam.

Tentemos encaminhar alguma conclusão. Talvez haja dois pontos a esclarecer, ainda. O primeiro é que o desejo é dito sobretudo dos que não têm, e a abnegação dos que têm.[8] Não é fortuito, como observou Jacques Rancière em seu *O desentendimento*, que os patrícios romanos desqualificassem a plebe, considerando-a irracional — a ponto de se chegar a uma situação cômica, que Rancière ironiza, quando um patrício vai explicar *racionalmente* à plebe rebelada e grevista por que eles, plebeus, são carentes de razão... A república é a virtude dos proprietários, ou dos patrícios: é uma excelência, uma alta qualidade moral, uma dignidade, em suma, uma *areté*, que bem diz de sua natureza aristocrática. Não por acaso, a república modelar, aquela que para todos os tempos ocupa o papel paradigmático que no caso da democracia é exercido por Atenas, é Roma: e lá o regime republicano nasceu do triunfo da aristocracia sobre a monarquia, e viveu — e morreu — da resistência dessa classe contra o povo. Assim, podemos dizer que o desejo, que aparece como uma pulsão aquisitiva, se explica principalmente a partir dos que não possuem nada, ou somente pouco. Mas se esgota o desejo no anseio por adquirir coisas, bens? Certamente que não. Por meio da matéria e da mercadoria se mira outra coisa — o reconhecimento como ser humano, ou até algo maior e menos nomeável, cuja densidade apenas podemos imaginar. Não vamos reduzir a complexidade do desejo ao anseio pelo reconhecimento de que somos todos iguais, pelo menos em direitos — o que seria outro modo de domesticar nossas pulsões em algo racional. Não, preservemos seu caráter questionador, sua dimensão de *aventura*. De todo modo, desejantes são os que não têm, moderados os que têm. Ao insistir no caráter desejante da democracia, nego todo propósito de racionalizá-la às pressas. Ao apontar a virtude da república como regime da autocontenção, afirmo a necessidade de que os desejos, para realizarem uma democracia ampliada, aprendam a educar-se segundo hábitos que são inicialmente aristocráticos.

Contudo, nessa encruzilhada de duas tradições a nós simpáticas, república e democracia, pode ser que a república já tenha mais ou menos constituída sua tecnologia, seu *modus faciendi*; o que falta é desenvolver a democracia.[9] Desse regime ainda sabemos pouco. Insisto em que ele precisa da república — senão, fracassa. Mas a república deve ser o meio para ele expandir suas possibilidades, reformando não apenas o Estado, como também as relações sociais e mesmo microssociais. A novidade estará do lado da democracia — que tem, claro, de ser republicana, só que isso está longe de lhe bastar.

3. A inveja do tênis[1]

Nada choca tanto como a notícia, tão frequente, de um assalto ou mesmo assassínio apenas para se roubar um tênis. Mas penso que o roubo de artigos que dão simplesmente prazer, que não se caracterizam pela utilidade, é um fator que cada vez poderá explicar mais as lutas sociais.

Estamos acostumados a entender o sentido de revolta social quando o conflito entre miseráveis e remediados se dá em torno de causas nobres, justificáveis, como a reivindicação de um teto ou de uma terra.

Há um forte peso moral nessas causas que se referem a necessidades básicas, ou a carências, isto é, àquilo que falta a alguém para que este seja plenamente humano. Por isso é digno lutar pela comida, pela moradia, pelo transporte, enfim, por tudo aquilo que faz falta. Nesses casos, os fins até podem justificar certos meios. Mas não consideramos tão digno lutar por um tênis, pelo conforto, pelos ícones do consumo de massa.

Não é por acaso que nas campanhas eleitorais, sobretudo à presidência, se fale em vencer a miséria, a pobreza extrema. A ideia é que se trata de medidas morais. Isso não mudou tanto ao longo dos anos. Fernando Henrique, na sua campanha vitoriosa à presidência, em 1994, apontava cinco políticas, uma para cada dedo da mão: suas prioridades assim seriam emprego, saúde, agricultura, segurança e educação. E desde então a saúde nunca saiu da prioridade, a ponto de ainda ser a primeira de todas. Os candidatos que disputam para valer os cargos executivos não correm o risco de propor o simples, o mero prazer. Povoam suas propagandas e programas com seriedade, dignidade, utilidade. Suas propostas pretendem ser, todas elas, éticas, sérias, dignas.

E com tudo isso contrasta o assassinato por um tênis. O que sugiro é que se trata de uma nova linha divisória, ou talvez não assim tão nova, mas que simplesmente não foi percebida. Quando os remediados amam cada vez mais os símbolos de um consumo moderno, de Primeiro Mundo, comprando seus tênis Nike na cola dos ricos que adquirem gravatas e bolsas Hermès, o abismo entre quem está bem de vida e os miseráveis deixa de ser apenas uma questão de quantidade.

Torna-se uma separação entre aqueles a quem falta o essencial, o mínimo necessário, e estes a quem sobra o excesso. Essa distinção aparece já no século XVIII. Só que, até hoje, o que se propôs aqui foi muito elementar: cortemos um pouco a demasia, procuremos saciar a falta. A solução era bastante moral: ninguém deve chafurdar na escassez ou no excesso. Pode haver desigualdade, mas não tão grande.

Essa saída se tornou obsoleta. Hoje, ninguém mais quer ser privado do exagero confortável. Lembremos Oscar Wilde: "Vivemos numa era em que as coisas desnecessárias são nossas únicas necessidades".[2] O essencial para viver é o supérfluo. O que torna a vida preciosa não é simplesmente atender a uma necessidade austera, completar o que nos falta mediante uma política moral sólida. O que a valoriza é, justamente, nos sentirmos tão bem que possamos nos permitir o que não é nada mais que um prazer.[3]

Esse direito ao prazer, ao prazer sem justificativas ou desculpas morais, ao que não tem nenhuma utilidade, está se difundindo. Veja-se que ele põe em xeque o que era a essência da assistência social, até pouco tempo atrás o meio mais usual de lidar com os miseráveis.

Porque a antiga assistência social não era apenas paternalista, era intensamente moral. Ela se resumia na frase atribuída a uma dama do Exército de Salvação, que dava esmolas, porém exigia do pobre que "não gastasse o dinheiro em bebida ou mulheres". A redenção do miserável não era apenas econômica, mas também moral. Sua pobreza extrema e o risco do vício deveriam ser vencidos a um só tempo. E por isso mesmo apareciam como convergentes à virtude e à prosperidade.

Ninguém mais, que pense um pouco, acredita hoje nessa ética meio protestante que faz a virtude andar de mãos dadas com a riqueza. A riqueza se dizia moral. Essa concepção mais protestante do que católica sumiu pelo menos de nosso horizonte, se não de praticamente todos. Ao contrário, o que é próspero exibe um tentador direito ao prazer e ao desperdício. Nisso, não vejo problema maior. O discurso moralizante é muitas vezes hipócrita. E o prazer, quando não machuca o outro nem nos perturba a saúde, é muito bom.

O problema é: como continuar submetendo os miseráveis a um discurso moral, que valoriza a austeridade e a virtude, quando nós mesmos prezamos justamente o prazer? Como exigir do pobre o comedimento, a medida, quando gostamos do que é supérfluo, do desmedido? Os miseráveis têm olhos. Sabem da riqueza alheia e a comparam com suas carências. Só que não se limitam a desejar uma casa. Querem o tênis, isto é, o ícone do prazer.*

E é esse um dos limites sérios de todo discurso ou prática voltados para as questões sociais. Direitos humanos são necessários, são ótimos, mas não quando se reduzem ao direito de saciar as necessidades, que carrega implícito o dever do pobre se moralizar, coisa que não desejamos para nós mesmos... Uma política social hoje só terá sentido se for além dos direitos moralizantes, além das necessidades básicas do ser humano, e perceber que este tem desejos, intensos, e que poucas razões há, hoje, para negar a alguém o direito a procurar o prazer.

Essa divisão, dizia acima, não é nova; o que pode ser a novidade é enfatizá-la, é colocá-la no primeiro plano da compreensão das lutas sociais. Victor Hugo, nos seus textos póstumos conhecidos como *Choses vues*, descreve na data de 6 de julho de 1847 — poucos meses antes de cair o rei Luís Filipe, que o havia nomeado membro da Câmara dos Pares — uma festa do duque de Montpensier. São páginas falando de beleza, de elegância, de boa educação. No entanto, depois dos elogios, ele conta que um dos principais temas de

---

* Referindo-se à discussão deste texto, na reunião de novembro de 1999 do grupo de estudos sobre a república, e em especial ao argumento suscitado por um debatedor de que os tênis seriam roubados para posterior venda e obtenção de dinheiro para comer ou drogar-se, recebi a seguinte correspondência de Luis Felipe da Gama Pinto, que à época era meu orientando de iniciação científica: "Há cinco anos estou envolvido com uma ONG (Santa Fé) que lida com meninos e meninas tirados de uma situação de rua, e não é preciso muita experiência com eles para avaliar a incrível importância simbólica do tal tênis, a força que tem como objeto de desejo. Ao contrário do que se possa pensar, os tênis até justificam o sacrifício quanto à comida; *ostentá-los nos pés é fim mais capaz de seduzir muitas vezes do que a comida*. O grosso do dinheiro é mais comum que se ganhe no tráfico ou com outros roubos. Os tênis, importa tê-los nos pés" (e-mail de 10 de fevereiro de 2000).

51

conversa entre os convidados foram os insultos e ofensas que receberam do povo de Paris, quando suas carruagens se dirigiam para a festa — "palavras odiosas e sombrias". "Era como uma nuvem de ódio em torno desse deslumbramento momentâneo." Victor Hugo, que será mais tarde o grande conhecedor da miséria, o grande defensor dos miseráveis, reage como um conservador compassivo. Diz que a fortuna gasta pelo duque, na festa, movimenta a economia, dá trabalho e pão; entretanto constata que, se "o luxo é uma necessidade dos grandes Estados e das grandes civilizações, há, porém, momentos em que convém que o povo não o veja. Mas o que é um luxo que não se vê? Problema". Todavia, "quando se mostra o luxo ao povo em dias de fome e desamparo, seu espírito, que é um espírito de criança [sic], salta uma série de degraus; ele não pensa que esse luxo lhe dá vida, que esse luxo lhe é útil, que esse luxo lhe é necessário [...]; ele se pergunta por que esse luxo não lhe pertence". O povo não pensa que isso vai lhe dar emprego; o que lhe dá é inveja: "Não, ele quer, não o trabalho, não o salário, mas o lazer, o prazer, carros, cavalos, lacaios, duquesas. Não quer pão, quer luxo".

Gosto muito do que Victor Hugo diz — sem querer — nessa passagem. É um conservador, tanto que termina sua reflexão prometendo a igualdade no Além,[4] isso depois de explicar como o luxo e a desigualdade são proveitosos para os pobres e mesmo miseráveis; mas é um homem observador. Pode não gostar da atitude dos mais pobres, porém procura compreendê-la, mesmo no que a seu ver não é razão, e sim paixão: "Quando a multidão vê os ricos com esses olhos, não são pensamentos que povoam os cérebros, mas acontecimentos" (querendo dizer com isso o acontecimento que será os pobres tomarem as riquezas dos mais ricos, o que causará um desastre social:* "No dia em que a miséria de todos

---

* Este será um tema recorrente do presente livro: como os detratores da democracia veem os pobres como aqueles que querem roubar as riquezas dos

tomar a riqueza de alguns, a noite se faz, não há mais nada, nada para ninguém"). Contudo, em meio a tudo isso, um parágrafo curto cintila: "O que mais irrita o povo é o luxo dos príncipes e dos rapazes; com efeito, é evidente demais que uns não tiveram o esforço, nem os outros o tempo, para ganhá-lo. Isso lhe parece injusto e o exaspera; não pensa que as desigualdades desta vida provam a igualdade da outra". Retirando o comentário final, que está na mais pura tradição do conservadorismo, a descrição do comportamento popular — a fenomenologia que Victor Hugo faz, sua análise do fenômeno, não sua teorização a respeito — é primorosa. E explica que, num mundo como o nosso, em que o Além se tornou ineficaz para fazer os miseráveis tolerarem a injustiça atual, tornam-se tão importantes a busca do prazer, a inveja do tênis dentro de qualquer política social. Não se espere que o tema da austeridade aplaque o desejo das massas.

---

mais ricos, acreditando por isso que essa ganância torna a democracia frágil e vulnerável.

4. Direitos humanos que não atraem o povo

Um erro involuntário que me chama a atenção nos defensores dos direitos humanos é que, insensivelmente, eles deixaram que sua nobre causa se confundisse com a defesa tão somente dos direitos das vítimas de ação policial. Com isso, o conceito acabou ficando bastante limitado. É o que facilita uma reação dura aos direitos humanos, desde a horrível frase "direitos humanos para humanos direitos" (que nega de pronto o direito a um julgamento justo, até para saber se a pessoa é "direita") até a expressão que ouvi certa vez de um motorista de táxi, que reclamava do "pessoal dos recursos humanos" (sic) que acudia qualquer criminoso tão logo ele fosse preso e descuidava das pessoas honestas, de bem, cumpridoras da lei.

O que me chamou a atenção em favor de uma definição mais abrangente — e tornada pública — dos direitos humanos foi um programa de televisão, por volta de 2001 ou 2002, apresentado justamente por um dos supostos inimigos da causa, Ratinho. Ele exibiu em sucessão os casos de mulheres que tinham perdido o filho, sequestrado pelo ex-marido ou companheiro. Ouvia seus depoimentos, fornecia os dados da criança e do sequestrador e concluía: "Devolva o filho à mãe, ou minha equipe (sic) irá atrás de você". A ameaça era preocupante, porque obviamente invocava uma polícia e uma justiça privadas. Mas, se tivermos algum poder de abstração, notaremos que ele começava invocando o que só podemos chamar de um direito humano, a saber, o de a mãe ter a guarda do filho, salvo determinação judicial em contrário.

Os direitos humanos são, assim, muito mais do que apenas o dos acusados, com razão ou sem, de cometer crimes. Lamento, tal a pobreza da discussão pública brasileira, precisar esclarecer que também estes são sujeitos de direitos humanos. Mas o que me parece um erro estratégico dos militantes da causa é não tornarem público que há um sem-número de direitos humanos, que cobrem praticamente toda a gama do que somos e fazemos.

A atenção a esse ponto se torna ainda mais premente porque a massa mais fácil de se convencer de que os direitos humanos são só para os bandidos — e portanto de se opor a eles — é de pobres, desempregados, vulneráveis. É uma falha nossa, significativa, não conseguir que percebam que os direitos humanos são deles também — talvez devamos dizer: são, sobretudo, *deles*.

É preciso, sempre que se fala em direitos humanos, dar-lhes a máxima amplidão. As vítimas de criminosos estão em lugar destacado entre os que necessitam ter seus direitos reconhecidos. No entanto, os direitos humanos vão muito além dos episódios de violência. Não poderíamos incluir o direito a um emprego ou, pelo menos, a um trabalho gerador de renda entre esses direitos?

Essa *ampliação* do conceito de direitos humanos — melhor dizendo, não do conceito, que já está aí, mas da militância em torno do tema — é crucial para que o ponto eticamente mais forte do conceito moderno de democracia seja reconhecido pela sociedade. Nosso tempo padece de falhas éticas sérias. Uma defesa dos direitos humanos *in totum* há de fortalecer nossa consciência ética.

5. Os direitos humanos ameaçam a democracia?[1]

Não há democracia, hoje, sem direitos humanos. Mas a relação da democracia com os direitos humanos não é simples nem fácil. Os direitos humanos são o principal aporte positivo da modernidade, a partir das revoluções inglesa, americana e francesa, à teoria e à prática da democracia,* contribuindo para relações humanas mais verazes, mais respeitadoras do outro — mais democráticas. Contribuem para o cidadão moderno se definir a partir de seu direito a ter direitos, a partir de uma ideia de cidadania focada na recusa do arbítrio, da dependência da vontade alheia. O problema, no entanto, é que o tema dos direitos humanos leva

---

* O aporte negativo está no desgaste que sofre, com a mesma modernidade, a ideia de *res publica*. Em Atenas e Roma, o espaço coletivo, o bem comum, a coisa pública eram alvos prioritários do investimento afetivo dos cidadãos; hoje, é a vida privada. Nas raras democracias ou repúblicas da Antiguidade, o estatuto de cidadão estava ligado à disposição de colocar o bem comum à frente do privado. A modernidade, quando revive a democracia, constata que, se for essa a exigência para ter cidadãos, não os terá, porque pouquíssimos — basicamente, só os militantes de partidos — se disporão a tanto.

muitos a esquecer que o essencial na política democrática é a ideia de um *kratos* do *demos*, de um poder do povo, e de que só esse núcleo duro poderá garantir os direitos, inclusive os privados. Ora, no presente, mesmo nas democracias consolidadas, a maior parte dos cidadãos entende sua relação com o Estado — que é ou seria o deles — a partir de sua convicção de terem direito a prestações por parte do poder público. Conferem maior importância às liberdades privadas do que a seu voto nas eleições ou a outras formas de participação política.

Um exemplo: numa época em que as reivindicações sociais já eram intensas no Brasil, por ocasião da Assembleia Constituinte de 1987-8, os ônibus de São Paulo ostentaram por algum tempo a inscrição: "Transporte coletivo, direito do cidadão, dever do Estado". O significado manifesto dessa bandeira é que os cidadãos reivindicariam, em especial os mais pobres, um direito que sempre lhes foi negado. Não há dúvida de que essa frase tem um lado positivo para a construção da cidadania, num país que saía de uma longa ditadura e, além disso, cujas instituições tiveram ao longo de toda a sua história, colonial e independente, um constante desdém por quem está fora do poder. Contudo, há um subtexto, um significado latente: o de perceber o Estado como uma entidade autônoma, independente mesmo, em face dos cidadãos, como uma entidade que lhes escapa por todas as maneiras, na qual eles não se reconhecem. Ora, esse Estado é criatura dos cidadãos. Portanto, o que ele fizer ou deixar de fazer em detrimento do transporte público é responsabilidade de quem elegeu governantes desse perfil. Mas essa ideia-chave do poder (e da responsabilidade) do povo estava ausente da reivindicação, embora democrática, de um transporte coletivo digno. E tem estado ausente da concepção, pelo menos dominante, da política no Brasil.

Não desqualifico a reivindicação por melhor saúde, educação ou transporte. Por aí começam muitas coisas: são justamente os direitos mais tangíveis, concretos, ancorados no cotidiano, os que mais efetivamente permitem, por uma decisiva pedagogia política, subir a uma luta mais fundamental pela democratização do poder político. Entretanto, o discurso reivindicatório tem um teto baixo: ele institui um poder ao qual se pede, ao qual se reclama, ao qual até mesmo se exige — mas que sempre, devido justamente a esse discurso a ele dirigido, se vê legitimado na posição de detentor do poder.

Não é por acaso que, com a democratização de 1985, não fomos adiante da postura reivindicatória — da atitude que pede parcelas ou quinhões dos produtos, mas não intervém na produção mesma do ser social. Limitamo-nos a pedir partes, sem formular um discurso ou prática que coloque a questão mesma do poder. Na verdade, a exigência de um transporte público decente a ser fornecido pelo Estado aos cidadãos — de um direito humano — exige um Estado que represente mesmo os cidadãos, constituído por eles. Reivindicando-se bens sociais, mas sem tomar a sociedade nem o Estado, não se obteve sequer o bem social — o transporte, a educação, a saúde no país continuam de má qualidade.

O pressuposto aqui, que aparece tanto em jovens democracias como nas mais antigas, é que os direitos humanos são vistos pela ótica dos direitos privados. Estes se oferecem à liberdade do indivíduo como possibilidades, das quais ele pode desfrutar, indiferentemente, num sentido ou noutro. Se tenho o direito de expressão, posso exprimir-me dizendo o que quiser — ou me calando. Muitos direitos privados são direitos no sentido em que posso decidir *não* usá-los: se tenho o direito de guiar, isso implica *necessariamente* que eu não esteja obrigado a dirigir, ou seja, que eu tenha o direito de *não* guiar. Podemos remontar a Thomas Hobbes, e à oposição incisiva que ele estabelece entre *direito* e *obrigação*, no começo do capítulo xiv do *Leviatã* (1651), à origem dessa ideia de que um direito, ao contrário de uma obrigação, é uma liberdade que o titular é livre para utilizar ou não.

Mas essa inclusão do direito no patrimônio do indivíduo esquece a essência dos direitos políticos, que estão umbilicalmente vinculados à democracia como poder do povo. E eu acrescentaria: à democracia como um poder constantemente *criado* pelo povo, cujo valor está em que nunca cessa de se constituir, jamais concedendo a seus cidadãos o sossego dos regimes autoritários, isto é, a possibilidade tranquilizante de ter seus assuntos próprios decididos por outrem. Se a democracia é a *politeia* na qual os assuntos de todos devem ser decididos por todos, então os direitos políticos, na democracia, são também obrigações. Um cidadão não pode ter perante eles a mesma indiferença que tem diante de seus outros direitos. Pode decidir nunca desfrutar de seu direito de propriedade, porém uma democracia não subsistirá se seus cidadãos renunciarem a tomar parte na constituição do poder político.

Vejamos esta questão por uma redução ao absurdo. Imaginemos que a maior parte, ou mesmo a totalidade, dos cidadãos de um país deixe de participar na sua política. Isso pode se expressar pelo gesto mínimo, mas altamente simbólico (*sobretudo* simbólico), de votar. Se a maioria desistir de participar da coisa pública, continuará havendo democracia? Se *todos* deixarem de votar, continuará a haver Estado, espaço comum? Ora, se para haver democracia é preciso que pelo menos a maioria participe de algum modo, e para haver Estado que pelo menos uma minoria tenha presença política, então o pretenso direito de não participar das coisas políticas não existe — já que destrói o próprio espaço comum aos homens.

Agora olhemos de forma positiva a demonstração que antes esboçamos pela via negativa. Há em filosofia a *liberdade de indiferença*, quando, de dois objetos — ou dois termos de uma alternativa —, nenhum apresenta vantagens ou desvantagens para ser preferido ou rejeitado. Os filósofos que discutem a liberdade e a ética da escolha costumam apontar essa liberdade como inferior a outras: só teria cabimento em tópicos menos relevantes e seria de escassa consequência. Eu diria que os direitos privados podem ser entendidos a partir da indiferença. Guiar ou não um carro é um deles. Para mim ou para a sociedade, é indiferente que eu dirija ou não um carro — a não ser, claro, que se torne uma política pública reduzir o transporte privado, em favor do coletivo. O próprio direito de propriedade, em cada um de seus titulares, é também eticamente indiferente, ou quase. Já o direito a participar da coisa pública não é uma liberdade, ou direito, de indiferença.

A participação na vida política tem dois gumes. Por um lado, é a liberdade de não estar sujeito à tutela de outrem. Mais do que libertar-me da autoridade alheia, aliás, indica emancipar-me do *capricho* alheio, como mostra Locke no *Segundo tratado de governo*:[2] o poder do outro sobre mim será sempre, visto de minha ótica, *arbitrário* (o poder do outro sobre mim pode ter lógica do ponto de vista do dominante, mas não do dominado. Por exemplo, para o escravo, sua captura é arbitrária, ainda que para o captor ou senhor se inscreva na lógica do enriquecimento). Por outro lado, esse direito à presença na coisa pública exige que eu participe dela. Afirmar que a casa de todos é construção de todos não é só liberar cada um de obedecer a ordens de outrem: é também declarar que não haverá casa de todos, se todos não a construírem. E, como essa casa, que é o espaço coletivo, não tem realidade física ou material, apenas se dotando de realidade se for reinvestida pelas práticas e desejos de seus moradores, a tarefa de construir nunca termina, nunca se realiza; está sempre se fazendo e por se fazer. Assim, não cabe neste caso a ideia de uma liberdade de indiferença. Aqui a liberdade é só uma face, nem sei se a mais importante, de um processo bifronte, que tem como verso a obrigação de constituir o espaço comum.

Daí um aspecto que com frequência se prefere ignorar: que muitos sintam alívio em serem dispensados da liberdade. Ao contrário do que pretende toda uma tradição política, não estou convencido de que liberdade, igualdade e fraternidade estejam no cerne de nossos desejos. É possível que prefiramos ser heterônomos. Nada explicará, a não ser um forte desejo de ser mandado, de heteronomia, a facilidade com que historicamente a espécie humana seguiu um líder, um ditador, e, mais ainda, a facilidade com que recorremos a qualquer pretexto que nos isente de assumir a responsabilidade por nossos atos — seja alegando ignorância de seus efeitos, seja, hoje, apelando para uma determinação biológica que dê maior densidade ontológica à frágil condição humana, em que tantas coisas são cultura e tão poucas natureza, em que tanto é educação, formação, e tão pouco é necessidade.

Se não tivermos clara consciência disso, não saberemos lidar com as resistências que tanto a coisa democrática como os direitos humanos enfrentam. Esclareço que, ao estabelecer uma distinção, e mesmo uma tensão, entre democracia e direitos humanos, não pretendo negar estes últimos — apenas propor, para eles, uma fundação mais consistente. Porque o inimigo que ambos enfrentam é o mesmo, a heteronomia, melhor dizendo, *o desejo de heteronomia*, que aparece de forma perversa na renúncia à liberdade que Wilhelm Reich e Erich Fromm analisaram no nazismo[3] e, mais discreto, mas nem por isso desimportante, na tendência que temos a denegar nossa responsabilidade.

Tratando da democracia antiga, Paul Veyne afirma que a nau do Estado não tem passageiros: na imagem grega do espaço político — numa sociedade que conhece a democracia direta e não a representativa, e que ignora os direitos humanos —, só há piloto e tripulantes. Ninguém vive na *pólis* somente pagando os impostos: participar é essencial. Já na política moderna, a par de seu aporte positivo, que são as limitações ao poder de Estado pelos direitos humanos, há o problema de assegurar que *ainda* exista um espaço público, uma coisa democrática ou, ao menos, política — o que depende dos cidadãos, que precisam moralmente tomar parte na *res publica*, sem que isso seja, porém, sua obrigação. Já o dizia Benjamin Constant, tratando do mesmo ponto que Veyne: sua conferência sobre "A liberdade dos antigos comparada à dos modernos" divide-se em dois momentos. Na primeira parte, mais longa, mais citada, ele saúda o advento de uma nova liberdade, a do indivíduo. É visível o tom celebratório, quase a exaltação de que se reveste a afirmação de que hoje o comércio (leia-se: o capitalismo) torna inútil e perniciosa a guerra. Mas, depois de mostrar os poderes que o indivíduo libera nesse novo mundo, na parte final Constant adverte para os riscos que o espaço público corre hoje: o desinteresse de todos, o refugiar-se cada qual em sua vida privada.[4] Para esse perigo, ele não oferece soluções fáceis.

Em alguns países, como no Brasil, essa discussão por vezes se torna viva, porque o voto é obrigatório. A isso se opõem parte da opinião pública e quase toda a imprensa, alegando que, se o voto é um direito, se é livre, então se deveria também ser livre para não votar. Discutiremos esse assunto adiante, mas não percamos de vista a ideia-chave de que os direitos constitutivos da coisa pública são também deveres. É significativo que o direito de não votar seja um dos principais reclamos da classe média, mais que das classes pobres, já que a classe média é a que mais se recusa a admitir que os direitos a viver em sociedade sejam, também, obrigações — e isso porque ela entende a cidadania a partir do consumo. Por isso a classe média se enxerga como os *passageiros* na nau do Estado, como aquela impossibilidade grega e essa realização moderna — mas que traz a nossas sociedades o risco de desfazer o nó que converte a sociabilidade em política, de negar o ponto em que, para desfrutar das liberdades, temos de fundá-las. Nem o direito de votar e de ser votado nem os direitos de participação política podem ser compreendidos pela mesma escala que os direitos privados, porque se situam num plano superior aos dos direitos humanos em geral, por serem constitutivos do único regime em que a liberdade e a responsabilidade humanas aparecem como direitos/deveres universais.⁵

Evidentemente essa tese levanta uma dificuldade. Os direitos humanos não são votados, e sim *declarados*. Não são fruto de uma maioria democrática. Devem seu caráter de direito não à vontade política de uma assembleia, por nobre que seja, mas a serem eles os primeiros dentre os direitos, "naturais", como diriam os filósofos do século XVIII.⁶ Esse pressuposto crucial de *declaração* de direitos se encontra já no título dos documentos tanto da Assembleia Constituinte francesa de 1789 como da Assembleia das Nações Unidas em 1948 — e significa que tais direitos tenham primazia sobre todo governo. Daí o receio de Benjamin Constant: que na modernidade a questão do regime político se torne secundária em relação aos direitos de que cada qual é titular. Ora, se os direitos humanos são declarados, se são mesmo tidos por naturais, enquanto um regime político constitui convenção humana, como poderá este ser mais importante do que aqueles?

Só podemos responder a essa objeção, que é legítima, acrescentando, à tese de que todos os direitos decorrem dos direitos políticos, uma nova tese: só é legítimo, em política, o regime democrático. A democracia não pode mais ser pensada como um regime duvidoso, em que os seres humanos se tornam presa fácil dos demagogos.⁷ Ela deve ser respeitada como o *único* regime em que todos são considerados adultos, nos termos do projeto iluminista de Kant,⁸ portanto, iguais perante a lei. Toda outra forma de governo supõe não só a desigualdade de direitos ante a lei, como, o que é mais grave, porque é o que sustenta essa desigualdade, a menoridade de uma parte da população, a infantilização ou puerilização dos adultos, a tutela de uma maioria dos cidadãos

— reduzidos à condição de súditos — por um grupo que lhes seria superior. É o valor *ético* da democracia — sua aposta num homem livre, porque maior de idade — que faz os direitos constitutivos desse regime prevalecerem sobre todos os outros direitos possíveis do homem, dos quais eles constituirão a garantia, o fiador. A evidência empírica mostra que somente esse núcleo duro dos direitos democráticos assegura outros direitos. Os direitos humanos não são apenas garantidos pelas relações legais democráticas: *decorrem* delas. O par direito/dever constitutivo dos regimes democráticos é o que engendra os direitos humanos em geral.

Ainda, se considerarmos que a democracia tem valor ético, ou, o que dá na mesma, que ela é um valor, veremos duas implicações. Primeira: ela não é só um meio, não obstante seja o melhor, para a resolução de conflitos. Pode cumprir esse papel, contudo ele não é sua essência. É apenas um papel *derivado* de seu valor ético. Segunda: não basta considerar a democracia como um regime político, pois, se ela é um valor, deve iluminar o máximo possível de relações humanas; devem tornar-se democráticas todas as relações sociais e não só as que se referem ao Estado e a suas instituições. Será prioritário democratizar a esfera das afetividades, incluindo a amizade, as relações amorosas, a família; em suma: tudo o que costumamos chamar de "vida privada", constituindo um espaço imune à intervenção do público — que destruiria, afirma-se, seus valores e mesmo os valores enquanto tais; isso porque na vida privada haveria uma esfera da moralidade sobre a qual o olhar público não poderia incidir sem efeitos nefastos. Sustentamos exatamente *o contrário*: que a moralidade está no conjunto de práticas, afetos e valores articulados a partir do poder do povo, e que dão nova leitura, novo papel, aos demais valores, inclusive às boas maneiras, ao respeito a outrem e a tudo o que tradicionalmente pertence à moralidade privada.* Aliás, autoritarismos e totalitarismos somente se mantêm mediante o esvaziamento significativo, também na vida privada, de valores como os da igualdade e do respeito.

Assegurar a igualdade de gêneros ou a integridade física e psíquica das crianças não é uma intervenção do Estado lá onde ele deveria estar ausente: é a defesa da ética ali onde o privado se revela patrimonialista. A proteção do espaço íntimo não pode servir de pretexto para que seres humanos, mulheres no primeiro caso, menores no segundo, sejam apropriados privadamente de forma arbitrária e caprichosa. Se Wilhelm Reich tem razão em sua análise do nazismo, este só foi possível porque se enxertou numa sociedade na qual o respeito irrestrito ao pai, ao chefe, ao *Kaiser* abria espaço para a obediência ilimitada ao *Führer*. Este, o grande risco, se confundirmos a vida íntima, espaço legítimo a resguardar, com a conversão de mulheres e filhos em patrimônio, o que não são nem podem ser.**

* No advento das boas maneiras, para cujo estudo me valho de Norbert Elias e Johan Huizinga, concorrem duas séries de significações. A primeira diz respeito ao culto do príncipe, que começa na corte de Borgonha e assim constitui o respeito ao outro como uma obediência, de ordem litúrgica, a um superior divinizado ou pelo menos cristianizado. A segunda, que é mais evidente naqueles territórios também pertencentes aos duques de Borgonha, porém mais desenvolvidos, que são os Países Baixos, refere-se ao respeito entre iguais e é particularmente adaptada a uma sociedade burguesa. O sentido ético dos direitos humanos estará ligado, no plano dos costumes, à segunda série de significações e à sua vitória, que somente se dá no longo termo, mas jamais é decisiva ou definitiva, sobre a primeira. Não são as boas maneiras do respeito ao superior, e sim aquelas da constituição de espaços em que somos iguais, as que dão à socialidade o seu perfil ético, adequado a uma sociedade democrática. Desenvolvi esse tema em meu *A etiqueta no Antigo Regime* (São Paulo: Moderna, 1999).
** A década de 1970 foi marcante para o Brasil. Um divisor de águas no plano dos costumes foi o assassinato de Angela Diniz, da alta sociedade de Belo Horizonte, por seu companheiro Doca Street, em Búzios (1976). Um primeiro júri absolveu o assassino, que alegava "legítima defesa da honra" — que, embora não estivesse

Será preciso democratizar igualmente as relações de trabalho, em princípio submetidas à propriedade privada do capital. Nossa democracia é escassa. Será isso porque ela exclui da esfera *pública* os relacionamentos das pessoas — em especial no trabalho, que os vincula a desconhecidos, a pessoas que não são de seu sangue, que não pertencem a sua intimidade, mas com quem passam a maior parte de seu tempo de vigília? Será isso porque ela os coloca *fora* das exigências democráticas? No entanto, se a relação com o desconhecido, se a saída para fora das determinações do sangue ou da criação, se a expansão para além da intimidade, não constituem um campo público, o que será *público*?

Isso porque não confundimos o público com o estatal. Uma coisa é o Estado intervir na vida. Outra é a esfera privada e mesmo íntima passar pelo escrutínio público, para proteger a própria intimidade, a própria privacidade, do capricho e do abuso.

É a negação do olhar público sobre as relações de afeto e de trabalho que torna limitada a democracia em nosso tempo, restringindo-a ao político em sentido estrito, institucional. E é por isso mesmo que, depois, nossos dirigentes se perguntam por que tão poucos se interessam pela política. Pudera: retiraram dela a esfera dos afetos, excluíram de seu alcance o plano em que nos socializamos, somente lhe restou a decisão sobre o nome dos governantes — assim esvaziada, por que a política atrairia os cidadãos? Para

---

prevista no Código Penal, era argumento fartamente usado em caso de assassínio de mulheres. Novo julgamento condenou o criminoso, depois de ampla mobilização da sociedade. Nos anos seguintes, uma série de maridos mineiros matou suas mulheres, às vezes apenas pelo fato de elas pretenderem separar-se deles. Simpatizantes dos criminosos até evocavam um tal MMM, Movimento Machista Mineiro, que obviamente nunca teve registro oficial... Intensa campanha surgiu, nacionalmente, contra essa prática, que, por sinal, não se confinava em Minas Gerais, gerando o *slogan* "Quem ama não mata", que acabaria sendo utilizado em uma minissérie de vinte capítulos da Rede Globo (1982).

empolgá-los, só se, retomando a democracia como *poder do povo*, adensarmos a ideia democrática, englobando tanto as afetividades ditas privadas como as sociabilidades ditas privadas.

Da democracia (e da república), falamos num artigo anterior. Mas lembrando: democracia não é um regime só político, é também um regime de desejo. Os antidemocratas gregos diziam que nela os *polloi*, a multidão, os pobres, davam vazão a seu desejo de ter mais, podendo até confiscar o que era dos ricos. A democracia seria como a tirania, as duas substituindo a lei pela ganância. Esses temas reaparecem na hostilidade moderna aos movimentos sociais. Sustentamos que *não há democracia sem o desejo dos de baixo de ter, e ser, mais*. A democracia assim entendida, isto é, não como o menos ruim dos regimes, na definição de Churchill ("A democracia é o pior governo de todos..."),[9] mas de forma positiva, valorativa, enfrenta um problema sério: tem de ser um autogoverno, portanto os que mandam são os mesmos que obedecem. Ora, o que se requer desses soberanos/súditos é que tenham contenção. É que mostrem força de vontade para refrear sua cupidez — em suma, seu desejo. Esse é o paradoxo inerente a uma democracia consequente. Por isso ela tem de ser republicana, como a legendária *res publica* de Roma — daí a temática constante do sacrifício, nos primeiros séculos republicanos. Como articular democracia e república é uma grande questão política de nosso tempo.

Nosso segundo problema, autônomo em relação ao primeiro, mas que se articula com ele, é que os direitos humanos quase sempre são definidos com base num pressuposto. Supõe-se que estejam mais ou menos estabelecidos nos países desenvolvidos do Atlântico Norte, de modo que o que neles vale deve valer em outros lugares. Um exemplo é quando se diz que precisamos garantir a todos certa qualidade de moradia, um patamar mínimo de educação e saúde — valores propostos a partir da experiência histórica de alguns Estados que tiveram sucesso razoável nos direitos sociais de seus cidadãos.

Esse sucesso é exemplar para a humanidade. Mas uma experiência histórica bem-sucedida não pode inibir outras sociedades de tomarem suas vias para efetivar os direitos humanos. Na década de 1990 circulou um manual das Forças Armadas dos Estados Unidos para seus oficiais no qual se dizia que as mulheres da América Latina não se sentem mal se forem "olhadas de cima a baixo". O que na sociedade norte-americana seria visto como assédio sexual, nós aceitaríamos, ou as mulheres de nossa parte do mundo. É significativo, porém, que o reconhecimento de diferenças culturais ocorra pelo viés da superioridade de uma, insinuando-se que latino-americanas podem ser caçadas sexualmente à vontade. (Mais ou menos o que dizia Andreas Capellanus na Idade Média: depois de falar da contenção que o fidalgo devia ter em relação às mulheres de seu nível social ou superiores, ele acrescentava que, quando se tratasse de camponesas, o nobre podia fazer o que quisesse; para umas, a corte, para outras o estupro.) Ainda pior é que a prática de admirar um corpo feminino seja vista como sinal de que uma cultura trate *mal* suas mulheres. A mesma limitação cultural reaparece num manual de educação para direitos humanos, redigido nos Estados Unidos na mesma época — um manual bom, mas que afirmava que não devemos tocar fisicamente quem não conhecemos bem, porque as pessoas não gostam de ser tocadas (sic).[10] A conversão de uma dificuldade nacional em valor mundial é um erro. Transforma a deficiência em qualidade, não compreendendo culturas em que o toque físico — por exemplo, um toque no braço para avisar que perdemos alguma coisa — é inocente e bem-visto, mesmo quando procede de um desconhecido. Finalmente, esses exemplos convergem numa valorização da *privacy* típica dos países em que o capitalismo e a democracia primeiro se constituíram. Ora, sociedades que têm uma concepção diferente das relações entre os corpos — e o aspecto erótico desse contato não está só nas relações sexuais, pode estar presente no simples toque físico — não vão valorizar de modo bem diferente o que significa respeitar o outro, distribuir os espaços de trabalho, conceber o que é uma moradia digna?

Chegamos a uma questão muito reiterada: há valores universais? Deve, por exemplo, o antropólogo, em contato com uma cultura indígena que pratica o infanticídio contra gêmeos ou albinos ficar calado, omitir-se? A pergunta é elaborada de propósito para gerar uma resposta favorável à intervenção em outras culturas. Responderei que ele não se deve omitir, mas exijo uma pergunta inversa: não temos nós ocidentais a aprender em matéria de direitos humanos com outras culturas? Lévi-Strauss conclui seus *Tristes trópicos*[11] com um curioso elogio à antropofagia, cujo sentido usual ele modifica. Diz que os brancos praticam a antropoemia (usando o verbo grego *hemein*, "vomitar"), excluindo do convívio social e até matando quem comete crimes. Já os indígenas das Américas *integram* o delinquente, por exemplo, casando um assassino com uma parenta do morto, para que ele substitua a vida que extinguiu por uma vida nova: *fagia*, no caso, é sinônimo de inclusão. Não temos muito a aprender com isso, nós que diante de um jovem delinquente só pensamos em submetê-lo à reclusão, mesmo que com nome melhorado, e depois disso só rogamos, ainda que às escondidas, covardemente, que morra logo?

Resta dizer por que um valor deve ser dito universal. Quem formula a pergunta contra os índios infanticidas está afirmando duas coisas: primeira, que há sociedades com valores superiores aos de outras (no caso, somos superiores porque não somos infanticidas; assim como muitos latino-americanos, na década de 1970, nos sentíamos superiores aos europeus porque não tínhamos a pena de morte, que eles conservavam); segunda, que essas sociedades superiores formulam valores universais. Na argumentação do parágrafo acima, contestei a primeira tese. Cada sociedade pode ter sua contribuição ao mundo dos valores. Talvez não todas, mas várias ou muitas. Não há uma superioridade, em princípio, de uma sociedade sobre outras. Podemos ser melhores em liberdade individual, piores em cooperação, solidariedade, humanidade.

Resta a segunda pergunta. Os valores são universais? Direi que essa questão confessa, sem querer, seu caráter incompleto. Novos valores constantemente surgem, não sem conflito. Temos um problema sério, que é lidar com a memória da escravidão. É uma das piores violências a infligir a um ser humano. No entanto, durante milênios muitos trabalhos somente foram executados à força. Ninguém seria voluntário para eles. Muitas sociedades, sem o trabalho compulsório, não teriam existido — ou teriam sido bem diferentes. Algum relativismo cabe aqui. Não podemos condenar um senhor de escravos do século XVI da mesma forma que o condenaríamos no XIX ou, pior, no XX ou XXI. A questão se evidencia na discussão norte-americana sobre um dos grandes pais da Pátria, o mais progressista dos pais fundadores, Thomas Jefferson. Como pôde ele gerar, em Sarah Hemings, uma sequência de filhos bastardos que alforriou mas cuja paternidade não reconheceu? Que desumanidade é essa, num dos mais humanos dentre os presidentes iniciais dos Estados Unidos? É de nos deixar perplexos. Não me parece que os ianomâmis da primeira pergunta se saiam pior do que o terceiro presidente dos Estados Unidos, responsável pela Declaração de Direitos que ele fez anexar à Constituição de seu país. Sim, ele faltou à universalidade dos direitos humanos, o mesmo Jefferson que formulou a declaração da Virgínia, a dos

Estados Unidos e um projeto breve e elegante para a França. Se não quisermos enveredar pela via fácil da condenação de um homem morto há quase dois séculos, pelo caminho trivial de destruir a reputação de um homem em tudo o mais grande,[12] o que podemos extrair dessa lição e do infanticídio indígena é que os direitos humanos são demorados e difíceis de vir à luz, e que essa demora e dificuldade se traduzem em injustiça, sofrimento, morte.

Por isso, para concluir, a atual predominância dos direitos humanos corre o risco de dificultar o que Claude Lefort teve a rara felicidade de chamar "a invenção democrática", termo que usamos para designar a capacidade de cada *demos* para criar sua *pólis*, ou *res publica*, sem copiar a lição de outra sociedade, que já teria aprendido e realizado o que é a verdadeira democracia. Em democracia, como em direitos humanos, mal começamos. Se na democracia ainda tendemos a supervalorizar a democracia ateniense, e a considerar que nossas práticas políticas sempre estão em déficit diante desse paradigma inaugural, a proposta — que assumimos — de que as relações democráticas excedam o estrito domínio do regime político e estejam dotadas de um valor ético há de mostrar que a democracia mesma está no futuro, está por se criar, em vez de se confinar num passado mítico. Se partirmos da ideia de que a experiência democrática está, por definição, *sempre* por se fazer, os direitos humanos não poderão estar limitados às experiências passadas: eles estarão sempre por se criar.

6. A perda do referencial comum da sociedade: o avanço dos particularismos

Ao longo do século XX, o pensamento *apocalíptico* sobre a sociedade — para lembrarmos como Umberto Eco chama os que temem os rumos que a sociedade moderna toma — esteve centrado na crítica à estandardização.[1] O grande problema trazido pela modernidade capitalista teria sido a padronização das condutas, impondo-se o ritmo das máquinas à vida cotidiana e à psique. *Tempos modernos* (1936), o filme de Chaplin, é o exemplo sempre citado desse receio que se converte em crítica. Faz parte de uma atitude não só acadêmica, mas também social, bem difundida tanto nas artes como nas rebeliões de vários tipos contra a modernidade simbolizada por suas máquinas. Lembremos o operário luddista do século XIX quebrando-as, o indivíduo pouco alfabetizado que não sabe lidar com a complexidade de operações que lhe é solicitada, e finalmente, hoje, os novos analfabetos, com frequência — e perversamente — nossos próprios pais, que muitas vezes não conseguem dar conta de um computador ou de um terminal eletrônico de banco.

Em todos esses casos se teme o mundo das máquinas. O filme

de Chaplin faz pensar que a crítica se dirigiria à cadeia de montagem que os franceses chamam de *infernal*, ao modo repetitivo e sempre igual com que a mesma tarefa é cumprida milhões de vezes ao longo da vida de um operário — e desse ponto de vista poderiam alguns dizer que a crítica estaria superada, que hoje o modelo taylorista cede lugar à exigência de maior maleabilidade da mão de obra. A mudança é importante: o operário-robô dos pesadelos de meados do século xx cedeu lugar a um robô de verdade — o que teve o feliz efeito de deslocar a mão de obra de carne e osso para tarefas ditas mais especializadas ou mais nobres. Essa mudança, contudo, não refuta a intuição de Chaplin: ainda que o trabalhador hoje precise operar uma diferenciação maior de operações (as exigidas para consultar um saldo, um extrato, declarar o imposto de renda via internet), ele ainda tem em comum, com aquele operário da linha de montagem taylorista exacerbada, o fato de que suas ações, percepções e mesmo sentimentos lhe são ditados de fora, pelo que deveria ser sua extensão, seu auxiliar, mas se torna seu ditador.

Em meados do século xx se explicitou uma crítica melancólica, frankfurtiana mas não só, ao que surgia como uma única sociedade mundial, de matriz norte-americana e consumista. Fomos, nós que aqui estamos,[2] formados em larga medida no quadro desse tipo de crítica. Ela constituía uma garantia do caráter *científico* das ciências humanas em sua leitura do presente. Retomando a clássica distinção de Max Weber entre a vocação do cientista e a do político, o cientista — ao reforçar sua postura apocalíptica — preservava-se do envolvimento ingênuo, acrítico, no mundo do *negotium* (no caso, o mundo dos negócios).* Paradoxalmente, era

---

* Seria interessante examinar como dois conceitos clássicos, *otium* e *negotium*, acabam sendo retomados como ócio e negócio, pelo menos nas línguas ibéricas. *Otium* é a vida de quem se afasta do burburinho do mundo para se dedicar à

a opção pelo apocalipse o que garantia sua cientificidade. Das sereias do consumismo, a ciência se protegia subordinando as aparentes bênçãos da nova sociedade — a cornucópia de bens de consumo — a suas pesadas condições de produção, a saber, o taylorismo, e a seu custo intelectual e humano, ou seja, a estandardização.

Continua valendo essa crítica à massificação. Mas ela encontrou dois tipos de limite. O primeiro é que a padronização não foi tão longe quanto se temia. Efetivamente há estandardização de operações, há adoção tanto de formas (regras) como de conteúdos (valores) que se ampliam e devastam a diferença. Contudo, ao mesmo tempo, o sistema capitalista, ao se globalizar, permite se expressarem novas diferenças, algumas menores (as inúmeras opções do hambúrguer e seus acompanhamentos), outras maiores (as histerias étnicas que surgem, especialmente, quando não há uma distribuição justa de recursos econômicos: a dissolução da Iugoslávia).[3] Surgiram novas possibilidades de escolha. O processo é complicado: se foram devastadas as diversidades — dialetos sendo substituídos por uma matriz de língua nacional, línguas desaparecendo ou perdendo seu papel, costumes se unificando —, não se chegou, porém, a uma língua única, nem no sentido próprio nem no figurado.

---

contemplação, ao conhecimento das verdades e à busca moral. *Negotium* é a dedicação à coisa pública. Evidentemente, quem opta pelo *otium* caluniará o *negotium*, chamando-o de burburinho, ao passo que alguns poucos, dentre os que se dedicam à *res publica*, lamentarão que vocações se percam no egoísmo de seu gabinete de leitura. O fato é que temos, aí, dois modelos de vida, opostos porém reputados dignos. Usamos a tradução dos dois conceitos, no entanto hoje eles significam coisas bem diferentes. *Ócio* não é muito mais do que um lazer, um tempo que se furta ao trabalho: já não constitui uma dedicação à verdade, mas um *far niente*. *Negócio* perde o sentido voltado à coisa pública, para definir o mundo dos negócios privados.

Mas prefiro concentrar-me no segundo limite à massificação. Ela deixou de ser a matriz intelectual que permitia pensar os processos sociais que presenciamos. Em seu lugar, surgiu outra: a preocupação com o fim dos *espaços públicos*. O problema deixa de ser o da igualdade absoluta, à qual se opunham tanto uma direita tradicional, temendo a destruição de particularidades irredutíveis étnicas, culturais, ou seja, de fortes identidades regionais — é da *tradição* de direita desconfiar do ideal de um sujeito universal do direito —, como uma esquerda que receava o achatamento de diferenças sociais, as de classe, reduzidas a um coro de contentes. Ora, em vez desse mundo de clones, o que parece surgir é um mundo sem interlocução ou, pelo menos, sem lugares centrais para a interlocução. Para tratar dessa questão, começarei pelo tema do fim do diálogo para chegar ao principal, que é o fim do lugar central em que se expressa o *logos*.

O tema do fim do diálogo obceca as consciências faz tempo. Adquire veemência com *A cantora careca* (1950) de Eugène Ionesco, imediatamente após Segunda Guerra Mundial, que levanta a questão da incomunicabilidade. Não há mais termo comum de interesse nem entre dois indivíduos sequer. Esse tema, entretanto, à época não foi considerado "de esquerda" — a qual detestava Ionesco —, já que perderia de alcance a dimensão social e política, concentrando-se no que hoje chamaríamos de uma espécie de microssociologia. Desde então, porém, o fim do diálogo (*le dernier salon où l'on cause*[4] era como se intitulava uma série de *cartoons* especialmente cruéis de Copi, na França dos anos 1970) se ampliou como tema, a ponto de envolver a esquerda, ao incluir a política: ocorre uma reabilitação da microssociologia, com as relações interpessoais expressando questões que antes só pareciam relevantes quando abrangiam o Estado ou os grandes atores sociais, capital e trabalho. Mas nosso ponto vai mais longe. Não é só desaparecer o diálogo, ficar impossível a interlocução entre duas pessoas, geralmente um casal. A questão é que se perde o ponto central da fala, da comunicação, da razão no sentido grego, que conjuga o *logos* com essa troca de linguagem no centro da *pólis*. Do fim do diálogo, como troca privada de palavras entre dois, passamos ao fim do próprio *logos*.

Conhecemos, desde o início do pensamento grego, a importância da *ágora* — não só como local de decisão, mas como lugar propriamente público, em que se veicula uma fala que se constitui como racional: um *logos*. Para o argumento aqui, é indiferente que essa imagem da Grécia Antiga seja verdadeira ou não. Basta lembrar a importância que ela teve entre fins do século XIX e parte razoável do nosso, em estudos que celebravam a passagem do *mythos* ao *logos*, significando não só a substituição da religião e da superstição pela razão, como também a dos espaços fechados pelos públicos. Jean-Pierre Vernant escreveu páginas notáveis a respeito, em seu *As origens do pensamento grego*.[5] O que importa é essa crescente convicção, enquanto se forma a democracia — ou, mais perto de nós, enquanto se constitui a forma moderna da democracia —, de que há um espaço público central que a todos diz respeito. Gaines Post mostrou o papel relevante de uma máxima de direito romano, *quod omnes tangit ab omnibus approbetur*, "o que diz respeito a todos por todos deve ser aprovado", na constituição tardo-medieval do Estado, que por sua vez resultaria no Estado moderno de direito. Daí se chega à ideia de que a aprovação por todos se dá num ponto central, num foco único para todos.[6] Regras como "Ninguém se escusa de cumprir a lei, alegando que não a conhece",[7] que Lévi-Strauss analisou ao comentar a lição que os nhambiquaras do Mato Grosso lhe deram sobre a escrita, desempenham o mesmo papel: há uma soberania, a do Estado, que funciona como ponto de concentração de todas as forças sociais.

É costume insistir na ideia de democracia como essencial para o Estado moderno; mas aqui o que penso é acentuar a *centralidade* dele em relação às forças sociais, a concentração, inédita na história ocidental, que ele efetua em relação aos mais diversos grupos sociais.[8] Ora, essa centralização do poder, essa constituição da soberania não só no interior do Estado, mas como o modo pelo qual a sociedade se forja enquanto unidade — sobre as ruínas dos estamentos antigos e múltiplos e das mais diversificadas ordenações regionais, étnicas e sociais —, tem como condição que haja um espaço comum a todos. Não é casual que essa condição se exprima, por exemplo, pela exigência de um diário oficial, um *Moniteur* da jovem República Francesa, no qual sairão todos os atos com força de lei.[9] A exigência de publicidade dos atos públicos virá junto com a presunção — uma das mais delirantes que possa haver no mundo do direito e da política — de que todo cidadão toma conhecimento desses atos pelo referido jornal, dado que se presume que todos conheçam a lei.

Tomemos um caso curioso, a propósito do diário oficial. Em 2003, um cidadão belga entrou com uma ação judicial contra a decisão do Parlamento de publicar o *Moniteur belge* somente on--line, com a edição impressa caindo a três exemplares, que seriam arquivados nos órgãos supremos de poder. Sua alegação era de que assim a cidadania não seria adequadamente informada dos atos de governo. Delírio puro, porque obviamente a rede dá mais acesso do que um diário oficial que, se for vendido em bancas, o será em pouquíssimas.

Uma questão que reaparece neste livro: de quantos *delírios*, de quantas *loucuras*, é feita a vida política (e talvez também a social)?

A suposição de que todo cidadão leia pela manhã o diário oficial, não só para conhecer as leis e decretos como também para julgar os atos públicos menores — nomeações, compras —, cuja transparência assim se veria assegurada, beira o desvario. Mas essa loucura é condição *essencial* para se falar em respeito à esfera pública, em legitimidade da administração, em divulgação das obrigações a que estamos presos. Essa presunção constitui o que eu chamaria uma *loucura fundante*: mais que um simples mito de referência da sociedade contemporânea, uma loucura, tal o seu desvario, tal a sua impossibilidade prática, tal o seu choque com o que temos como experiência cotidiana.

Uma palavra sobre a *loucura na política*. Talvez não haja prática social sistemática sem alguma loucura, ou pelo menos uma insensatez, a fundá-la; no caso do Estado de direito moderno, geralmente democrático, a publicidade dos atos públicos tem por condição a ficção delirante de que todos leiamos, não só o jornal, como também o diário *oficial*. Mas é essa convicção enlouquecida de que o espaço público comum a todos se expressa no órgão estatal de imprensa que encontra sua versão *light*, sensata, na ideia de que o espaço público comum a todos é o do jornal diário. Provavelmente, porém, não há vida social sem seu grão, ou seu caminhão, de loucura.

Vivemos, do século XIX até a década de 1990, essa primazia do jornal diário. Toda uma série de filmes, destacando-se *Cidadão Kane* (1941), tematizou a grande imprensa, sobretudo norte-americana, com seus dilemas morais e seu poder de influenciar. Paralelamente ao poder de Estado, concentrado em governantes então eleitos e que prestavam contas a seus comitentes a cada quatro ou cinco anos, estabelecia-se uma relação análoga, ainda que mais ágil, pela qual todos os dias um juízo se proferia sobre os mesmos dirigentes, só que dessa feita por intermédio de uma escorregadia, mas onipresente, opinião pública. Ora a imprensa dirá que reflete uma vontade popular anterior a ela, da qual será a porta-voz, exprimindo diariamente o que as urnas só traduzem a cada vários anos, ora dirá que orienta essa mesma vontade popular, dando-lhe informações objetivamente colhidas e proporcionando-lhe uma formação cívica que nem as escolas nem as instituições políticas conseguiriam fornecer com tanta qualidade. De todo modo, temos uma imprensa que, mesmo em seu sensacionalismo — e sabe-se que papel este ocupa nos filmes norte-americanos sobre os jornais! —, cumpre um papel público. Entre dois extremos poderemos julgar essa imprensa. Se a elevarmos, diremos que serve de lugar para a discussão das grandes questões políticas e sociais, que, se nela não saírem, nem sequer alcançarão legitimidade. Se dela preferirmos ter uma visão minimalista, diremos que fornece a informação que conta, pautando as conversas das pessoas, composta de política e economia, de seriedade portanto, mas igualmente de esportes, lazer e mesmo de *faits divers*, sem a qual a conversa não prospera.

Eis uma dimensão da conversa que, em sua análise seminal do surgimento da "arte da conversa", Stendhal não considerou. No ensaio "A comédia é impossível em 1836", escrito inicialmente como prefácio a uma edição das *Cartas de Itália*,[10] do presidente Charles de Brosses,[11] que naquele ano completavam um século, diz Stendhal que a sociedade do século XVII "contava certamente com tolos, semitolos, gente espirituosa etc. etc. [...] Mas, devido ao longo governo de Luís XIV, pela necessidade imposta aos cortesãos de passarem várias horas por dia nos salões de Versalhes, onde era mais que necessário falar, *sob pena de morrerem de tédio* [...]".[12] Essa conversa a que se refere Stendhal era de corte. Tinha em comum, com todo registro de conversa, o fato de distinguir o digno e o indigno de nota, como se vê na expressão, que Stendhal também citava, embora com horror, atribuída a um nobre que no século XVIII pontificava a respeito de um *philosophe*: "*Isso* se atreve a raciocinar, e não tem cem libras de rendas".[13] Sabemos, por Robert Darnton,[14] que no século XVIII francês o que se considera notícia é algo relativamente restrito: todo dia, os grandes do reino mandam algum lacaio percorrer os palacetes de seus pares a fim de saber o que há de novo, em suma, o que são as notícias — *all that is fit to talk about*, diríamos, parodiando o moto do *New York Times*. Se entre tais notícias algumas ainda o seriam hoje — uma guerra, uma batalha, uma nomeação ou demissão de ministro —, a maioria esmagadora não mais corresponde ao que em nosso tempo mereceria tal nome, não passando de uma crônica social cada vez menos interessante.

Assim se separa sempre o que vale do que não vale *ser publicado*, mas os critérios variam daquele tempo para o nosso. Nossa conversa não é mais a da corte, porém demótica, voltada à massa popular, ainda que não seja gerada ou gerida por ela. Por isso mesmo, seus assuntos serão populares, fornecidos pela mídia, e não mais por esse critério que a nossos olhos é bem pouco público — o da mera circulação das fofocas e rumores nos palacetes da alta nobreza.

A grande imprensa assim forneceu por um século ou mais — entre os séculos XIX e XX — o caldo de cultura no qual uma sociedade flutuava, o elemento comum que, pela conversa mesmo descompromissada, para matar o tempo, entre conhecidos e desconhecidos, estabelecia um cimento de afetividade. Esse é o sentido da *conversa mole*, como dizemos em português — uma troca de palavras e ideias de escasso valor intelectual, de pouco compromisso e envolvimento dos sujeitos, mas que por isso mesmo preserva e reforça o contato: um modo discreto de mostrar que a manutenção da comunicação é um fim em si.

Esse papel foi sendo substituído pelo rádio e também pela

televisão, ao longo do século XX, enquanto a imprensa perdia leitores. Além disso, a decadência da imprensa diária local em favor daquela de circulação nacional, mais o fortalecimento das redes nacionais de TV, transferiu todo um discurso sobre a cidade, a localidade, sobre as referências mais imediatas de socialização, para o rádio. O que se passa numa cidade menor da Grande São Paulo só é conhecido pelas pessoas do município em decorrência do rádio, ou de redes de comunicação boca a boca, já que os grandes jornais ou a TV mal o mencionarão. Nosso ponto, entretanto, é que uma *língua franca* foi constituída a partir da imprensa e, depois, do rádio e da TV.

Outra *língua franca* é, na maioria dos países, a língua nacional. Na falta de unidade nacional, isto é, na falta de um Estado que mais ou menos decalcasse a nação, não existia uma língua unificada ou escrita ou oral. Nesse contexto, os séculos XIX e XX exerceram forte pressão rumo à unificação e à padronização. Na Itália, isso se deu em torno do toscano, erigido como padrão da língua nacional unificada.[15] Mas o mesmo aconteceu na Alemanha e mesmo na Nova Zelândia, com a criação de uma escrita para o maori.[16] Esse processo de estandardização custou caro, aniquilando experiências particulares, porém trouxe a possibilidade de uma comunicação maior, a instituição de um espaço comum à volta de um veículo abrangente de tradução recíproca de experiências, ideias e afetos.

É a falência desse referencial comum que hoje vivemos. E é esse o problema crucial na existência social, hoje — mais grave talvez do que a estandardização, porque esta afetava o espírito crítico e parecia constituir uma sociedade de clones sem iniciativa, ao passo que a falta do referente comum ameaça a própria comunicação entre os homens, base de sua convivência e coexistência. Cada vez mais a comunicação fica difícil, porém não o simples diálogo entre pessoas privadas, mas aquele que se fundava no *logos* central da sociedade, no conjunto de referenciais básicos que os gregos alocaram na *ágora* e que nós, na sociedade e no Estado modernos, localizamos na imprensa e depois na mídia. Esclareço que não se trata de qualquer imprensa ou qualquer mídia, e sim daquelas de referência: o que digo pode se aplicar à grande imprensa, nacional, centralizada, mas quem sabe também à local, sempre que tiver, em sua área de abrangência, uma audiência que contribua decisivamente para definir uma sensação de identidade, de pertencer a tal ou qual grupo ou sociedade. Com a crise do referente, entra em colapso a própria sensação afetiva de pertencer a um grupo, a própria identidade em sua dimensão social.

Ao se eliminarem os espaços comuns nos quais se davam a linguagem, a socialização e a política, o perigo passa a estar numa *privatização radical dos espaços,* e *não mais em sua padronização.* Já não é o homem-massa de Ortega y Gasset que constitui o problema, e sim o homem sem interlocução, destinatário único de mensagens que não lhe permitem dialogar com outrem.

Este, o quadro em que hoje se pode discutir a globalização. Um primeiro ponto é *revisitar a estandardização.* Ela foi menos forte do que se temia, e talvez por isso as obras em que apareceu como ameaça — como *Metrópolis* (1927), de Fritz Lang — perderam, nas últimas décadas, bastante de sua legibilidade. Mas isso não elimina seus riscos. Talvez o perigo maior da padronização esteja na medida em que ela pode devastar, e de fato devasta, culturas regionais, que só conseguem resistir a ela quando possuem um poder de fogo econômico, uma dimensão demográfica ou ainda diferenças religiosas que sejam de alto porte. Exemplifico. A China, por sua importância populacional, econômica e geopolítica, tem boas condições para negociar de que modo se incorpora, e o que conserva de sua cultura, no processo de globalização. O mundo islâmico, pela forte diferença religiosa e por seu tamanho e mesmo suas riquezas, procurou — e provavelmente procurará cada vez mais — resguardar-se do achatamento a que o Ocidente submeteu o resto do mundo. Contudo, culturas menores têm menos condições de defender-se e preservar-se. Um país que discute a sério seu lugar no mundo, enquanto e não a despeito de ser pequeno, é o Uruguai; e sabemos que isso não é fácil.

Paradoxalmente, faz parte da estandardização o que chamo de *histerias identitárias*. Como o processo de globalização é traumatizante, a defesa contra ele pode se converter numa construção exacerbada de identidades, exagerando diferenças que, na real experiência histórica e social, eram bem menores. Pessoas que tinham uma identidade plural e não hostil ao outro abrem mão de sua diversidade interna, concentram toda a sua identidade num único fator e o tornam o pivô de uma hostilidade generalizada de quem delas se diferencie. Perdem sua riqueza — o fato de alguém ser, por exemplo, sérvio, praticante de determinada sexualidade, filatelista, com posição política tal e religiosa qual — para se tornarem uma coisa só, no caso, nacionalistas xenófobas.

Muda a temática da construção das identidades, que Hobsbawm analisou em seu notável *A invenção das tradições*,[17] de 1983. Elas continuam sendo inventadas, mas *com um acréscimo*: a histeria.

Quando os escoceses assumiam como traje milenar de seus camponeses um *kilt* que na verdade era uma vestimenta recente, criada por ingleses para o trabalho industrial, ou quando a imprensa inglesa apresenta o cerimonial da coroação de seus reis como uma tradição bem mais antiga do que de fato é,[18] nisso temos um procedimento mental que consiste em reduzir o caráter precário, recente, controverso de práticas culturais, em eliminar o que nelas pode ser oposição ou perturbação, sempre em favor de uma permanência, uma solidez, uma raiz.

Eram, entretanto, invenções sem xenofobia ou pulsões agressivas. Já as construções identitárias das últimas décadas estão fundadas na hostilidade ao outro. A exacerbação que nelas ocorre não é só uma questão de grau, de quantidade, porém é de sua essência: para afirmar a legitimidade dos sérvios, ou dos croatas, na Bósnia, na década de 1990, é preciso negar o outro, desmoralizá-lo. O mesmo, nas chacinas dos Grandes Lagos na África também daquela década. Os costumes que então se inventam não assumem apenas o caráter de serem natureza, em vez de cultura, mas igualmente o de serem o pivô de uma guerra santa. É isso o que chamo de histeria identitária, constituindo o *avesso da estandardização*: em tempos de forte adversidade, o termo comum entre os membros da humanidade se desfaz, desaparece a *língua franca* que é o direito, a culminar na Declaração Universal dos Direitos Humanos, substituídos por etnias inventadas, costumes recriados, fronteiras acentuadas.*

Essa histeria da pequena diferença *não* é bem o contrário do processo de globalização. É a defesa que este suscita em suas fronteiras, em suas marcas, lá onde fica a linha divisória entre quem será integrado e quem não será. Quando a Polônia quis se integrar à União Europeia, percebeu que uma condição seria exigir visto prévio dos vizinhos ucranianos: para as fronteiras se abrirem no Ocidente, o preço foi fechá-las a leste.[19] Esse exemplo é metáfora de todo o jogo pelo qual uma inclusão gera novas exclusões; a

* Exemplo interessante é o do fim da língua servo-croata, que seria basicamente a mesma só que escrita em caracteres latinos (o croata) ou cirílicos (o sérvio), com sua substituição por duas línguas separadas. Uma anedota curiosa: em 2000, quando a Junta Comercial de São Paulo fez um concurso para tradutores ditos juramentados (ditos, porque eles não prestam juramento algum), pela primeira vez se abriram vagas para a língua croata. Um diplomata do país participou da banca, e o concurso, embora escasso em candidatos, durou horas, tal a alegria dos participantes em terem reconhecida sua língua como distinta do sérvio. Imagino que o equivalente seria, depois de uma divisão calamitosa de nosso país, haver concursos separados para gaúcho, paulista, nordestino...

construção de uma *koinè*, de uma língua ou espaço comum, requer a destruição de outras aproximações existentes; o estabelecimento de uma linguagem de contato institui estranhamento e incompreensão lá onde antes havia contatos, trocas, traduções.

O grande problema é perder a dimensão coletiva da linguagem: a laboriosa construção, que data essencialmente do Iluminismo, de uma humanidade comum, está em risco. Não falo apenas no plano geral dos princípios, nem penso somente na expansão da xenofobia, dos controles nas fronteiras etc. Retorno ao caso da imprensa. Quando o grande jornal e a grande rede de TV forneciam os elementos de informação que constituíam a agenda ou a pauta da conversa (isso ainda ocorre em certa medida no caso da televisão), o referencial comum estabelecia, embora frouxamente (lembro a "conversa *mole*"), um pertencimento à mesma unidade. Era possível dialogar, com os conhecidos ou com os estranhos. E é isso o que hoje está se modificando.

Veja-se o caso do jornal. Pensou-se, por volta de 2000, em substituir a grande edição, em que o mesmo produto jornalístico em papel é difundido às centenas de milhares de cópias, por produtos *tailor-fitted*, cada exemplar dirigido a um leitor em particular. Ao fazer minha assinatura, eu já escolheria o que desejo: por exemplo, meu exemplar teria — digamos — farta informação em política nacional e em cinema, média em política internacional e em música, basal ou mesmo nenhuma em esportes, economia e em outras artes que não as citadas acima. Havia condições técnicas, graças à informática, para produzir essa diferença, pelo menos para a venda por assinatura. A impressão de produtos diferenciados conforme a cidade em que o jornal é distribuído já caminha nessa direção. (Isso acabou não acontecendo, porque o acesso da mídia pela internet, somado ao uso de *cookies*, produz o mesmo efeito.) Aqui estamos longe da estandardização! Não se trata mais de ter o mesmo estereótipo para todos. Mas essa relativa derrota do *standard* acarreta um novo problema, que é o da perda da linguagem comum.[20]

O jornal, como foi produzido nos últimos cento e poucos anos, se relacionava intimamente com o conceito de opinião pública e assim constituía o plebiscito diário a legitimar as relações de poder, quer as que nos ligam aos governantes, quer as que mais amplamente nos socializam nas relações com os demais cidadãos. A condição para isso, no entanto, era que o mesmo conjunto de estímulos fosse fornecido a todos: embora reagindo de maneiras diferentes, estaríamos hipoteticamente falando a mesma linguagem, ou pelo menos — se formos um pouco céticos, pós-modernos — falando linguagens que *acreditamos* ser a mesma.

O que sucede, quando se pensa nessa pulverização do produto jornal, ou quando se substitui a mídia em papel pelo acesso à internet, em que os *cookies* permitem direcionar publicidades e notícias conforme o histórico de acessos do cliente, é que se perde essa estimulação análoga de todos, essa massagem padronizada pela qual as mensagens nos alcançavam. E não nos iludamos. O jornal em papel não chegou a ter edições personalizadas conforme o freguês. Mas na internet essa ênfase nas preferências, e essa exclusão dos assuntos não desejados, se realizou. Aliás, na época em que redigi a primeira versão deste artigo, comentava-se que a própria internetização do jornal, isto é, a disponibilização em rede de um número de informações bem superior ao que cabe num exemplar impresso, e portanto a delegação ao internauta da escolha daquilo que ele quer ler — da constituição de seu espaço de referência —, se defrontava com um problema. Era a falta do que no jornal se chama *edição*, isto é, a função essencial e característica da mídia de massas pela qual uma liderança efetua as duas tarefas prioritárias de selecionar e ordenar numa escala de prioridades as informações. Os *cookies*, isto é, um sistema automatizado, mais ou menos supriram essa liderança, sempre exercida por uma ou mais pessoas. De todo modo, o editor humano perde importância com a internet. Vários críticos das comunicações viram nisso, na virada do século XX para o XXI, um problema. Quando escolho um jornal, não busco apenas informações, busco-as *editadas*. Não quero uma enxurrada de informações, desejo uma seleção, uma ordenação delas. Houve e ainda há um equívoco sobre a internet, que celebra o seu grande número de informações, quase o infinito, esquecendo que essa pletora de bits se organiza conforme o acesso possível e o desejado — o que, aqui, reúno sob o termo de *edição*. Ora, com todos os seus defeitos — como a subordinação da liberdade de escolha do leitor à decisão de um editor —, a edição é o recurso técnico pelo qual se forma o referencial comum de que falei. Era uma forma de nos fazer falar, ainda, a mesma língua.

Ou de outro modo: o editor adotava critérios jornalísticos, os *cookies* seguem critérios comerciais. O mesmo sistema de *cookies* detecta os assuntos que prefiro (política, esportes, cultura...), minhas simpatias no interior deles (o partido, o time, o artista), mas também os artigos de consumo que mais desejo. A ideologia do jornalismo celebrava a separação entre "a Igreja", que seria a redação, e o "o Estado", que seria o departamento comercial; sem uma muralha a afastar os dois, o jornal seria mero apêndice de seus anúncios, seu papel teria acabado. Mas os *cookies* desfazem a barreira. Recebo notícias de política liberal ao mesmo tempo que anúncios de viagens para ilhas paradisíacas, tudo com base em meu perfil. Não é mais necessário um ser humano para selecionar as notícias; não preciso mais tomar a iniciativa de procurar uma agência de turismo. Como, além do mais, muitos produtos na internet — como o Facebook — são gratuitos, eles obterão seus lucros, que não são pequenos, "editando" meus gostos, meu consumo, meus gastos.

Mas a diferenciação avançou — culminando no algoritmo do Facebook. Supus como exemplo do jornal das democracias — do jornal que serve de duplo às vezes até superior, em poder, ao próprio poder público — um órgão que tenha um desenvolvimento mais ou menos comparável em páginas e em detalhamento nas seções de política nacional, internacional, economia, esportes, cultura e noticiário local. Ora, como cada um de nós *lê* o seu jornal? Só um leitor ideal, inexistente, mostra igual interesse por todos esses temas. Na verdade, tanto pesquisas de base científica como nossa experiência individual atestam que há temas para os quais nosso olhar nem sequer atenta. Podemos perfeitamente passar os olhos pela primeira página, a mais nobre, de um jornal, sem perceber o que ocorreu de relevante em economia, esportes ou cultura, se não gostarmos de um desses assuntos.[21]

Na prática, a diferenciação já ocorria, pela leitura. A recepção se encarregava de dissolver a suposta exposição de todos nós aos mesmos estímulos. O Facebook completou esse trabalho de dissolução da (apenas potencial) ágora da comunicação — desse conjunto de questões aos quais todos éramos, em tese, expostos, pelas quais éramos estimulados —, ao adotar um algoritmo que seleciona, não só a publicidade que você visualiza, mas os *posts* que aparecem em sua linha do tempo. Ele escolhe levando em conta os valores que percebe no que você postou, curtiu, comentou. Por isso mesmo, não há dois Facebooks iguais, a não ser, hipoteticamente, no caso de duas pessoas que tivessem exatamente o mesmo rol de amigos e, além disso, curtissem, comentassem e compartilhassem absolutamente tudo de maneira igual. Mas esse processo já estava em franco movimento quando escrevi a primeira versão deste artigo, em 1999, e o Facebook — criação posterior — apenas o reforçou.

Em suma, a existência de uma linguagem comum já não corresponde à experiência social de nossos dias. O que significa que se enfraqueceu muito o laço social, não só porque não concordamos necessariamente com os outros (o que é o lado *bom*: é a democracia), mas porque *não tomamos conhecimento* do que os outros enxergam, ouvem e dizem. Nossa experiência social vai se aproximando dos três macaquinhos do desenho famoso, com apenas uma diferença: um mantém os olhos tapados, outro os ouvidos fechados, enquanto o terceiro fala por quantas juntas tem. Fala-se muito, porém não se escuta nem se enxerga.

7. A eleição e a queixa: representação forte e fraca[1]

Proponho distinguir dois conceitos de representação, ambos na esfera política. Lembro a liberdade dos modernos, definida em 1819 por Benjamin Constant, que se opusera a Napoleão em nome do liberalismo. Numa conferência, ele distinguiu uma liberdade dos antigos (na qual a sociedade era tudo, e o indivíduo nada) e a moderna. Os atenienses decidiam praticamente qualquer assunto em praça pública, e cada indivíduo devia obediência a essa deliberação comum. Já a liberdade moderna é dos indivíduos, não do coletivo. Ela consiste no direito de cada um a escolher sua vida, nos planos da profissão, do lazer e da fé.

O governante, por sua vez, quando não é eleito pelo povo (Constant escrevia numa época em que o Poder Executivo era geralmente exercido por monarcas),[2] deve ao menos escutar suas queixas, suas *representações*.

Queremos aqui chamar a atenção para um aspecto pouco observado nos estudos sobre a famosa conferência: o fato de que a palavra *representação*, no pensamento de Constant, tem dois sentidos. Ou temos um governo *representativo*, que seria mais visível na Inglaterra e nos Estados Unidos, ou, quando o povo não elege o governante nem o governo, este pelo menos tem o dever de escutar, e de atender em alguma medida, as *representações* (no sentido de queixas, reclamações) que o povo lhe dirija. Citemos o autor: na modernidade há "o direito, para cada um, de influir sobre a administração do governo, seja pela nomeação de todos ou de certos funcionários, seja por *representações*, petições, reivindicações, as quais a autoridade é *mais ou menos obrigada* a levar em consideração" (grifo meu).

Geralmente se analisa o texto de Constant pensando na representação enquanto eleição. Não se costuma levar em conta a representação como queixa. Chamarei de representação em sentido *forte* o direito do cidadão a eleger seu governante. Mas isso, dos países que o autor cita, só ocorre na América do Norte e no Reino Unido, e não caracterizaria toda e qualquer liberdade moderna. O essencial na liberdade moderna é seu *sine qua non*, que chamarei de representação em sentido *fraco*: o direito de *reclamar* ao governante, e a obrigação que este tem, "*mais ou menos*", de levar em conta sua queixa. Este constitui o *mínimo* inarredável da liberdade moderna.

A democracia representativa se construiu com base na representação em sentido forte: o direito dos cidadãos a constituir o poder de Estado que neles manda. Há, contudo, uma representação política — a queixa — *antes* mesmo da democracia representativa. Ou há uma liberdade moderna antes mesmo da democracia moderna.

Essas duas ideias de representação estão presentes na modernidade. Na verdade, a representação se diz em vários sentidos. Trata-se de um dos termos mais polissêmicos que há nas teorias jurídica, política e, além dessas, do conhecimento, da linguagem e do teatro. Aqui, ficaremos na política.[3]

Há uma representação válida para todo corpo político, antigo ou moderno: a ideia de que o corpo político, seja qual for sua forma de governo, representa todos os seus membros. Assim, os súditos de uma monarquia despótica ou os cidadãos de uma democracia direta se tornam parte de uma única pessoa, a qual fala em nome de todos. Já temos isso, aliás, nas teorias romanas da representação.[4] É o caso do procurador que representa alguém em juízo. Assim, seja um indivíduo que represente outro (o advogado falando em nome de seu constituinte), seja um coletivo que represente indivíduos (a cidade de Roma representando todos os romanos), temos representação. Este último caso é o propriamente político, porque faz da pluralidade uma unidade. Em seu advento, o político é isto: a constituição da diversidade como uma coisa só, como um sujeito que, ao mandar ou ao obedecer, fala numa única voz.

Mas não é essa a representação distintivamente moderna. Que os muitos atenienses presentes na *ágora* sejam representados por uma pessoa fictícia, que é a *pólis* de Atenas — ou os romanos, pela *civitas* romana —, é uma coisa. Thomas Hobbes, no brilhante capítulo XXI do *Leviatã*, em que trata da liberdade, parece ser quem melhor — ou primeiro? — o entende. Assim, afirma que "os atenienses", no caso, não são cada um dos que vivem em Atenas, e sim um corpo coletivo; segundo ele, quando os gregos diziam *oi Athinaíoi*, entendiam justamente esse conjunto e não a mera soma de indivíduos pulverizados. E é justamente essa construção do corpo político que permite que tanto a maioria que votou num sentido como a minoria que votou no outro se expressem numa só voz, que é em geral a da maioria (mas não sempre).[5]

Já a representação, na democracia moderna, é algo mais preciso: a ideia de que *jamais* o corpo político se reúne presencialmente. A representação moderna nasce da impossibilidade — ou da recusa — da presença. Dão-se razões diversas para isso. A dispersão geográfica dos cidadãos por um território vasto e também o grande número em que são; o primeiro fator impossibilita o deslocamento deles para o centro do poder, para o local *físico* em que se exerceria a soberania;⁶ o segundo torna inviável não só a concentração de todos num único lugar, em que não caberiam, como o acesso de todos à palavra. Nos dois casos, é o tamanho — do território ou do número de cidadãos — o que exclui a presença. A questão é de impossibilidade prática.

Mas há uma razão mais funda para a representação, que diz respeito à natureza do poder. Os defensores da democracia direta a expressam, ao dizerem que a verdadeira razão para suprimir a presença é o propósito de uma política mais conservadora (ou, dirão os defensores dessa exclusão da presença, *moderada*). O corpo político deve ter seriedade, gravidade, ponderação. (Aqui se multiplicam os termos *saturninos*: o corpo político *pesa*, pondera, medita, reflete seriamente — todos esses, fatores que excluem a rapidez, a celeridade, a superficialidade, que repudiam o que seria euforia, leviandade, entusiasmo.) É a lógica que leva muitos países a ter, além de uma câmara baixa eleita diretamente pelo povo, representativa da população e com frequência escolhida pelo voto proporcional, um Senado ou câmara alta com mandato mais longo e renovação escalonada no tempo. A Câmara do Povo repercute com rapidez as mudanças de opinião e mesmo de humor, enquanto o órgão dos mais velhos faz que demore, no tempo, a modificação. Câmaras baixa e alta apontam dois registros do tempo: o rápido e o lento, o precipitado e o cauteloso; e dois registros opostos, um o da paixão, outro o da razão. Da mesma forma, a representação acalma, ou controla, ou até reprime, o ímpeto da presença.

E mesmo assim essa representação diz a voz do povo, geralmente, ainda que não sempre, a de sua maioria.* O rei representa

---

* Estudei essa questão em *Ao leitor sem medo — Hobbes escrevendo contra o seu tempo*. A certa altura da Idade Média se adota o princípio de que as decisões de um conselho são tomadas por sua parte maior e mais sã, *maior et sanior*

os súditos, na monarquia, diz Hobbes, assim como a assembleia de todos representa todos e cada um, na democracia; nós, modernos, recusamos a representação pelo rei. Para nós, a representação legítima ocorre quando há voto, há lei, e disso decorre um governo apoiado pela maioria. Haverá os cuidados para acalmá-lo, para evitar que se radicalize — reconheço; mas o que o legitima não é o que acalma, e sim a força de expressão dos eleitores. Por isso, como desenvolvemos em outra parte, só a democracia é uma forma política legítima em nossos dias.

Até aqui enfatizei a representação forte — quando o próprio governo representa o povo, porque este o elegeu. Essa representação foi criticada, pela esquerda, em especial na década de 1980, como *insuficiente*. Se comparada à democracia direta, seria uma democracia limitada, inferior. Os procedimentos eleitorais que instituíam governos e assembleias escolhidos pelo povo procuravam moderar a energia, o ímpeto, a radicalidade da massa.

Mas há a representação que chamei de fraca. Ela se dá quando o povo pode dirigir, a um governo que ele não escolheu, mas acata, queixas, reclamações, em suma: *representações*.

Forte, a representação institui o próprio poder político. Ele é sua cria, graças ao voto. Fraca, a representação é uma queixa que vai do povo ao poder político, por meio de palavras. Estas últimas são formuladas como os cadernos de agravos que se chamam *grievances* nos Parlamentos ingleses do século XVII[7] ou *doléances* nos Estados-Gerais franceses de 1789 — que o governante pode

---

pars. Aparentemente, o número maior só vale por expressar a maior sanidade. Com o passar do tempo, o número vai prevalecer — só que a referência à parte mais saudável permite a intromissão de atores exteriores, e superiores, quando quiserem anular uma decisão do conselho.

atender ou não, mas tem pelo menos de escutar. As duas representações aparecem na conferência de Constant, mas a recepção de seu texto valorizou a primeira, à medida que os Estados foram se democratizando, e esqueceu a segunda. E é fácil entender por que a representação como queixa é esquecida — se os cidadãos podem constituir o próprio Estado, hão de se queixar a si próprios, não mais a um terceiro. A decisão se torna deles. É um erro, entretanto, esquecer o papel da queixa.

No caso da representação forte, é ela que constrói o poder. Estabelece uma ponte indo do povo ao governo. Já no caso da representação fraca, povo e governo são *exteriores* um ao outro.[8] Os súditos não podem invadir a área que é atribuição do governante. Mas lhes resta um mínimo, que é o direito de se queixarem, de pedirem ao governante que dê remédio aos abusos. A democracia somente se realiza na primeira situação. Na segunda, contudo, o governo já perde parte de sua natureza absolutista. Ele é obrigado a, *mais ou menos*, levar em conta as queixas cidadãs.

Nestas últimas décadas, vivemos duas crises sucessivas, mas bem diferentes, da representação. A primeira culmina nos anos 1980, com a crítica — basicamente de esquerda — à representação propriamente eletiva, aquela que podemos chamar representação em sentido forte. Quantas não foram as denúncias a um sistema eletivo no qual as pessoas são enganadas, não só por fraudes explícitas[9] como pela mentira mesmo dos que prometem uma coisa e fazem o contrário? Contra essa representação que reduz o cidadão apenas a eleitor, cortando-lhe a cidadania ativa, apostou-se na democracia direta (tese do Partido dos Trabalhadores, PT), na participação ("*Leitmotiv*" do governador paulista Franco Montoro)[10] no referendo.[11] Nossa Constituição de 1988, num de seus melhores momentos, substituiu o velho "todo o poder emana do povo e em seu nome será exercido" (o que significava: *jamais* será exercido por ele diretamente) pelo inovador "todo o poder emana do povo, que o exerce por meio de representantes eleitos *ou diretamente*".[12]

Mas, desde que começou um refluxo mundial da esquerda posterior à queda do Muro de Berlim, em 1989, surgiu outra crise da representação. A rigor, o que a esquerda procurou com a democracia direta foi uma *crítica* à representação; o que veio mais tarde, com o enfraquecimento dos movimentos populares, foi uma *crise* da representação.

A crítica se dirigia à representação forte; a crise afetou a representação fraca. Assim, em vez de se considerar a representação maior, a eleitoral, como ainda *insuficiente* (crítica democrática e/ou de esquerda, que desejava ampliar as liberdades), a representação menor, a das queixas, passou a já ser *excessiva*. Esse foi um dos traços marcantes da globalização econômica, no qual um dos problemas graves, mas pouco comentados, é que *não há mais a quem reclamar*. A quem se queixar da falência de um país ou das deficiências da rede pública de ensino e saúde? O governante responderá que, dada a falta de dinheiro, isso foge a seu controle. Ora, com o esvaziamento das funções de governo, que não conseguem mais controlar os fluxos de capital, a moeda nacional ou uma qualidade mínima de saúde e educação, a quem resta reclamar?

A crítica à representação procurava ampliar os meios de tornar o cidadão presente na direção da coisa pública. Era uma crítica rousseaniana, um tanto utópica, porque na era das massas é difícil fazer-se presente e escapar ao anonimato. Mas algumas formas de associação se definiram no sentido de uma presença maior do povo ou do homem comum na república: sindicatos, organizações de vizinhança, até mesmo ONGs. Mais recentemente, o recurso à internet.

A partir dos anos 1990, porém, mudou o rumo. Os poderes tradicionais se esvaziaram. Constituíram-se novas instâncias, anônimas e quase incontroláveis. Não são eleitas. Mas o pior é que nem sequer respondem pelos seus atos. Enfraqueceu-se assim até o sentido *mínimo* da representação, aquele em que ela é apenas a queixa que se dirige ao poderoso deste mundo. Pior: o poderoso se tornou quase invisível, ou pelo menos inatingível. Vá reclamar, no balcão da companhia aérea, de um atraso no voo: as pessoas que escutarão você nada podem fazer. No serviço de atendimento ao cliente (SAC) da empresa, você dará graças aos céus se algum ser humano o atender, e é provável que esse raro sobrevivente da espécie também não possa fazer nada, devido a problemas "no sistema". Os resultados desse modelo são caros.

Desde pelo menos a década de 1990, os velhos métodos de ação entraram em crise nas lutas trabalhistas. Cada vez mais fracassa a arma decisiva da tradição sindical — a greve, que reduz o lucro do patrão, para convencê-lo de que é vantajoso atender às exigências dos empregados. Se esse recurso continua tendo certa eficácia onde se produzem bens para o mercado — e desde que a conjuntura seja próxima do pleno emprego, nunca do desemprego —, ele é ineficiente nos setores sociais, como a educação e a saúde. Isso porque os prejudicados, sobretudo os mais pobres, não têm poder de decisão ou de barganha para atender às reivindicações dos trabalhadores dessas áreas. O resultado desse confronto é perverso, com as classes pobres se tornando reféns da falta de diálogo.

Cabe, no entanto, perguntar se esse modelo não vai além das áreas sociais. A questão pode ser mais séria: pensar novas formas de luta sindical exigirá inventar novos meios de preservar a própria política que o Ocidente construiu nestes dois séculos. Essa crise não se limita às greves dos trabalhadores; afeta a existência mesma dos Estados nacionais, na era democrática. Pois o modelo ora posto em xeque é o da representação, entendida aqui no seu sentido mínimo, o de haver alguém a quem reclamar, e que possa fazer algo (mesmo que não seja tudo, mesmo que não seja muito) para atender aos insatisfeitos. A teoria política mal tomou conhecimento do que chamei de representação fraca — a queixa, insinuada por Constant. Ela nem percebeu que relações haveria entre o SAC de uma empresa e a política em seu sentido mais forte.

Ora, o que há em comum entre uma greve local e o risco de que uma terrível crise, financeira, por exemplo, se abata sobre nós? É que nos dois casos deixa de haver canais de queixa. Se o país quebrar, como cobrar do governo, de qualquer governo, as promessas de campanha? Ele responderá que lhe faltam os meios, por razões fora de seu alcance. E quem pede mais recursos para a área social esbarra no mesmo impasse.

Essas respostas que parecem banais traduzem, para além da incapacidade dos governos, uma crise radical da representação política. Tradicionalmente, o significado disso era que, nas democracias, os eleitores escolhiam governantes que de algum modo respondiam por sua plataforma. Nem sempre se faz o que foi prometido, mas o princípio da representação é que o eleito deve contas aos eleitores.*

A globalização cria um poder supranacional anônimo. Isso é

---

* Esse foi ou é o problema, no Brasil, das eleições de 1986, 1998 e 2014. Sarney manteve o Plano Cruzado até a vitória eleitoral de seu PMDB no pleito de 1986, Fernando Henrique conservou o dólar barato até vencer a eleição de 1998, e Dilma Rousseff só assumiu a crise econômica depois da vitória em 2014. Nenhum deles deu uma explicação, menos ainda assumiu a responsabilidade ou ofereceu um pedido de desculpas pelo contraste entre o discurso de campanha e a administração seguinte. Penso que a queda em popularidade dos três se deve não só ao contraste entre palavras e ações, como também à falta de uma prestação de contas, de uma desculpa, de um pedido de ajuda.

sabido. Mas falta tirar dessa obviedade as consequências para a representação: se os governos nacionais nada podem ante um capital financeiro que despreza as fronteiras, a quem se queixar? E para que servem eles? Diminui seu caráter representativo. Outros passam a ser os poderes de fato. Deles, sabemos que se vinculam aos capitais. Todavia, não sabemos direito quem são (especuladores, aventureiros — ou algo mais racional que isso?). Dessa forma entra em crise o pacto que constituiu uma estabilidade mais ou menos democrática no Ocidente, permitindo obediência a governos que eram "mais ou menos obrigado[s] a levar em consideração" as reclamações de seus cidadãos.

Os novos poderes *de facto* não sentem obrigação de levar em conta os mais pobres. Isso, contudo, não instaura uma crise geral da própria governabilidade, em nível agora mundial? Nada aplaca a indignação melhor do que ter a quem reclamar. Se, porém, se esvaziam esses canais mínimos de representação, é de prever que se exacerbe a revolta. Sem a palavra, pode espocar a violência. E aí teremos saudades das formas tradicionais de luta, por duras que fossem. Porque as novas formas de luta já existem, e delas temos bons exemplos nas grandes cidades: uma luta sem ideologia, de força em estado puro; a eventual substituição da política pelo crime, de todos os lados e de várias formas.

OS RISCOS

Na versão inicial deste artigo — na verdade, cinco breves artigos publicados em jornal —, eu o terminava com uma pergunta: "Parar a avenida Paulista?", que na década de 1990 dividia as opiniões entre movimentos de protesto, que fechavam ao tráfego a mais simbólica via de passagem da cidade de São Paulo, e conservadores, que se diziam preocupados com o acesso a mais de dez hospitais em suas cercanias e, por isso, sugeriam algo como um "protestódromo", que não prejudicasse a cidade. Ora — retomo —, aí estava um problema: se a greve afeta pouco, a tendência dos protestos provavelmente será criar outras formas de perturbação social. Se os movimentos não têm quem os escute, gritarão.

Isso é ruim? Sim. Mas por que movimentos significativos não conseguem, mais, escuta?

Que novas formas de luta podem ter "os de baixo", em especial os trabalhadores? Seja qual for nossa posição política, é bom para a sociedade que eles tenham formas de luta eficazes. Nada mais tolo do que a satisfação de alguns, cada vez que uma movimentação social sofre uma derrota completa. Numa sociedade democrática, é bom que todos os setores com legitimidade social tenham o direito de exercer suas pressões, de vozear suas queixas. Talvez possamos conceituar assim o que eu chamaria de *mínimo democrático*, ou, se quiserem, o mínimo da representação: o direito ou a condição de se queixar e de ter sua insatisfação levada em conta — mesmo que não seja na medida desejada. É esse diálogo que constrói a legitimação recíproca dos interlocutores sociais, aquietando os antagonismos mais fortes.

A estabilidade mínima do político requer que, mesmo quando não nos reconhecemos numa autoridade como seus eleitores, pelo menos a reconheçamos como autoridade a quem podemos dirigir uma fala. Neste caso, ainda teremos uma identidade simbólica do espaço social como determinado pela política. E se não tivermos sequer essa autoridade? Voltamos àquela frase típica do Brasil Colônia (isto é, de um poder que não é Estado nacional, nem democrático, nem representativo): "Vá queixar-se ao bispo…".

Disso, duas séries de perguntas. No sentido *forte* da representação: para que eleger um governante, se ele pode tão pouco? E daí, para que a democracia, o Estado nacional, a representação política? No sentido *fraco* ou mínimo de representação: quem responde pelo mal de origem humana ou social? A quem nos queixar, em quem depositar esperanças? Estas últimas questões valem ainda que não haja democracia, porque dizem respeito a um poder que pode, até, ser carismático, ou autoritário. Mas são *o mínimo* para haver poder político, isto é, um poder no qual as decisões passam, minimamente que seja, pelo espaço público, pela discussão em linguagem natural entre os homens. Se não houver isso, o que haverá?

A seguirmos esse processo, fale-se quanto se quiser em diversidade de opiniões distintiva da democracia: isso só valerá como curiosidade. A diversidade opinativa nenhum peso terá ante a decisão séria, unívoca, da economia. Só resta saber se assim não se dissolve o mais belo fruto da cultura ocidental, a política, que nos acostumamos, desde o fim da Segunda Guerra Mundial, a considerar democrática.

E não é por outra razão que as oposições, sobretudo as de extrema esquerda, fazem questão de responsabilizar os governos por suas decisões. Mesmo quando estes respondem, desesperados, que nada podem contra o primado da economia — que fica mais visível nos momentos de aguda escassez —, que atitude tomam essas oposições? Cobram deles as ações que, segundo a teoria democrática, deveriam executar. É um choque constante entre a democracia e a economia, no qual os governos são reféns — algumas vezes, alegres — da segunda e as oposições[13] procuram fazer com que a democracia corresponda aos manuais que a definem.

ESCUTANDO

Na véspera da eleição de Nicolas Sarkozy como presidente da França, portanto na noite de 5 de maio de 2007, jantei na casa de um amigo comum com um de seus próximos, Patrick Devedjian, que depois seria seu ministro. A certa altura ele me disse qual era, a seu ver, a maior qualidade de Sarkozy: que ele tinha uma rapidez extraordinária para descobrir o que seu interlocutor *queria*. Não o que ele dizia, mas o que queria dizer ou, mais simplesmente, o que queria.

Essa é uma excelente aula de política. Toda escola de governo deveria ter uma disciplina de *escuta*. Quem procura um político, ou uma figura de poder, nem sempre sabe por que o faz. Nem sempre sabe o que quer. Daí, na pior das hipóteses, confrontos, insultos, decepções. Mas, quando o político percebe o que o outro quer — e que muitas vezes é simplesmente seu reconhecimento como interlocutor, o respeito como pessoa que pode falar ao poder e ser escutado por ele —, tem chances aumentadas de obter êxito em seu governo.

Afirmo em outro lugar que conseguir explicar aos eleitores por que um político não vai fazer, ou não vai fazer tão logo, o que foi prometido é uma das chaves de bem governar. Outra chave é escutar. Juscelino Kubitschek foi um de nossos maiores presidentes por isso. Como o governo ficava no Rio de Janeiro, algumas pautas municipais acabavam se tornando federais. Aumento na passagem do transporte coletivo caía no colo presidencial. O combate a esse aumento era um grande tema dos movimentos estudantis. Um presidente da União Nacional dos Estudantes (UNE) contou, muito mais tarde, que procurou o presidente quando houve um aumento na tarifa. JK não apenas o recebeu, como o fez sentar-se na cadeira presidencial, na cabeceira da mesa. Expôs a ele as dificuldades de orçamento e lhe perguntou: "O que faria em meu lugar?". Essa é a genialidade da escuta. O governante realiza muito bem seu papel de representante, em sentido forte, quando sabe escutar as queixas — o sentido fraco da representação — e voltá-las a seu favor.

Para concluir, lembro o psicanalista Pierre Fédida, que numa aula a que assisti em 1975, em Paris, disse: não há psicanálise sem queixa. Não adianta constatar, de fora, que a pessoa necessita de ajuda: se ela não exprimir seu desconforto, seu pedido de ajuda, nada feito. Acrescento: se pensarmos a sociedade ao modo grego, com o homem sendo por natureza um animal social, a vida coletiva se realiza no modo da festa. Lembra o que Rousseau fala sobre o nascimento da linguagem nos países quentes, em que a primeira palavra é "me ame" (*aimez-moi*), e os jovens começam a namorar à beira das fontes, e daí passam a dançar, e daí se amam. Mas Rousseau também trata da origem da linguagem nos países frios, em que — sempre segundo ele — a primeira palavra é "ajude-me" (*aidez-moi*, apenas um fonema a diferenciar do amor, um fonema duro em vez do caloroso "m" dos lugares quentes), e as pessoas somente se aproximam por necessidade. O pedido de ajuda incorpora uma queixa. Provavelmente, há os dois lados na construção da vida social, a festa e a queixa. Um máximo e um mínimo. Quando se esvazia a escuta do governante, não resta nem o mínimo.

8. A direita tem os meios, a esquerda, os fins[1]

Em 1992, estando na Inglaterra, acompanhei pela televisão o congresso anual do Partido Conservador. Vi velhinha após velhinha subir ao pódio e reclamar da abertura, ilegal mas tolerada pelo governo de seu próprio partido, do comércio aos domingos. Todas atacaram a abertura das lojas, alegando que esse é o Dia do Senhor e, além disso, a data em que a família podia reunir-se. Eram conservadoras de raiz. Para elas, o conservadorismo era um compromisso com os valores da família, da pátria, da religião, talvez da monarquia — era uma escolha intensamente moral. O problema é que seu governo e o próprio partido não davam a menor importância a elas e ao que diziam. Para um e para outro, o que contava era o avanço econômico, quase como fim em si. Valores históricos, característicos da direita, iam assim para o ralo — a religião e a família —, sem que isso afetasse a capacidade dessa família política para dirigir a economia e o governo.

Também os trabalhistas criticavam a abertura do comércio aos domingos, porém com outros argumentos. Para eles, era uma exploração do trabalhador. Ele ficava privado de ter seu lazer no mesmo dia que os amigos, colegas, cônjuge ou parceiro. Isso desagregava sua vida social e mesmo afetiva. Mas o argumento trabalhista não é de direita. Não envolve religião nem família. É leigo, é prático.

O que fez a direita perder a noção dos fins, dos valores que historicamente foram os seus? Ao longo do século XIX inteiro, avançando para o XX, ela se agrupava em torno do Trono e do Altar. Por um lado, um poder não eleito, hereditário, elitista, que — mesmo quando havia um Parlamento votado pelo povo — bloqueava projetos populares; por outro, a invocação da transcendência religiosa, que blindava no plano ideológico a contestação aos modos tradicionais de vida. Contudo, para o final do século XX, a direita mudou de projeto. Substituiu a ideia forte de controle social pela liberdade dos indivíduos, convertidos em empresários de si mesmos. Um — apenas um — dos nomes que essa mudança assumiu foi neoliberalismo. Para o bem e para o mal, mudou tudo. Baixou a importância dos valores universais no pensamento de direita. É bom que ela tenha se tornado mais tolerante; nesse seu novo universo, não precisa mais reprimir homossexuais, impor a conformidade religiosa, ditar comportamentos. Ao mesmo tempo, no entanto, perdeu o âmbito dos fins.

"Enriquecei-vos!" é uma expressão atribuída ao político francês François Guizot, que ficou famosa, ainda que precise ser entendida em seu contexto. Durante a monarquia de Luís Filipe, o sufrágio não era universal, mas reservado aos franceses do sexo masculino que pagassem pelo menos duzentos francos de impostos diretos por ano. Diante do protesto constante da oposição, que deseja abaixar ou até suprimir esse piso necessário para poder votar, o ministro Guizot teria sugerido que se enriquecessem, pelo trabalho e pela poupança, a fim de atender à exigência da legislação eleitoral. A expressão, cuja forma exata os historiadores não encontraram (alguns até contestaram que seja dele), foi muito utilizada para atacar esse homem público, que veria a riqueza como fim em si. Uma situação análoga parece ocorrer em nossos dias. Ter uma vida melhor se torna um valor, e não um meio para realizar outros valores, mais elevados. Os valores saem da ética para ficar na Bolsa.

Ao mesmo tempo, porém, a direita desenvolve meios de gestão muito eficientes. Toma como bandeira a destruição dos hábitos burocráticos, do controle da economia pelo Estado. Consegue o feito de atribuir a sua rival, a esquerda, a construção de um Estado regulador que não foi obra dele, ou apenas dele. Prega a flexibilização de tudo o que é controle. Na gestão pública, substitui a preocupação com os métodos empregados pela valorização dos resultados obtidos ou a obter. A informática lhe serve bastante bem, acelerando os processos, substituindo a lentidão e a insegurança das informações lançadas ou obtidas manualmente pela rapidez e certeza daquelas geradas por equações às vezes complexas. Em suma: enquanto abre mão dos fins, dos valores, faz a festa com os meios. Moderniza-os. Se abrir o comércio aos domingos aumenta os negócios, pouco importa o almoço de família.

A esquerda, no mundo ou em nosso país, passa enquanto isso por um movimento inverso. Ela perde o domínio dos meios. Continua prezando aqueles que permitem, num Estado democrático, fazer valer a democracia. Não é, ao contrário de como a caluniam, que ame o Estado acima de todas as coisas: é que ela vê no Estado, *desde que democraticamente eleito*, o melhor instrumento para controlar o mercado, isto é, para promover a democracia. Isso significa que, na escolha entre a flexibilização e a simplificação mais caras à direita e um acompanhamento mais detalhista do mundo da produção e do trabalho, confia mais na segunda opção. Dou um exemplo. Na década de 1990, o economista Marcos Cintra propôs um imposto único sobre transações financeiras que, como indica o nome, varreria do mapa todos os demais impostos no Brasil, fossem federais, estaduais ou municipais. Ele seria cobrado automaticamente em toda operação financeira. Sua principal vantagem é que eliminaria a sonegação, dispensando também todo o aparato estatal de cobrança de impostos. O governo receberia praticamente o mesmo valor líquido em tributos, mas com segurança e suprimindo as vantagens injustas que sonegadores têm sobre contribuintes em dia com o fisco. A proposta é obviamente tentadora. Isso implica, no entanto, que o governo não teria mais como fazer política — no bom sentido — na arrecadação, somente na despesa. Atualmente, o governo pode tributar menos o leite do que o refrigerante, o feijão menos que o caviar, o imóvel pequeno menos que o grande: essas opções sumiriam do leque de políticas públicas possíveis. Provavelmente, os casos em que uma política se exerce já no momento da arrecadação incluem grande número de políticas de inclusão social e de desenvolvimento socioeconômico: o Estado perderia essas possibilidades de atuação. O projeto é bom, elegante, mas traz esse problema — que preocupa mais a esquerda do que a direita.[2]

A direita — no Brasil ou em outros países — tem um projeto para a sociedade? Ou generaliza em excesso proposições — mesmo pertinentes — sobre a qualidade da produção, a eficácia dos bens e serviços, a ineficiência do Estado como gestor do aparelho produtivo, o mercado como regulador da economia? Não nego que várias de suas análises e propostas tenham qualidade. O problema está no fato de que elas, mesmo somadas, não fazem as vezes de um projeto de sociedade. A validade de um meio ou procedimento não o eleva à condição de fim ou valor. Daí o erro de um pensamento que, do papel relevante que desempenha o mercado na autorregulação da economia, deduz sua suficiência, seu caráter absoluto. Nenhum modo de produção foi, até hoje, tão capaz quanto o capitalismo de *produzir* bem e muito. Mas não quer dizer que seja bom na *distribuição* dos bens e serviços. Nem de garantir que estes tenham *qualidade*. Sem uma forte restrição que primeiramente veio dos movimentos trabalhistas, e mais tarde dos sociais e ambientais, o capitalismo é altamente predatório.

O capitalismo pode ser entendido à luz da palavra grega *pharmakon*, que tanto quer dizer veneno quanto remédio. Depende da dose, depende do caso. Tem a capacidade de produzir melhor do que qualquer outro sistema, contudo também pode devastar mais do que todos os outros. Daí que faça sentido a frase de vários políticos social-democratas, *queremos a sociedade de mercado, mas sem os valores da sociedade de mercado*: o capitalismo é um instrumento eficaz, entretanto não pode ser uma ética. Ou uma filosofia política. Ele precisa ser civilizado, e isso acontece de fora para dentro. Por isso mesmo, não se podem confundir capitalismo e liberalismo. Este último tem uma ética, como expus no capítulo sobre a boa política. Tem uma filosofia do homem, almeja seu florescimento, não se esgota na defesa dos mercados.

O problema do liberalismo é ser utópico. Ele critica o socialismo porque este seria impossível no mundo real, mas (quase) o mesmo vale para ele. Não dá para discernir exatamente a contribuição de cada um no processo produtivo, de modo a recompensar cada um por sua parte. Ele requer uma avaliação muito precisa do que cada indivíduo trouxe; ora, processos de avaliação são custosos, difíceis, necessitam ser renovados o tempo todo; nem tudo vale a pena ser avaliado. Pode ser mais caro avaliar do que não avaliar. Seja como for, porém, o liberalismo é uma ética que — se fosse viável — não precisaria de um limitador externo a seus abusos, porque estes não existiriam; já o capitalismo é, na melhor das hipóteses, neutro, amoral: sua moralização, sua conversão à decência exige uma contenção que vem de fora para dentro. Serão os movimentos trabalhistas, sociais e ambientais que o limitarão, que o civilizarão, mas nunca essa civilização estará garantida em definitivo. Também aqui é possível que o empreendedor, o empresário gravitem entre capitalismo e liberalismo, entre o veneno e o remédio, ou melhor, entre o *pharmakon* e a utopia.

O ponto em que falharam tanto as ideologias de direita como as de esquerda foi este: a incapacidade de cada uma delas de oferecer uma explicação ou projeto únicos, completos, para o mundo. Esse propósito era absolutamente central para eles. Isso foi mais visível no caso da teoria chamada marxismo e da prática chamada comunismo, mas vale também para o capitalismo. Caracteriza-se sobretudo pela tentativa de teóricos ou práticos de um lado ou outro no sentido de anexarem regiões da vida que ainda não foram colonizadas (eles diriam, talvez, *iluminadas*) pela teoria em questão. A falência do comunismo é mais visível, no entanto as tentativas liberais — por exemplo — de tratar da vida artística, dos direitos públicos, dos bens comuns deram igualmente em erro. Daí uma grande e modesta implicação: nenhuma teoria dá conta da complexidade do mundo. Na verdade, nem mesmo na economia e na política, seus territórios de eleição, as doutrinas inimigas conseguiram uma cobertura universal. Porém, o que estou dizendo também não é uma teoria absoluta. Pode surgir, nos tempos próximos ou distantes, uma teoria que realize uma explicação abrangente ou total. Mas, enquanto vivemos a ruína das teorias que tudo explicam, o melhor que temos a fazer é dar, a cada teoria, a cada prática, sua validade para a região que consegue pensar e na qual consegue atuar. E mais que isso: aceitar que para cada prática haja distintas teorias que disputam como conhecê-la e como agir.

Contudo, neste quadro, se o capitalismo logrou desenvolver meios eficazes, sua principal falha foi a dificuldade com os fins. É claro que ele pode ter como fim a plena liberdade de cada um: que cada um se desenvolva o máximo que puder. Mas o liberalismo que eu louvo não é esse, porque no florescimento de cada pessoa está implicado que ela contribua para o bem comum, para um mundo melhor. Esse liberalismo não tem nada em comum com a religiosidade das velhinhas conservadoras de Bristol, entretanto é também uma ética.[3]

Com fins ou valores, lida melhor a esquerda. O valor da cooperação, de que tratei no capítulo da boa política, é exemplar. Não é fortuito que a esquerda brasileira tenha falado, desde finais do século XX, em projeto de país ou de nação, tema sobre o qual a direita se calou. A esquerda parece entender melhor de sociedade, pelo menos da sociedade enquanto valor: o bem comum, os direitos sociais, a coisa pública. Não se trata aqui de qual projeto de país; a respeito, pode haver muitos; mas nossa direita preferiu não tê-los. No governo de Fernando Henrique, desfez-se muito do projeto de país construído por Getúlio Vargas e Juscelino Kubitschek, substituído por algo mais fluido, que poderia ser entendido — por seus críticos — como o livre jogo do mercado ou, numa visão menos ácida, como a articulação do mercado e da sociedade civil. Mesmo assim, não se pode dizer que os anos petistas tenham construído um projeto claro de país. Houve quem o defendesse, houve quem dele extraísse uma atuação mais forte do Estado na economia,* mas — devido justamente ao fato de a inclusão social

---

* O arremate dessa proposta se vê no livro da economista italiana Mariana Mazzucato, *O Estado empreendedor — Desmascarando o mito do setor público vs. setor privado*. São Paulo: Portfolio-Penguin, 2014. As políticas do Banco Nacional de Desenvolvimento Econômico e Social (BNDES) sob Dilma Rousseff foram uma referência para essa obra, que por sua vez se tornou referência para a presidente da República. O livro é uma construção inteligente sobre o papel do Estado, sobretudo norte-americano, na pesquisa científica e tecnológica que depois é apropriada pelas grandes corporações; seria um grande erro desqualificá-lo como ideologia.

ter se dado mais pelo consumo do que pela educação e cultura[4] — foi mais forte o apelo do tênis do que o apelo da nação. (Refiro-me aqui, claro, ao artigo sobre a inveja do tênis.) Isso se pode entender a partir de um traço importante do capitalismo. A grande novidade desse regime econômico é que ele não apela aos valores morais, e sim, justamente, ao que é menos moral no homem, a ganância, a cupidez. A doutrina cristã, dominante na Idade Média e depois disso recuando para os países católicos, entendia que o bem só podia provir do bem. O bom governo, aquele em que todos prosperariam, era exercido pelo rei bom, justo, religioso, moral. Na prática não era nada disso — e Maquiavel foi o primeiro a teorizar esse paradoxo, pelo qual o bem de todos provém com frequência da ação até mesmo má de alguns. Mas Maquiavel não se interessa pela economia. Ao longo do século XVII, Espinosa e Hobbes e, no XVIII, Mandeville e em certa medida Adam Smith vão mostrar que o egoísmo pode ser um motor positivo para a economia — esse egoísmo que a moral cristã queria, a todo custo, coibir. É o que torna o capitalismo extraordinariamente poderoso. Ele não precisa, para produzir em larga escala, da bondade humana. O desejo de ganhar mais, a recusa da abnegação republicana e sua substituição pelo que eram até mesmo vícios — cupidez, avidez — dão certo. Quero ganhar mais, produzo mais barato e melhor. (Este é um resumo rápido, e mantenho o que disse antes: o liberalismo, na sua melhor versão, é um projeto ético; no entanto, o capitalismo sabe apelar às paixões menos nobres do homem e fazer que, desses vícios privados, como dizia Mandeville, decorram benefícios públicos.)[5]

Ora, isso traz resultados diferentes às formas como esquerda e direita enxergam o mundo. A esquerda tem uma visão mais direta da política, assim como da economia. Para fazer o bem, pensa em meios que sejam do bem. Jamais entendeu, assim, que subir os juros fosse um modo de baixar a inflação, que concentrar a renda permitisse mais tarde reparti-la, e por aí vai. Já a direita compreende que esses meios indiretos dão certo, a começar pelo apelo às paixões aquisitivas, ao "instinto selvagem" do empresário. É óbvio que esse projeto capitalista só dá certo havendo um claro aparelho legal — e um poder de Estado — que faça o desejo intenso de ganhar não ir para o crime, mas para a produção. De todo modo, contudo, essa via soa estranha para a esquerda. Não tomo partido entre as duas posições, porém, por uma simples razão: economistas não seguem uma das lições mais básicas de Maquiavel, que é a adequação de uma política aos tempos, ao entorno ou conjuntura, se assim quiserem. Diz o grande pensador que há épocas em que se requer a audácia, outras a cautela; da mesma forma, há épocas em que uma política econômica seria a melhor, outras em que seria a pior; não vi economista, entretanto, que tivesse essa perspectiva. Gostam, pelo menos a maior parte, de pensar *sub specie aeternitatis*, à luz da eternidade, como se sua disciplina não lidasse com o que é mais histórico, portanto efêmero e variável, no homem.

A direita brasileira — e talvez mundial — perdeu-se nos meios. A esquerda, e só ela, tem fins a propor. Talvez seja esta uma de nossas tragédias: a direita tem os melhores meios, a esquerda os únicos fins. (Quando escrevi a versão inicial deste artigo, logo após o impeachment de Collor, a campanha contra a fome de 1992-3* pôs em cena mais valores e gente de esquerda que de direita.) Seria, naquela época como hoje, importante que forças

---

* Deslanchada pelo sociólogo Herbert de Souza, ou Betinho, foi a grande iniciativa social num Brasil que acabava de passar pelo impeachment de Collor. Depois de destituir um presidente acusado de corrupção, a sociedade encontrava no combate à fome seu novo projeto ético.

opostas, mas que compartilham um território e um espaço político, se entendessem sobre alguns fins. A supressão da miséria, a igualdade de oportunidades, o fortalecimento da educação e saúde oferecidas à sociedade deveriam estar nessa lista. O ideal seria termos um duelo partidário saudável entre forças que reconhecem certos valores, certas metas que são do país, e divergem, embora asperamente, quanto aos meios. Mas nem isso é fácil, se ainda, vinte anos depois da redação inicial deste artigo, a direita continuar se esmerando nos meios e a esquerda nos fins. Ficamos entre uma direita míope e uma esquerda sem braços.[6]

AS COISAS MUDARAM?

Escrevi este artigo em 1994, lembrando as velhinhas de Bristol. Modifiquei-o. Suprimi o que era demasiado datado. Penso que continuam válidas as teses que aqui sustentei: primeira, que os meios tradicionais de esquerda, a saber, o controle estatal de várias atividades sociais e econômicas, foram superados por outros procedimentos, desenvolvidos pela direita, o liberalismo e a informática; segunda, que a direita foi renunciando aos valores que marcavam sua tradição e ficou cada vez mais a reboque do dinheiro. Daí a tese de uma superioridade ética da esquerda sobre a direita, que defendi quase no final do artigo. Mas, também, a de uma eficácia maior dos métodos usados pela direita. De modo que chegamos a uma direita sem valores, a não ser o da máxima realização do indivíduo, o que é o contrário do que ela sustentava quando defendia coletivos, como a Igreja, a sociedade ou a própria família. E a uma esquerda que, para realizar políticas públicas, sempre tem que recorrer a métodos postos em cena pela direita. O caso mais típico é o dos programas sociais bem-sucedidos da era PT: esse partido defendia, na oposição, políticas universais; no governo, precisou aceitar uma série de políticas "focadas", isto é, que se focavam nos mais necessitados. Estas eram, até 2002, apanágio da direita.

Obviamente, essas teses estão em aberto. O futuro precisará responder a elas. É muito difícil uma sociedade funcionar com pouca ética ou com eficiência rala.

9. Como o PT perdeu a imagem ética

Entre sua fundação, em 1980, e seus primeiros tempos na presidência da República, o Partido dos Trabalhadores (PT) se beneficiou — e também sofreu — de uma imagem fortemente ética. Essa imagem lhe conferia um prestígio, um sucesso de estima que poucos partidos tiveram no país. Mas também o prejudicava. Ele era visto como defensor de causas utópicas. Seus projetos seriam inviáveis. Desconheceria as duras leis da economia e da política. Não conseguiria governar, porque não saberia trabalhar nem com nosso atraso político, nem com nossa modernidade econômica. Alguns iam mais longe e o acusavam de querer destruir o tecido social, por ser subversivo, comunista. Foram, porém, diminuindo em número. Sua imagem era mais para boa do que para má. A questão ética podia até irritar, mas gerava admiração. A muitos incomodava que ele, por exemplo, não se aliasse a partidos mais moderados, como o PSDB ou o PMDB, porém essa irritação se traduzia mais ou menos como uma pergunta: *precisa ser tão ético assim? Não pode fazer acordos?* Em suma, a questão, no caso do PT, não é que fosse pouco ético — é que era ético demais. A tal ponto que elegê-lo seria um risco. Não saberia, ou não quereria, efetuar as concessões que a política exige.

Entre 1998 e 2002, depois de ser derrotado em três eleições presidenciais, Lula decidiu que não ia mais concorrer para perder. Queria ganhar as eleições, para proceder às mudanças necessárias na sociedade brasileira. Para tanto, realizou uma série de concessões. Primeiro, substituiu a estratégia do partido orgulhoso de sua singularidade por uma política de alianças. O PT não iria mais exigir dos parceiros que se curvassem a ele. Continuava disputando a presidência, isto é, a hegemonia, mas aceitava alianças. Foi quando Lula disse, pelo menos em conversas privadas, que o PT não precisava mais ser sempre cabeça de chapa em suas alianças. Segundo, reduziu o radicalismo de suas posições em economia. Respeitaria os contratos vigentes, os acordos internacionais, que antes denunciava como lesivos ao país. Terceiro, contratou um ás do marketing político para a campanha, que focou as emoções positivas, como a alegria, e não mais as negativas, como a ira. Venceu.

O fator ético era essencial na imagem do PT. Consistia em dois pontos fundamentais: um, a denúncia da pobreza e da miséria como elementos fortemente injustos da sociedade brasileira; dois, o ataque à corrupção. Em seus momentos mais puros — e ingênuos —, o partido parecia compartilhar uma crença muito difundida no Brasil, segundo a qual a razão única de nossos males é a corrupção; bastaria então pôr fim a ela que haveria dinheiro para tudo o que é necessário. Qualquer um, mesmo leigo em economia, mas que preste atenção em números e custos, sabe que isso não é verdade. Sabe que a corrupção tem um custo alto, porém não é só ela que atrasa o desenvolvimento do país. O dinheiro desviado não é suficiente para as tarefas de que precisamos.

Todavia, esse não é o ponto principal. O decisivo era que, para o PT, tornar o Brasil socialmente justo seria a mesma coisa que torná-lo eticamente honesto. Essa é uma ideia inteligente, mas que só é inteligente porque *não* é atuarial: não consiste em imaginar que basta devolver aos cofres públicos o dinheiro da corrupção para que tudo funcione; não é uma questão de dinheiro; é questão de atitude. Supõe que, para o país melhorar, é preciso acabar com todas as formas de injustiça social ligadas ao patrimonialismo. O problema é que, desde o primeiro governo Lula, essa ênfase na ética desapareceu. Não afirmo que o PT governou contra a ética, menos ainda que tenha sido o primeiro a promover sistematicamente a corrupção, que é muito antiga no Brasil. Mas o discurso petista desde 2003 sofreu uma grande mutação, tirando a primazia da ética. Esse é o ponto crucial.

Outros autores medirão melhor o volume da corrupção que houve com o PT, talvez um dia, mais calmamente, comparando-a com a de outros partidos. Houve apurações, absolvições, condenações. Como é praticamente impossível medir o tamanho da corrupção, não há meios seguros de descrever seu aumento ou redução. O principal indicador do assunto se chama, apropriadamente, Índice de *Percepção* da Corrupção e é elaborado pela Transparência Internacional, basicamente a partir de consultas a empresários. Pode-se perceber mais corrupção porque ela aumentou na realidade, *ou* porque cresceram os instrumentos de sua detecção e punição. É notório que esses instrumentos foram valorizados nos governos do PT. Já as sentenças de tribunais indicam que pelo menos alguns nomes destacados desses governos agiram mal. Meu ponto, no entanto, não é esse, que mais serve para o escândalo do que para o conhecimento, e sim o de uma mudança de postura no partido que reduziu o alcance do tema ético. Disso, o leitor poderá retirar diferentes conclusões. Poderá dizer que foi por isso que se corrompeu. Ou poderá dizer que, concentrado em mil tarefas de governo, descuidou do discurso, mas não da prática ética.

* * *

O PT poderia, conforme promovia medidas de inclusão social numa escala sem precedentes em nosso país e talvez no mundo,[1] insistir no caráter *ético* de tais políticas. Não o fez. Sua ênfase foi na melhoria da vida. Falou, sim, em conquista da dignidade, comparou seu próprio balanço de governo com o de outros, mas não elaborou uma narrativa ética de suas políticas. Ou seja, o partido teve um discurso ético de crítica à miséria, contudo, quando substituiu a crítica pela ação, quando deixou de ser oposição para tornar-se governo, não construiu um discurso ético de suas políticas.

O resultado se fez ver facilmente. No terceiro ano do governo Lula, ocorria o escândalo do mensalão. Mais um ano, e na campanha eleitoral de 2006 o principal candidato de oposição, o então ex-governador de São Paulo Geraldo Alckmin, teve como refrão "Por um país decente/ Alckmin para presidente". Não importa o que pensemos disso: o fato é que teria sido *impossível*, meros quatro anos antes, utilizar a ética como argumento contra o PT.

A direita foi muito hábil na cartada ética. Ela se concentrou no tema da corrupção. Em nenhum momento trouxe à baila a inclusão social. Vimos que ética, para o PT na oposição, se compunha do encontro da honestidade no trato do dinheiro público com a justiça social. A direita sabia que, se a inclusão social fosse o grande tema ético, ela perderia para os governos petistas. Mas, como nem o próprio partido conferiu esse caráter à inclusão, as questões morais e éticas ficaram todas no campo da corrupção, no qual a direita conseguiu sua hegemonia. Foi assim que rapidamente se esvaziou a imagem ética do Partido dos Trabalhadores. Mesmo a ação petista em 2005-6, quando, graças a uma série de políticas sociais, conseguiu conter a ofensiva do mensalão, não passou pela ética, e sim pela conquista do apoio dos movimentos sociais. Essa conquista, reitero, tinha valor ético, no entanto esse ponto não foi frisado.

Al Gore, que, depois de perder em decorrência de uma sucessão de fraudes nas eleições presidenciais de 2000 nos Estados Unidos, se tornou um líder moral, afirmou, como uma recomendação para fortalecer sua campanha contra o aquecimento global: "O movimento dos direitos civis só deslanchou nos Estados Unidos quando foi retirado do quadro político e colocado em um contexto espiritual".[2] Sua tese é de que em seu país as grandes causas, como a abolição e o combate à segregação racial, tiveram sucesso quando se tornaram causas éticas ou mesmo religiosas. Assim foi com a abolição, assim foi com o fim da segregação racial. No Brasil, porém, o trajeto tomado pelo PT parece ter sido o inverso. Uma causa fortemente ética acabou se reduzindo a uma medida apenas política. A antiga fusão dos dois combates, à miséria e à corrupção, desapareceu. É verdade que sem alianças, algumas delas com pessoas de passado e presente duvidosos, teria sido difícil, se não impossível, conduzir as políticas de governo. Entretanto, pelo menos as políticas sociais poderiam ter sido defendidas com mais vigor ético. Quando o governo fosse atacado por corrupção, poderia ter reagido duplamente: primeiro, mandando apurar as acusações; segundo, denunciando que a leitura que a oposição fazia da ética era muito limitada. Basta ver que alguns ataques ao governo elogiavam governantes do passado, que podem não ter desviado dinheiro público para seus bolsos, mas se empenharam em manter a desigualdade gritante, a injustiça social, a discriminação contra mulheres, negros, indígenas. Podem ter sido pessoalmente dignos, porém dentro de uma concepção muito pobre, hoje inaceitável, de dignidade. Faltou, ao PT, revisitar a ética. Faltou-lhe acusar as limitações da ética dos grandes senhores do passado — aqueles cuja decência se resumia em deixar o poder tendo apenas um modesto imóvel, mas que nada tinham feito para nem mesmo reduzir a miséria — e superar esses limites, proclamando a primazia ética da igualdade, pelo menos, de oportunidades. Faltou-lhe ir além. Daí o incômodo ou mesmo a revolta de muitos eleitores, que se consideravam traídos ao sentir uma conivência ou, pelo menos, complacência com o que antes era um demônio, a corrupção.

A corrupção é a destruição da *res publica*, do espírito público que deve estar presente num Estado democrático. Ela privatiza sorrateiramente o que é de todos. Como afirmo há muito tempo, ela fere, adoece e mata. Em regimes autoritários, a corrupção pode ser regra, melhor dizendo: mal se distingue do andamento normal das coisas. O rei ou ditador que vê no *tesouro* público a continuação de seu patrimônio pessoal é como se generalizasse a corrupção, como se a tornasse, em vez de exceção, regra. Para falar em corrupção, é preciso ter a perspectiva de um regime em que o público e o privado estejam separados. Esse regime não é o despotismo, a tirania, a ditadura. É a república.[3]

Mesmo alguns reis elogiados por sua moralidade, no final da Idade Média, misturavam o que era seu ao que era do Estado. Na verdade, corrigindo-me: não é que misturassem; essa separação nem sequer existia. Somente nas monarquias constitucionais ela começa a existir, com a criação da "lista civil", a alínea orçamentária em que ficam os gastos com a família real. E mesmo isso é problemático. Num país que constitui um exemplo de monarquia constitucional, como o Reino Unido, o fato de que o dinheiro público sustente os caprichos de um grande número de *royals* causa incômodo. Muitos dizem que isso dá glamour à vadiagem da elite. Como incutir valores éticos, entre eles a dignidade do trabalho, quando algumas dezenas ou centenas recebem dinheiro dos impostos em virtude apenas de seu nascimento e em troca tão somente de sua presença em algumas cerimônias públicas?

É na república que a corrupção constitui um tema sério. Repito: não que nos muitos tons de despotismo não haja corrupção — só que não se chama corrupção. Somente se corrompe o que na sua natureza é decente, é limpo, é íntegro. Quando o próprio regime significa a apropriação sistemática por alguns do que deveria ser de todos, o problema não está em sua degradação. Está em sua natureza. Ela não é decente, limpa ou íntegra. Uma república, no entanto, deve sê-lo. Daí que apenas nela a corrupção seja um problema, daí que ela ameace matar esse regime. Por isso a corrupção, sob todas as suas formas, é inaceitável eticamente.

Mas, tudo isso posto, o respeito ao Tesouro público é condição necessária, porém não suficiente, do bem viver em comum. Para que os laços sociais tenham qualidade, é preciso haver, pelo menos, igualdade nas oportunidades abertas a todos. É por isso que a exclusão social é uma chaga ética das maiores, se não a maior, que existe. Se o PT perdeu sua imagem ética, não foi unicamente devido às acusações de malfeitos: foi porque ele mesmo não enxergou a dimensão ética do que fez — ou propôs — de melhor.

LEMBRANÇA

Uma comprovação do que afirmo eu tive em dois encontros com a presidente Dilma Rousseff, em 2015. Logo depois de assumir, a seu convite, o Ministério da Educação, ela me falou de seu interesse em promover uma campanha ética, que incluiria um combate à corrupção.[4] Eu lhe expus então as ideias acima: que era fundamental apontar o significado antiético de nossa desigualdade clamorosa, bem como a dimensão ética do trabalho por reduzi-la. Ela ficou muito feliz com a ideia, que procurei então implantar no Ministério, num projeto que chamei de *A iniciativa ética*, mas que não consegui levar a cabo. (Aprendi o seguinte: quando você quer realizar uma coisa, tem de incumbir pelo menos uma pessoa disso, e talvez apenas disso. Senão, não consegue.[5]) Entretanto, passaram-se meses e ela voltou ao tema ético, num dos raros encontros que tivemos. Retomei o assunto anterior e ela de novo ficou entusiasmada. Mas não lembrava da conversa decorrida.

10. Pode existir uma utopia pós-moderna?[1]

Levanto um problema. Geralmente, quando se menciona a pós-modernidade, ela é pensada como oposta a um pensamento utópico. A utopia seria uma das realizações máximas da modernidade. Além disso, como se costuma considerar a esquerda como a grande portadora atual dos projetos utópicos — tanto no sentido de ter propostas generosas de radical mudança do mundo como no de ter projetos irrealizáveis de radical mudança do mundo —, é bom notar que parte substancial da esquerda critica acerbamente a pós-modernidade. Ora, aqui proporei uma relação entre pós-modernidade e esquerda na qual não haja oposição, mas encontro — na qual, mais que isso, se abra a possibilidade de uma utopia pós-moderna.

Recordemos como principia a *modernidade* do ponto de vista político.

Há duas aberturas para a modernidade no começo do século XVI, simultâneas e antagônicas. Uma é a que Thomas Morus faz na Inglaterra, quando escreve sua *Utopia*,[2] e outra se dá com Maquiavel, em Florença, com a escrita de *O príncipe*.[3] Eles escrevem praticamente ao mesmo tempo, sem um saber da obra do outro. Morus toma conhecimento, mais tarde, da existência de *O príncipe* e, no final da década de 1520, faz pelo menos uma referência crítica, condenatória, a esse livro que é visto pela grande maioria das pessoas como uma apologia do mal e uma defesa da tese de que os fins justificariam os meios. Quem lê "tecnicamente" filosofia não concorda com essa leitura; ou melhor, quem trabalhou com filosofia nos últimos anos, desde que em meados do século XX mudou a abordagem de Maquiavel,[4] não a compartilha; mas é essa a leitura de *O príncipe* que prevaleceu desde que a obra se tornou conhecida.

Temos assim uma situação curiosa: dois autores que se ignoram, que sustentam teses opostas e que, ambos, rompem decisivamente com a Idade Média. São duas aberturas absolutamente importantes para a modernidade, duas formas antagônicas de acabar com a Idade Média.*

---

* Utilizei o conceito de "aberturas" para a modernidade desde *A sociedade contra o social — O alto custo da vida pública no Brasil*. São Paulo: Companhia das Letras, 2000. Na ocasião, pensei em duas aberturas para a modernidade, as de Maquiavel e de Mandeville. Esse conceito, inspirado no xadrez, pretende verificar de que maneira se dão os lances que iniciam uma época do mundo, entendida como um jogo que articula significações e práticas. A "abertura" passa a ser, assim, uma inauguração, mas não necessariamente planejada, e sim executada. Seria como o corte no nó górdio que bloqueia uma nova compreensão e ação sobre a sociedade.

A abertura Maquiavel rompe com a visão religiosa (leia-se: cristã) e moral da política que caracterizou a Idade Média, todavia constrói, contra ela, uma primazia da ação sempre incerta do príncipe. Os súditos continuam sujeitos ao receituário medieval. É o príncipe que não pode, por ele, pautar-se. O que está em jogo é uma emancipação da ação criativa, porém sempre arriscada.

Já a abertura Mandeville se dá, não no plano do príncipe, mas no da sociedade, e não mediante a ação, mas por meio de instituições que a canalizem, de modo que vícios privados gerem benefícios públicos.

Os dois autores têm em comum quebrar a condenação do mal, que caracteriza o discurso medieval da política, e ver nele uma positividade. Entretanto,

Há, porém, outros notáveis pontos de coincidência. Primeiro, esses dois livros são de facílima compreensão. Quem tenha lido um livro de filosofia escrito desde o século XVIII pode ver que tanto a *Utopia* como *O príncipe* não apresentam problema imediato algum de compreensão, se comparados a Kant, Hegel, Heidegger — ou mesmo a Descartes ou Espinosa.

Lê-se a *Utopia* sem maior dificuldade. Não há problema em compreender o que o autor *diz*. O problema — e este é o segundo ponto de coincidência — é que não se sabe o que Morus *quis dizer* nessa obra, tão dissonante de suas outras. Entende-se o que ele diz, não se sabe o que quis dizer. O mesmo vale para *O príncipe*.

Muitos leitores, e mais ainda não leitores, pensam que *O príncipe* é uma apologia do mal; uma leitura, página a página, parece confirmar essa leitura rápida, porém os estudiosos são hoje unânimes em contestá-la. A *Utopia* talvez seja ainda mais fácil de

---

sua grande diferença está na questão de quem, agindo contra ou fora da moral, gera resultados positivos e bons (o príncipe, para um; o que poderíamos chamar o mercado, para o outro).

Uma abertura Morus pode ser uma terceira possibilidade; na verdade, considero o conceito de abertura, como o expus acima, útil para pensar muito da ação humana. A principal diferença da abertura Morus é que, longe de rever a condenação medieval ao mal, ela proclama um bem superior. Tudo, na *Utopia*, recende a bem. É o contrário de Maquiavel e de Mandeville. Daí, aliás, que alguns comentadores vejam Morus como medievalizante mesmo na *Utopia*: condena a propriedade privada — que, afinal de contas, é mais burguesa que feudal — e pensa uma política que seja moral.

Contudo, a ler-se com atenção, o que Morus condena é a propriedade que *exclui* o outro, o que vale também para os direitos que os senhores feudais têm sobre a terra. E o decisivo no conceito de *abertura* não é como o autor se vê (afinal, Maquiavel não pensava estar sugerindo *novas* formas de ação para o príncipe, apenas explicitando como os governantes bem-sucedidos *sempre*, desde a Antiguidade, tinham agido), e sim o efeito, a recepção, a leitura — e, sobretudo, a reescritura do mundo que ocorre a partir do lance de dados fecundo com que se abre uma nova perspectiva social.

entender: aparentemente, Morus aqui defende o fim da propriedade privada, o planejamento social, em suma, uma sociedade justa porque não terá a propriedade individual. Mas há dúvidas sérias quanto a essa interpretação, a começar pelos nomes inspirados no grego, desde "utopia" (lugar nenhum), o rio Anidro (isto é, "sem água") e o narrador da viagem a Utopia, Rafael Hitlodeu, cujo sobrenome se traduz como "autor de disparates". A questão relevante é, então, por que há tanta dúvida sobre o que quiseram dizer esses dois livros? Ainda mais porque constituem exceção na obra dos respectivos autores.

Maquiavel, afora *O príncipe*, só escreveu obras mais propriamente republicanas. Defensor da República de Florença, após a queda do regime, derrubado pelos exércitos espanhóis que restauram o duque, passou alguns meses de 1513 exilado no campo, escrevendo um livro que é uma apologia aparente do papel do príncipe. É um tempo breve, se comparado aos longos anos que dedica à redação dos *Discursos*, estes sim uma obra claramente republicana. *O príncipe* parece uma exceção, talvez um intervalo, numa obra de outro perfil. Foi isso o que levou certos autores, entre eles Rousseau, a pensar que talvez *O príncipe* fosse uma paródia, uma crítica aos príncipes, expondo como eles de fato agem, para denunciá-los ao mundo. Quanto a Morus, canonizado no século XX pela Igreja Católica, por ter sido mártir da Reforma Protestante na Inglaterra, seus demais livros não contêm maiores críticas ao regime político inglês ou ao predomínio da grande propriedade. Insisto no caráter excepcional dessas duas grandes obras fundadoras da modernidade para mostrar que *o nascimento da modernidade, em política, é misterioso*.

A filosofia ainda não tinha voltado a ser universitária, o que foi durante parte da Idade Média e a partir dos séculos XVII e XVIII. Toda vez que, ao longo de seus 2500 anos, a filosofia fez parte da universidade, foi difícil entendê-la. Sempre que esteve fora de seus muros, foi mais compreensível. Há uma diferença entre a filosofia que se dirige aos acadêmicos e a que se dirige aos cidadãos, como na Grécia, ou aos homens cultos, como na Renascença. Comparem-se os pré-socráticos aos escolásticos, ou um Nietzsche, que larga a academia, a um Hegel, que bem exprime o espírito acadêmico. Pois, com Maquiavel e Morus, temos um começo moderno aparentemente claro, mas mesmo assim problemático. Fica formulada a pergunta: por que a modernidade — que ainda, em certa medida, é o *boot* que damos diariamente em nosso computador mais pessoal (nossa cabeça) — parece tão límpida e é na verdade tão opaca, já desde que nasce?

Morus cunha o nome de Utopia. O que a caracteriza? Apontemos quatro pontos básicos: primeiro, a sociedade tal como existe é totalmente injusta. Segundo, é totalmente infeliz. Terceiro, um mesmo princípio será a causa única para a injustiça e a infelicidade. De acordo com Morus, a propriedade privada constitui causa suficiente e necessária do roubo, do crime, da miséria e da infelicidade pessoal e social. Daí o quarto ponto: basta destruir essa causa para ter justiça e felicidade. De uma causa formulada em termos teóricos deduzimos — e a ela reduzimos — todo o restante. Uma teoria governa tudo o que se refere à prática.

A instauração da boa sociedade se dará mediante um planejamento, que é consequência daquele princípio teórico. Se a propriedade privada é causa de todos os males, sua extinção deverá tornar o mundo justo e feliz. Mas esse planejamento geral da sociedade vem com um planejamento geral da cidade. A cidade não é mais a *pólis*. Ela é o espaço urbano em que nos movemos e que precisa ser construído de modo que todos possamos ser justos e tratados com justiça. Daí que toda utopia, nestes quinhentos anos, tenha andado junto com um projeto de urbanização. É impossível ter uma utopia sem uma ideia de como a cidade se organiza. É difícil planejar uma cidade e resistir à tentação de formular um projeto de sociedade. Mais que isso, se Severo Sarduy tem razão ao afirmar, em *Escrito sobre um corpo*[5] (1969), que a cidade passa a ser mapeada, cartografada, quando — durante a Renascença — deixa de ser imediatamente visível em sua inteireza, quando escapa ao olhar direto, então o ato de cartografá-la é simultâneo ao de planejá-la. Ver a cidade como um todo e criá-la nova obedecem a um mesmo movimento. A planta e a Utopia nascem quase ao mesmo tempo.

Eu, pessoalmente, enquanto escrevia este artigo, pensei no fato de ter nascido numa cidade planejada, que é Araçatuba — fundada no começo do século XX no interior paulista, quase na divisa com Mato Grosso, hoje do Sul —, e de que, cem anos depois dessa fundação, passei alguns anos na maior utopia urbana do século XX, que é Brasília. É conhecida a oposição que, em *Raízes do Brasil*,[6] Sérgio Buarque de Holanda tece entre as cidades da América hispânica e as da América portuguesa. As cidades hispano-americanas são como tabuleiros de xadrez: planejadas, com ruas perpendiculares. Já as cidades brasileiras são semeadas nas montanhas e nos vales — semeadas seguindo ritmos naturais, que não são os das linhas retas, paralelas e perpendiculares. Pois o Brasil central tem uma presença mais intensa das retas e perpendiculares, bem como do planejamento urbano, mas que talvez só uma vez, com a construção da capital federal, esteja vinculado a um projeto de nova sociedade. O Brasil central e tardio rompe com o Brasil colonial, imperial, "atrasado". É o caso da cidade em que nasci e de várias outras do Brasil central. O exemplo mais forte dessa mudança está no modo como o antigo estado de Goiás gerou três capitais, que correspondem a três momentos diferentes do planejamento urbano e, mais que isso, da visão política da vida social.

A primeira delas é Goiânia, fundada em 1933. É uma cidade moderna, planejada, mas não é utópica. A segunda é a capital do país. Recortada do estado de Goiás para constituir o Distrito Federal e construída ao longo da segunda metade da década de 1950, Brasília é, sim, uma cidade utópica. Desde seu projeto inicial, pretendeu-se efetuar uma mudança nas relações entre as pessoas que lá fossem viver; isso se tentou com dificuldade e com fracassos (como já se constata em declarações de Niemeyer a Simone de Beauvoir, em 1961, pouco depois de inaugurada a nova capital),[7] porém, de qualquer forma, houve, em Brasília, um projeto utópico. Já a terceira capital retirada do antigo território goiano é Palmas, sede do governo do estado de Tocantins, fundada em 1989 e que representa uma espécie de abdicação do utópico. Há planejamento, contudo a utopia sumiu. Sessenta anos de história do centro do Brasil assim, como se fossem uma metáfora da história brasileira do século XX, marcam — com a criação de três capitais — o nascimento e a morte da utopia.

Esse período de pouco mais de sessenta anos, em meados do século XX, entre o governo Vargas que tanto mudou o país e a Constituição de 1988, que é a mais democrática de nossa história, marca a ascensão e queda de um forte projeto utópico. A palavra *utopia* é fortemente polissêmica. Salientamos alguns de seus aspectos: o princípio teórico para a resolução dos males do mundo, o planejamento, a urbanização. Mas a utopia não se esgota neles. Ela pode ser sinônimo de irrealismo — e, portanto, algo positivo (o sonho, o impossível) ou negativo (o impossível, o devaneio). Pode ser o que nos leva a romper com o convencional, impelindo-nos à ação, e pode ser o que nos impede de agir, prendendo-nos ao imaginário.

A utopia tem tudo de moderno. Há coisa mais moderna do que a razão, que identifica os males e que os enfrenta mediante o planejamento? E se houver uma *utopia pós-moderna*? Talvez seja irrealista; seguramente rompe com o existente: nesses dois sentidos, é utópica. Reorganiza a vida social: mais um sentido em que é utópica. Isso, entretanto, não é tudo o que ela traz.

Partirei de uma constatação. Até 1989, quando se falava em tempo de trabalho, pretendia-se reduzir as horas de trabalho por semana. Esse foi um grande projeto social. No século XIX, as horas de trabalho nas cidades tinham chegado a doze, catorze, dezesseis por dia. Isso levou a uma série de lutas de trabalhadores, que conseguiram gradualmente reduzir o tempo de trabalho, até que se estabilizasse em oito horas diárias. Daí não se avançou. Desde mais ou menos a década de 1920, não houve maiores mudanças nessa fórmula. O único país em que se teve uma proposta de redução maior e consequente foi a França, após a vitória de Mitterrand nas eleições de 1981, que pretendia chegar a 35 horas semanais, porém parou antes disso.[8] Na verdade, a maior mudança é que em muitos — mas não todos — trabalhos urbanos se passou a folgar no sábado. Ora, não há racionalidade em pararmos aí. Se temos ganhos de produtividade graças às máquinas, desde o começo do século XIX, e graças à informatização, desde as últimas décadas do século XX, por que não transferir parte dos ganhos de produtividade para os trabalhadores? As lutas sociais fizeram com que a substituição do trabalho bruto pelas *máquinas* reduzisse a duração desse trabalho, contudo o aprimoramento de sua produtividade graças à *informática* não trouxe o mesmo efeito. Aparentemente, esses ganhos beneficiaram os consumidores, os patrões e só em terceiro lugar os trabalhadores. Mas, se um trabalhador agora faz em uma hora o que antes fazia em duas, por que precisará trabalhar duas horas?

Por volta de 1989 e 1990, some da discussão pública a ideia de redução das *horas* de trabalho e entra a de aumento dos *anos* de trabalho ao longo da vida. É esse o discurso dominante das últimas décadas, que se justifica com base na necessária estabilidade atuarial da previdência social. Dado que vivemos mais, já não faz sentido as pessoas se aposentarem em torno de cinquenta ou sessenta anos, quando ainda terão várias décadas de vida. Há lógica nesse discurso: contabilmente, não há como sustentar uma pessoa por cinquenta anos se ela trabalhou menos do que esse meio século.

Mas o problema não se esgota nisso. O discurso dos *anos a mais* de trabalho substituiu, sem jamais contestá-lo explicitamente, o das *horas a menos* de trabalho. O segundo discurso não refutou o primeiro. Simplesmente o ignorou. Evidentemente, se num caso falamos de horas, e no outro de anos, uma conta elementar pode gerar equivalentes — em horas ou anos de trabalho — que permitam uma discussão. No entanto, isso não ocorreu. O discurso atuarial da extensão dos anos de trabalho surgiu *fingindo* que nunca existira uma proposta de redução das horas de serviço pela automação. Essa substituição de discursos — de um não dominante, mas mesmo assim forte, por um dominante, que elimina até os vestígios do primeiro — coincide, nada curiosamente, com a derrota mundial das esquerdas, que veio no bojo da queda das ditaduras comunistas.[9]

Vale a pena recuperar a pergunta pela redução da jornada de trabalho. Usarei duas referências a respeito. A primeira é do agrônomo francês René Dumont, que talvez tenha sido o primeiro candidato político num país importante a abraçar a causa ecologista. Era socialista, tinha estado em Cuba, onde apoiou a revolução, mas foi um dos primeiros a publicar uma crítica severa ao regime de Castro, em seu livro *Cuba é socialista?*,[10] de 1970. Em 1974, lançou-se candidato a presidente da França. Sua tese era de que, se os franceses aceitassem, em 1974, um nível de vida equivalente ao que tinham em 1940 — um recuo de 34 anos ou menos, porque, nesses 34 anos, houve cinco da Segunda Guerra Mundial, mais os necessários para a reconstrução do país — digamos, então, um recuo de aproximadamente vinte anos —, se aceitassem um nível de vida menos bom do que o da época, mas ainda assim um nível satisfatório, conveniente, poderiam, dizia Dumont, trabalhar três dias por semana, seis horas por dia, dos 25 aos 40 anos. Com isso, quitariam sua dívida com a sociedade com apenas cerca de um quinto do que se trabalhava na época. Em vez de quarenta anos de trabalho, de oito horas diárias e cinco dias semanais (isto é, 76 800 horas, já deduzido um mês de férias por ano), teríamos um total inferior a 13 mil horas, sempre respeitadas as férias.

A segunda observação eu tive discutindo com um empresário, Ricardo Semler, a quem expus justamente essas ideias. Ele, apesar do ceticismo inicial, concordou que uma das questões sérias na empresa é que as pessoas trabalham muito quando são jovens e teriam condições físicas para desfrutar de mais lazer, ao passo que, ao se aposentarem e disporem de maior tempo de lazer, se sentem descartadas da vida produtiva. Disse que procurou resolver as duas questões, simultaneamente, fazendo uma espécie de compra ou venda de um dia por semana. Assim, se uma pessoa trabalhasse quatro dias na semana durante a sua vida mais produtiva, ficaria devendo um dia por semana após ter-se aposentado (ou "compraria" esse dia enquanto trabalhasse, para mais tarde "revendê-lo" à empresa). Assim, depois da aposentadoria, ela iria uma vez por semana à empresa, a fim de transmitir sua experiência.

Isso significaria, durante a vida ativa, um terceiro dia de folga por semana. O trabalhador teria três dias de lazer e quatro de serviço. Mas o interessante é a conta que Semler mencionou, em termos de produtividade. Segundo ele, trabalhando o equivalente a quatro dias por semana, ou seja, 80% do tempo do trabalho anterior, as pessoas garantiriam 91% da produção. Isso quer dizer que, no sistema atual, o quinto dia de trabalho ou, talvez, os últimos 20% de trabalho a cada dia são de produtividade modesta (cerca de metade da média, isto é, bem menos do que a produtividade das horas iniciais de trabalho).

Uma produtividade reduzida à metade: do ponto de vista dos cálculos, seria até positivo, para a produtividade, reduzir as horas ou dias de trabalho. Significa que a produtividade chega a um pico antes das oito horas diárias ou dos cinco dias úteis, passando depois a declinar. Daí, é lógico que se possa reduzir a jornada laboral — ou trocar um dia na juventude por outro na velhice, ainda assegurando ao aposentado uma remuneração ou vantagem adicional — praticamente sem prejuízo e com ganhos.[11]

A exposição que precede foi rigorosamente *moderna*, até mesmo se embasando em dados numéricos, quantitativos. Sua lógica atende bem à produção. Segue um planejamento. Mas agora vem a questão pós-moderna. Radicalizemos a proposta de René Dumont.

Quantificamos a proposta de Dumont: três vezes por semana, seis horas por dia, quinze anos de vida, somam um pouco menos que 13 mil horas ao longo de uma vida. Podemos até elevar essa quantidade e arbitrar um total de 20 mil horas ou mais, levando em conta a expansão ocorrida e por vir da expectativa de vida. Ou podemos dizer que, nos trinta anos que se passaram desde a proposta de Dumont, houve ganhos de produtividade tão elevados que poderíamos manter ou mesmo abaixar as 13 mil horas iniciais. Não é esse o ponto decisivo. O relevante é a ideia de um estoque de horas de trabalho, que a pessoa cumprirá ao longo da vida. Isso, ainda, é muito moderno. O que pode ser mais moderno do que conceber um total de horas de trabalho, devidamente quantificado, para que uma pessoa possa fazer jus a certas prestações sociais, à aposentadoria ou a pensões? Mas aqui começamos a sair da modernidade.

Suponhamos que, em vez de ser esse estoque cumprido de uma estirada só, como sugeria Dumont, dos 25 aos 40 anos, seja cumprido como e quando a pessoa quiser. Se quiser trabalhar intensamente dois meses por ano, ou trabalhar três anos e depois parar alguns outros, isso seria possível. Por que não? É factível. Pode-se optar inclusive por trabalhar parte num país, parte em outro, se houver sistemas de informática bem azeitados e acordos internacionais a respeito. Notem que os *meios* são modernos, mas a *conclusão* passa a *não* ser moderna.

Pois o que essa ideia implica? Implica que a identidade deixa de se basear na profissão.

Um dos pontos fundamentais de nossa identidade hoje está na profissão ou no estudo. Quando se pergunta "O que você é?" (ou "O que você faz?"), a resposta é o que se estuda, que profissão se exerce, pouco mais. Essa identidade é *moderna*, porque não se baseia mais num status transmitido, herdado, quase imutável, mas decorre do trabalho e do empenho de cada um. Expressa forte liberdade, a grande diferença das sociedades de contrato perante as de status — porém tal identidade, laboriosamente construída, por isso mesmo dificilmente muda. A mudança ocorre de uma geração para a seguinte, contudo o indivíduo, uma vez atingido certo patamar, não muda mais. Sairá da profissão apenas para entrar na aposentadoria, que é um fim da vida, um pós-tudo. Ou seja, *a modernidade reduz ou elimina as identidades herdadas, ao estilo das castas da Índia, no entanto não mexe nas identidades vitalícias. Desaparece a identidade que permanece por gerações e mesmo séculos, mas não aquela que dura uma vida toda.* Não há mais identidade de clã ou linhagem, ao passo que a identidade individual se fortalece.

Só que podemos mudar de registro. Aliás, o elemento mais interessante, talvez inconsciente, na sugestão de Dumont é a ideia de três dias de trabalho — porque, com três dias, os dias de lazer passam a ser mais numerosos que os de trabalho.

Mudam as coisas: alguém não se definirá mais pelo que faz nas suas dezoito horas semanais de trabalho, se as outras 150 horas se tornarem mais importantes. (É bem diferente de ter oito horas de trabalho diárias, o intervalo de almoço, o tempo de transporte, o que acaba deixando o lazer noturno como residual, com os dias preenchidos pelo emprego.) A identidade mudaria de eixo, o que desperta novas possibilidades de viver a vida. Suponhamos que também a identidade de uma pessoa ao longo da vida mude radicalmente. Tempos atrás, mudar de *emprego* não era algo positivo; hoje, é normal. Agora, mudar de *profissão* pode se tornar cada vez mais parte da normalidade, em vez de exceção, o que é compreensível à medida que se alonga a expectativa de vida. Mas não há por que parar aí. Cresce o número de pessoas que mudam de estado civil várias vezes. Podem se casar e separar sem que nada disso represente um fracasso. Pode-se sentir que cada mudança representa, simplesmente, uma mudança. E por que não mudar também de nacionalidade, não mais como uma mudança definitiva, e sim por um tempo? Identidades podem ser, não digo provisórias, porque elas se assumem, provavelmente, como eternas enquanto durem — mas sucessivas, sem maiores dramas. Pode fazer parte de um projeto de vida mais longo ter uma profissão até os quarenta anos, outra pelos vinte anos seguintes e uma terceira na idade mais avançada. Um projeto de vida, no caso, que se revela *a posteriori*, e que por isso mesmo não se encaixa no conceito tradicional de projeto, que é algo previamente elaborado — porém mesmo assim faz nexo.[12]

Vejam a União Europeia, que permite às pessoas viver onde quiserem, trabalhar onde quiserem, mas mantém ao mesmo tempo línguas e culturas bem diferentes entre si. Qual o problema de alguém ser francês por vinte anos, italiano durante quinze ou sueco por trinta anos? Nenhum. Isso já acontece. Cada vez mais se vive desse modo, cada vez mais se pensa desse modo. Essa é a parte *pós-moderna* de nossa utopia justamente em função, não da crise da ideia de identidade, mas da aposta rica na ideia da identidade como algo que se joga, se constrói, se modifica.

A construção de estados sucessivos e alterados de identidade pode deixar de ser exceção para se tornar uma possibilidade presente, mais perto do que o horizonte. O que disso se retira de conclusão, como exercício de utopia? Uma das leituras recentes da *Utopia* é que ela seria um exercício de estilo. Os humanistas gostavam de exercícios, que seriam mais que uma brincadeira, mas não muito. A *Utopia* seria um deles. No entanto, discordo dessa tese porque, mesmo que Morus tenha proposto a utopia inaugural como um jogo, ela foi lida a sério. Ainda o é. Se não foi séria na escrita, tornou-se tal na leitura. Suponhamos, contudo, que também nossa leitura da utopia tenha sido um exercício, por que não dizer utópico; com isso teremos, pelo menos, apontado alguns elementos importantes para pensar nossos tempos pós-modernos.

O primeiro é que pós-modernidade não é um conceito unívoco. Aliás, talvez nem seja um conceito preciso, e certamente não é unívoco. O relevante é que não seja um monobloco, que só poderia ser entendido de uma única forma. Na sensibilidade pós-moderna, sublinhei um ponto que considero crucial para a crise da identidade. Talvez o termo "crise" não seja feliz, porque supõe que existiria algo melhor, que a certa altura enfrenta problemas de que em tese não deveria padecer. Na verdade, temos uma nova forma de lidar com a identidade, mais lábil, mais mutável — mas, sobretudo, menos fincada na profissão. Em vez de nos apresentarmos como professor ou como engenheiro, tendo como ideal implícito a *performance* nessa profissão, talvez as pessoas se apresentem pelo *hobby*, pelo lazer: toco flauta, corro pela manhã e ainda por cima faço tudo isso mal, sem qualidade, apenas porque me dá prazer. E é esse mau desempenho nas inúmeras horas livres o que me entusiasma, acrescentaria meu hipotético personagem. Com isso, libertaríamos a ideia de identidade do nível de desempenho. Nossa identidade está vinculada a uma ideia de alta qualidade na *performance*. Separaríamos a identidade da produção e também da qualidade.

Passo a um segundo ponto. Vários anos atrás, comentei com um amigo ilustre, que defendia os cálculos atuariais para expandir os anos de trabalho, por que teria — coincidindo com a queda do Muro de Berlim — desaparecido o discurso da redução das horas de trabalho. Disse-lhe que considerava esse um caso de prestidigitação, uma operação ideológica, a ocultar o processo pelo qual se descarta um projeto de mundo em favor de outro. Ele, porém, sem entrar nessa parte de meu argumento, respondeu: doze horas de trabalho diário eram demais, dez também, mas oito seriam razoáveis. Eu não quis discutir esse ponto; poderia dizer-lhe que no Brasil é comum se somarem, às horas diárias de trabalho, três ou quatro de condução, o que não é nada razoável; mas me interessou mais notar que, em sua resposta, transpareciam alguns pressupostos: que a ocupação da maior parte do tempo pela profissão era algo positivo; que possivelmente a questão se jogue aí, isto é, não em torno da produtividade, e sim da identidade.

Talvez o capitalismo que hoje existe — ou a estrutura de poder, mais complexa, de que ele faz parte — esteja menos preocupado em aumentar a produção do que em *enrijecer as identidades*. A redução do horário de trabalho pode aumentar a produção e o consumo. Diminuir a jornada também permitiria resolver o problema do desemprego estrutural, numa sociedade em que aos empregados se diz que trabalhem mais anos e aos desempregados que lamentamos muito sua situação. Permitiria resolver em conjunto essas duas questões que, separadas, são insolúveis.

Mas, se o controle social for garantido mediante identidades bem marcadas e das quais é difícil escapar, a questão é outra. Deixa de ser o lucro. A questão do capitalismo hoje existente não seria puramente econômica: diria respeito ao controle, ao poder. Passa a ser a segurança, em sua acepção mais reativa. Não é a ambição de ganhar mais. É o receio de perder o controle. Talvez isso caracterize o cerne do sistema em que vivemos. É possível que, apesar do hedonismo[13] aparente de nosso tempo, o sistema sinta um grande medo da instabilidade das identidades.[14] O problema não é o prazer, que pode simplesmente dar à identidade uma pausa que alivie; o problema é o medo de uma liberdade incrementada, que reduza o próprio peso identitário.

Nosso ponto era este: mostrar como a pós-modernidade, seja ela uma sensibilidade, seja um conceito, pode contestar o projeto moderno da identidade; e mostrar como é possível imbricar a tal ponto pós-moderno e moderno que um deles sustente o outro. O pós-moderno pode assim estar implicado no moderno. Pode aparecer dentro ou a partir dele.

Finalmente, o pós-moderno, apesar de seu tom cético, que faz muitos o acusarem de direitista porque lhe faltariam projetos de progresso radical — projetos *utópicos* —, pode muito bem abrir para uma utopia. Por isso concluo com uma referência a Marx. Temos vários Marx. Há um Marx da idade madura, que trabalha a ideia de identidade forte, tão forte que se chega a ter um sujeito da história, que é idealmente o proletariado. Entretanto, se em vez do Marx maduro e intensamente moderno, lembrarmos o Marx jovem, como o dos *Manuscritos de 1844*, e também da *Ideologia alemã*, como esquecer a passagem notável deste último livro, em que afirma que, na sociedade comunista, na sociedade que tiver abolido a exploração do homem pelo homem, alguém poderá pescar sem ser com isso pescador, poderá pintar ou tocar música sem com isso ser pintor ou músico?[15] (Aliás, embora esse texto seja um dos mais abertos de Marx, escancarando as portas para pensar a poesia, a vida e seus sentidos, falta um pouco de arte no elenco de possibilidades que ele sugere. Por isso me permiti substituir aqui três modos de produção econômica — a caça, a pesca, o pastoreio — por duas artes, a pintura e a música.) É o que procuramos dizer neste artigo. As ações, o fazer de uma pessoa, não estarão na dependência da profissão. É possível tomar um autor tão relevante para a esquerda como Marx e efetuar essa releitura. Onde fica o Marx maduro, fortemente identitário, dos modernos? Talvez o Marx mais interessante seja esse, jovem e quem sabe reencontrado a partir do mundo pós-moderno, que propõe uma ruptura da identidade.

11. Democracia, compaixão, república, ou Atenas foi melhor que Roma?[1]

Bom número dos teóricos atuais do regime democrático sente forte admiração por Atenas. Basta que aprofundem um pouco a análise, que deixem a mera descrição do funcionamento dos governos democráticos e entrem na teoria, para que comecem a elogiar os atenienses. Não encontramos nada parecido em nossa atitude com relação a Roma. Poderíamos esperar que as duas cidades paradigmáticas de nossa política, a *pólis* e a *civitas*, tivessem um estatuto equivalente, uma inspirando nossa democracia, outra nossa república. Seriam essas as duas fontes da boa política contemporânea (por *boa política*, afirmei antes, compreendo aquela que equilibra, numa dosagem sempre difícil, democracia e república, socialismo e liberdade). Mas o século ou *momento* ateniense — esse breve período no qual a cidade grega venceu os persas, conquistou a hegemonia no mundo helênico e produziu as primeiras obras-primas da arte dramática e da filosofia — tem mais importância para nós do que a longa duração romana, mesmo que limitemos esta última ao meio milênio do regime republicano.

Proponho uma hipótese para a popularidade de Atenas. O que é mais positivo na memória política que temos dessa cidade é a *ágora*. Não importa tanto que mulheres, escravos e metecos* não pudessem votar: o importante é que nunca mais haverá essa experiência de todos os homens livres discutindo, quarenta vezes por ano (o número é de Moses Finley),[2] os assuntos públicos. Seu sentido do que era *público* é bem diferente do nosso; parte significativa da vida pública ateniense tratava de festividades religiosas, o que por sinal nos permite contestar as teses de Leo Strauss e Hannah Arendt: ambos sustentam que a cultura ateniense marcava a primazia do político, mas não percebem que os cidadãos de Atenas atribuíam à *política* um sentido bem diferente do nosso. Já sugeri que, se comparássemos a vida política de Atenas com alguma cidade moderna, deveríamos pensar numa ágora no Rio de Janeiro ou em Veneza — só que o principal tema a discutir e decidir seria a organização, uma vez por ano, de uma grande festa pagã, com a população quase inteira fantasiada e dançando, talvez em nome de grupos definidos — como, em Bizâncio, os "partidos" (em nossa linguagem, "escolas") de cor verde e azul.

Se a história hipervalorizou os debates sobre as guerras e a organização do Estado, ou ainda os discursos de Péricles sobre a forma de governo, é possível que a grande maioria das assembleias se ocupasse de outros temas: o vivido da democracia ateniense ficava longe do nosso, seja o das eleições a cada dois ou quatro anos, seja o da reunião de nossas assembleias representativas. É possível que nossa admiração por Atenas repouse, em parte, num equívoco sobre como era praticada a política. Acreditamos que as poucas dezenas de milhares de cidadãos, que durante cerca de um século parecem ter estado à testa do que um dia se chamaria civilização ocidental, sentiam uma dedicação constante à coisa política. Mas

---

* Estrangeiros, isto é, não atenienses (mesmo que gregos) — e seus descendentes.

essa nossa crença bem pode ser uma miragem, uma construção *a posteriori* tornando-a um modelo que jamais conseguiremos atingir, mas que eles, talvez, não entendessem do mesmo modo que alguns teóricos modernos da Grécia ou da democracia, como Strauss e Arendt.

Ainda que Atenas deva parte de seu sucesso atual de estima a um possível equívoco sobre o que era a *ágora*, por que não admiramos Roma? Atenas venceu os persas, dominou parte do Mediterrâneo, controlou um território do qual a Grécia atual era o centro — no entanto tudo isso durou pouco. Roma, por sua vez, conseguiu criar uma república e um império. Seu poder só fez crescer durante uns bons mil anos. Mas o que nos afasta desse primeiro império geograficamente ocidental é sua *crueldade*. Em Atenas não se vê nada que se compare, pelo menos em escala, à gladiatura, à repressão aos cristãos ou a esse ritual sangrento que era o triunfo romano, que incluía a execução dos principais dentre os vencidos. E a passagem talvez mais negra da história ateniense, a da conquista e destruição de Mélos, que Tucídides nos conta,[3] destoa do resto da legenda daquela cidade — enquanto em Roma se multiplicam os episódios de massacre e destruição dos povos que ousaram enfrentar seu poderio ou, simplesmente, despertaram sua cobiça. As palavras de Nietzsche sobre o prazer de contemplar a dor alheia,[4] assim como os estudos de Norbert Elias sobre o espetáculo dos suplícios do Antigo Regime,[5] bem poderiam se aplicar a Roma, todavia não teriam muito lugar em Atenas. Mas será que essa distinção explica a diferença entre o aporte ateniense à "boa política", a da democracia, e o aporte romano à república?

Talvez possamos, associando temas de Rousseau — temas, porém, que em sua obra ele não articula —, propor uma relação entre a democracia, da qual ele fala no *Contrato social*, e a piedade ou compaixão, que aparece em seu *Discurso sobre a desigualdade*: no regime democrático, seríamos mais solidários com a dor alheia.

O que propomos *não* está em Rousseau, entretanto pode ser pensado a partir de sua obra e de nossa tese de que a democracia é o regime dos pobres, o regime do desejo de ter e ser mais, portanto, o regime dos que mais sofrem pela carência. O fato de que pobres ou desvalidos sejam vítimas da opressão ou do destino nos levaria a ajudá-los — ou, pelo menos, seremos mais tentados a ajudá-los do que num regime autoritário, despótico, aristocrático ou monárquico.* Essa compaixão democrática teria também a vantagem moral de não ser condescendente; traria as marcas da solidariedade, da fraternidade de 1789, em vez dos sinais da caridade paternalista do Antigo Regime. É plausível que os regimes que invocam a *res publica* sejam mais *frios* que as democracias. A moralidade romana de espírito republicano nos recomenda desprezar nossos sentimentos, colocando em primeiro lugar a sociedade em comum. Lúcio Bruto manda executar seus filhos porque conspiraram contra a jovem república; no quadro de Jacques-Louis David, as mulheres choram diante de seus corpos, enquanto o pai, arrasado, se cala. Seu sofrimento talvez não seja menor que o das mulheres. Mas não pode expressá-lo. Não pode chorar. E tem de agir contrariando seus sentimentos ou desejos. A ação do magistrado republicano contradiz sua individualidade. Ele não pode ser um homem privado, com sentimentos e personalidade privados.

Esse imperativo não vale só para os magistrados. Também se aplica aos cidadãos. Múcio Cévola não consegue matar o comandante dos etruscos que cercam Roma. Aprisionado, não aguarda

---

* Mas talvez menos do que num regime muito religioso: penso na cena notável do filme *Sete anos no Tibete* (1997), de Jean-Jacques Annaud, em que os tibetanos não mostram interesse pela magnífica e egocêntrica performance do patinador representado por Brad Pitt e acodem seu companheiro que caiu no gelo: para eles, o sucesso não é um valor. Mas, por outro lado, o que se sabe da escravidão no Tibete, antes de sua anexação pela China, põe em xeque a legenda de um país feliz e justo.

que o supliciem. Queima a própria mão num braseiro, punindo-a por ter enganado o alvo. Ele, simples cidadão, se conduz como magistrado: castiga a si próprio. Aguenta a horrível dor que se inflige. Os inimigos, apavorados, fogem. Cévola é apenas um homem privado. Mas, numa república como a romana, há mesmo homens privados? Ou todos os cidadãos são potencialmente homens públicos, dos quais se espera que a qualquer momento demonstrem sua coragem, sua capacidade de se sacrificar ao bem público?

Restam as mulheres, que, autorizadas por David, choram pelos filhos de Bruto. Elas pertencem ao mundo privado. Mas fiquemos em David, o pintor da Revolução Francesa: quando o único Horácio que sobreviveu ao combate com os Curiácios volta a Roma,[6] depois de vencê-los graças a sua astúcia, e encontra a irmã chorando a morte do noivo — pois os três irmãos romanos tinham enfrentado inimigos da república que eram amigos de sua família, talvez até mesmo seus cunhados — inimigos públicos, amigos privados —, ele a mata. Ela chorava o inimigo de Roma. O que era permitido às mulheres, no seio da *gens* Bruto, já não é tolerado na família Horácio.* Essas histórias — esses mitos quase fundadores — são fortes, no entanto por acaso nos fazem *simpatizar* com a cultura romana?

Já propus um paralelo dessas legendas[7] com a história moderna que mais se parece com essas anedotas morais: o caso do pequeno Pavel ou Pavlik Morozov, que denunciou à polícia de

---

* De acordo com alguns relatos, a moça era noiva de um dos Curiácios, enquanto outros afirmam que as duas famílias já estavam ligadas por vários casamentos. De todo modo, para os romanos, o Horácio que mata a irmã não parece ser um herói. É processado pelo assassinato e só escapa à sentença de morte depois de um apelo emocionado do pai, que não quer perder o único filho que lhe resta. Mas têm, ele e o filho, que expiar o crime, passando sob um jugo. Para David, ao contrário, os irmãos são heróis.

Stálin o próprio pai, que tinha escondido um saco de grãos durante a grande fome soviética. O pai é deportado e desaparece na Sibéria, e o filho — que seguramente não media as consequências de seu ato — é assassinado na aldeia em que vivia com a família. As coisas, porém, não terminam aí. O pequeno Pavel é promovido a herói, a modelo para os jovens soviéticos. É o "Pioneiro" por excelência, o ídolo do Konsomol. Sua inocência, sua tolice se tornam virtudes. É verdadeiramente um jovem comunista quem coloca a causa política acima dos afetos privados, inclusive do amor aos pais. Mas será por acaso que sua estátua no Parque dos Pioneiros, em Moscou, foi destruída pela multidão que protestava, em agosto de 1991, contra o golpe que pretendia restaurar o comunismo com toda a sua dureza? O menino quase parricida simboliza um Estado totalitário que destrói os afetos que fundamentam a família. À primeira vista, a demolição da estátua devolve à família seu papel tradicional, o de contraponto moral ao Estado, até mesmo democrático; mas não é necessariamente isso: a família aqui representa todas as formas associativas que equilibram o poder estatal, inclusive a amizade, o amor, em suma, tudo o que impede o poder de devorar o social.

Precisamos acrescentar que estudos mais recentes contestam a vulgata stalinista; Pavlik seria muito ingênuo, pode ser que não tenha acusado seus familiares e que tenha sido assassinado pela própria polícia soviética;[8] lidamos então com relatos, talvez ficções, romanas umas e soviética outra, cuja autenticidade factual importa menos do que o papel pedagógico que terão cumprido nesses diferentes regimes; mas o que conta para nós é, simplesmente, o fato de que a história altamente moral, exemplar, dos romanos — e que os soviéticos tentaram retomar, porém resultando num desastre total — se torne hoje *escandalosa*.

O que era moral na república antiga é, hoje, obsceno, *imoral*. O exemplo romano se torna, no século XX, um contraexemplo, algo a jamais fazer, uma atitude a não copiar. Mas talvez o melhor julgamento — obviamente, retrospectivo — sobre as legendas romanas mencionadas seja o de Mika Waltari, conhecido pelo sucesso de décadas atrás *O egípcio*. Um romance histórico seu menos conhecido, *O etrusco*, editado em sua nativa Finlândia em 1955, cobre o período em que Roma é ainda uma pequena cidade. O personagem-título ali encontra um velho cujo título bastante duvidoso de glória é ter mandado matar os dois filhos porque teriam conspirado contra a jovem e insignificante república. Esse senador romano é tido, pelos próprios compatriotas, como um imbecil. Se a lembrança não me trai, é essa a única passagem irônica, talvez cômica, do romance. Assim o primeiro Bruto, de quem David fez o grande herói republicano quando a liberdade dos antigos parecia prevalecer sobre a dos modernos, quando começava a era das revoluções, torna-se, depois da queda do regime soviético, herdeiro dos jacobinos, apenas um idiota. Do heroísmo na Revolução Francesa à desumanidade bolchevista e desta à mera imbecilidade, a trajetória demorou menos de dois séculos. Roma não cabe na modernidade. Rousseau acaba com ela.*

 Voltemos a perguntar: será que a *democracia* tem a ver com a piedade, aquele sentimento primeiro pelo qual nos identificamos com qualquer ser vivo que sofre, como diz Rousseau, não importando se é humano ou não? Estará aqui o germe da solidariedade? Rousseau, no *Ensaio sobre a origem das línguas*, diz que nos lugares quentes os laços sociais são mais fortes — mais "quentes". Os afetos serão mais intensos na democracia? Ao passo que a *república*, acrescentaríamos por nossa conta, daria o primado a essa divindade fria que seria o Estado. Vejam as representações modernas da

---

* É claro que Rousseau apreciava os valores republicanos, que à época eram identificados com Roma. Mas a piedade, essencial para ele, entra em choque direto com a crueldade dos romanos.

República, sobretudo a "Mariana" francesa. São frias. E é muito irônico haver, entre elas, mulheres conhecidas por sua sensualidade, como Brigitte Bardot e a *pin-up* Laetitia Casta,[9] porque o mármore reduz o teor erótico desses ícones sexuais.

Democracia e república se oporiam como o quente ao frio, os afetos à razão. A democracia faria uso dos sentimentos que tendem à união, à fusão, enquanto a república seria uma construção mental complexa e abstrata que escapa a nossa percepção imediata. Elas se oporiam como o próximo ao distante, a união à renúncia, a afirmação de si à abnegação. Isso permite perceber o quanto a república é *difícil*. O que nos leva a uma questão inevitável: vivemos numa sociedade de massas, na qual o povo em todas as suas variações (os *polloi*, a *plebs*, os incultos, os que desejam os bens dos outros, os que gostam de tudo o que a sociedade de consumo lhes pode oferecer em termos de produtos de desgaste rápido e ostentação fácil) se torna um novo ator da política — ou, pelo menos, o espectador por excelência do que fazem esses atores que são os políticos. Ora, por que nesse ambiente o pensamento político tem revalorizado os temas republicanos? As décadas mais recentes parecem estar conferindo à questão da república maior importância do que à da democracia. (Este livro procura o contrário, a valorização da democracia, de seus afetos quentes.) No entanto, Atenas mantém um sucesso, de estima ou de crítica, incomparavelmente superior ao de Roma.

A hipótese que sugiro para a primazia da república na teoria recente é: há aí um viés conservador.[10] A democracia é o regime do desejo: se estudarmos os elogios, mas também as condenações gregas dessa forma de governo, vamos compreendê-la melhor do que só escutando seus defensores. A democracia foi e é um campo polêmico. Seus críticos a acusam de ser o regime — a deformação caprichosa e arbitrária que Aristóteles chama de *demokratia*, enquanto reserva o nome de *politeia* ao poder do povo respeitoso das leis e, em especial, da propriedade — em que os *polloi* querem tomar os bens dos ricos. É precisamente a crítica helênica da democracia que permite medir seu alcance social, não apenas político. A modernidade demorará muito tempo para acrescentar um conteúdo social à democracia estritamente política que vai instituindo desde o século XVIII.

T. H. Marshall distingue três momentos dos direitos humanos, sendo o primeiro o dos direitos civis, seguidos pelos políticos e finalmente pelos sociais: nossa tese é de que ele racha o que para os gregos estava unido — para ser exato, os direitos políticos e os sociais.[11] Os direitos sociais constituirão, na modernidade, um acréscimo sempre difícil aos políticos, havendo uma tensão constante entre a dimensão "política" e a "social". Para os gregos, as duas dimensões, sem perder sua tensão, eram mais integradas.

O que os antidemocratas helênicos temiam nesse regime é o que considero ser sua essência: o fato de que, para a maioria, os *polloi*, os pobres, discutir questões políticas abstratas na *ágora* não era tudo. No horizonte de toda democracia, há sempre (naquela época como na nossa) a justiça social. Essa justiça não é uma abstração; ela mobiliza o desejo dos desvalidos, que ambicionam pelo menos alguns dos bens de que os ricos tiram prazer. Talvez seja por isso que a justiça social não é apenas uma reivindicação digna, porque sóbria e austera; a austeridade a representa mal; seus detratores gregos, que traduziam o que aqui chamo de "justiça social" por termos como avidez, cupidez, capricho, compreendiam bem que aquilo que move as massas é um desejo de bens; na atualidade, a distância entre o desejo de consumir e o da justiça social se mostra pequena.*

---

* Em *The Medium is the Massage*, McLuhan observa quase *en passant* que os filmes de Hollywood podem ter levado as massas dos países pobres a se revoltar, porque os bens que viam nos filmes americanos excitavam seu desejo. Numa

Já a república é um regime da vontade, que se manifesta precisamente pela vitória da vontade sobre os desejos. A virtude exaltada por Montesquieu como o princípio das repúblicas, que traduzi como *abnegação*, é a capacidade de se sacrificar ao bem comum. Afirmei que a república era uma divindade fria: exatamente: a *res publica* é da ordem do transcendente, enquanto a convergência dos desejos expressos pelo *demos* pertence à ordem da imanência. A república parece mais apta a ser objeto de culto do que a democracia, e cada uma das histórias que recordamos dos republicanos romanos — Lúcio Bruto, Cévola, o último Horácio — o apresenta enquanto realiza um *sacrifício*. Um mata os filhos, outro queima a mão, o derradeiro executa a irmã. Se os movimentos democráticos são fortes por organizarem os cidadãos a partir de seu desejo de ter e de ser mais, a república os exorta a *renunciar* a esses ganhos para que a coisa pública sobreviva.

É evidente que todo regime da "boa política" tem de saber dosar sacrifício e desejo, espírito republicano e corporeidade democrática. Mas, se notamos que hoje os teóricos falam mais em república do que em democracia, pode ser porque esse grande movimento das massas que desejam cada vez mais, e que expressam esse desejo de modo que nem sempre é delicado e polido, confronta uma convicção de que a política — sem ser aristocrática — deveria ser *mais nobre*, deveria demonstrar *verdadeira nobreza*, a do patriciado. Não é por acaso que assistimos, hoje, à ruína dos modos patrícios na conduta política. Se pensarmos nas

---

história de Mafalda, a personagem de Quino, quando o pequeno conservador Manolo se gaba de que o irmão, que emigrou para os Estados Unidos, em poucos meses já comprou um carro ("Quando é que veremos isso aqui, Mafalda?"), ela lhe responde "Quando as coisas mudarem por aqui para que isso também seja possível na Argentina", ele retruca: "Falo da riqueza nos Estados Unidos, não da subversão na Argentina". Nos dois casos, a mesma relação entre justiça social e desejo de bens.

dificuldades que enfrentou — em 1960 — a eleição do primeiro e até hoje único católico romano à presidência dos Estados Unidos, parecendo uma ruptura radical na cultura norte-americana, é quase divertido pensar que John Kennedy tenha sido talvez o último chefe de Estado que seu país elegeu do patriciado: cada vez mais, elege-se gente comum para governar — Thatcher, Reagan, Berlusconi, Lula, Bush II, Sarkozy. Haverá, em nossos teóricos da república, certa saudade da época em que mesmo os políticos democráticos, os que pensavam no povo, não vinham do vulgo?

Sim, admiramos Atenas mais do que Roma. Sim, a democracia é da compaixão. Ela lida com afetos mais quentes, mais populares, do que os republicanos. Ela é da afirmação de si, não da abnegação. Mas isso não significa que a república, embora seja fria, por exemplo, resfriando no mármore a sensualidade feminina, esteja fadada à crueldade. Os costumes cruéis são de Roma, não da república.

12. Pode haver política que não seja democrática?[1]

A pergunta que abre este artigo pode parecer absurda: afinal, todos sabemos que há ditaduras, tiranias, em suma governos que não são democráticos. Esse é um *fato* inegável. Mas a originalidade de nossa questão é outra: a dominação que eles exercem pode ser chamada de *política*? Porque a definição de política, em nossos dias, foi deixando de ser "aquilo que é relativo ao poder" para se tornar aquilo que — embora trate da dominação de humanos por humanos — tem seu traço distintivo em passar pela linguagem, pela persuasão e pelo consentimento. É o que desejamos explorar.

Vivemos uma grande mudança conceitual: algumas décadas atrás, a democracia era um dos tipos, ou possibilidades, da política; isso vinha desde a Antiguidade. O poder podia ser exercido por um, alguns ou todos (respectivamente, monarquia, aristocracia e democracia); podia ser exercido respeitando as leis (os nomes de regimes que acabei de dar) ou pelo arbítrio e capricho (respectivamente, tirania, oligarquia e *demokratia*, se usarmos os termos de Aristóteles — sendo o último aquele poder deformado que apela à demagogia). Hoje, parece que não mais.

É que, insensivelmente, as definições propostas para a *política* foram se tornando cada vez mais semelhantes às sugeridas para a *democracia*. Ambas vieram a ser concebidas sob o modelo de um regime no qual a força dá lugar à palavra, as pressões físicas à persuasão. Aqui está o cerne das ideias atuais sobre política e sobre democracia; se abríssemos mão de todo o resto, permaneceria essa distinção básica entre o regime democrático e seus inimigos. Isso implica que os regimes não democráticos, ao mesmo tempo que perdiam terreno, perderam a legitimidade.

Faz quase um século que a democracia se tornou o regime político por excelência, tanto que até mesmo governos autoritários e totalitários se dizem democráticos.[2] Com a Segunda Guerra Mundial, o nome perde a ressonância pejorativa que havia conhecido por longo tempo. No século XIX, era frequente líderes políticos, até mesmo primeiros-ministros britânicos cujo poder dependia de terem maioria na Câmara dos Comuns, isto é, na casa legislativa eleita diretamente pelo povo, fazerem questão de dizer que *não* eram democratas: o "poder do povo" fazia pensar numa multidão escrava das paixões, que seguiria o primeiro demagogo que lhe propusesse vantagens, ainda que ao custo de desorganizar a sociedade. Mais tarde, no grande período fascista do entreguerras, quando Mussolini e Hitler eram apenas dois entre vários ditadores de extrema direita, era comum a crítica às democracias, regimes fracos, fracassados, diziam seus detratores. Afirmavam eles que regimes "orgânicos", como o de Mussolini, seriam mais capazes de garantir a boa gestão dos negócios públicos e o empenho das massas. Um lumpemproletariado que fornecia a força bruta e algo mais a cada regime fascista dividia o poder com as classes dominantes tradicionais, burguesas ou aristocráticas, proprietárias ou militares. Nem esses lúmpen nem os nobres ou militares amavam a democracia. Sua aliança não era fácil, porque os aristocratas acusavam justamente a democracia de ser lúmpen, mas ao mesmo tempo aceitavam que a ralé fascista usasse da força contra esquerdistas e democratas. Já do lado marxista, a crítica às democracias "burguesas" ou formais era igualmente de praxe, claro que com outras justificativas.

No entanto, assim que começa a Segunda Guerra Mundial, os Aliados invocam a democracia em sua luta contra o Eixo. Sua vitória consagra a palavra "democracia", que perde toda cor negativa. As Nações Unidas, que antes de se tornarem a organização que hoje conhecemos deram nome à coalizão dos Aliados, embora não inscrevam em sua Carta a palavra "democracia", conduzem suas ações com vistas a obtê-la. Os soviéticos tomam a precaução, sempre que criticam a democracia burguesa, de evocar uma que lhe seria superior, "popular", às vezes "proletária". Mesmo as não democracias se sentem obrigadas a alguma forma de abertura. É o caso do Brasil. Em junho de 1940, o ditador Getúlio Vargas proclama, perante a cúpula da hierarquia militar, o declínio das democracias, insinuando simpatia pelo Eixo.[3] Mas acabará declarando guerra aos Estados fascistas. Sua ditadura é deposta seis meses após a rendição alemã, por colaboradores do próprio Vargas. Todos os regimes que se seguirão no Brasil, inclusive a longa ditadura de 1964 a 1985, se dirão democracias. É bem raro, hoje em dia, um regime assumir que não o é.

Dos discursos "democráticos" proferidos por governantes autoritários e mesmo totalitários, podemos dizer o que La Rochefoucauld afirmava da hipocrisia: trata-se "[d]a homenagem que o vício presta à virtude". Tudo o que é democrático se tornou politicamente virtuoso. Ninguém, ou praticamente ninguém, se opõe a isso. A democracia é hoje o que chamo um *significante-ímã*, isto é, um significante que atrai outros, demonstrando grande fecundidade na construção de valores positivos. Assim, utilizamos a palavra "democrático" para designar várias qualidades valorizadas na vida coletiva, como o respeito pelo outro, sobretudo os mais pobres, a capacidade ou disposição de escutar as pessoas que discordam de nós, e até as boas maneiras, quando estabelecem a igualdade entre desiguais: ora, esses comportamentos, por louváveis que sejam, não pertencem ao núcleo duro do que é o "poder do povo". Dizemos às vezes que um pai, professor ou patrão é democrático; entretanto, nenhum deles foi eleito pelos filhos, alunos ou empregados.

Mas é exatamente essa *imprecisão* da palavra, o fato de que sentidos suplementares se somem aos da definição essencial de democracia, que mostra as riquezas que ela já tem e que só fazem aumentar. Em outras palavras, se o conceito de "democracia" se restringisse à ideia de que o poder cabe ao povo, seu impacto seria menor. Se lembrarmos o que dizia Aristóteles sobre a compreensão e a extensão dos conceitos, veremos que, à medida que a democracia anexava significações que não eram originalmente suas, em que, portanto, aumentava sua *compreensão*, paradoxalmente, ao contrário do que entendia o filósofo grego, ela também *ampliava* sua *extensão*. Assim, se a democracia deixa de ser apenas um procedimento de escolha dos governos e leis, para se tornar *também* o espaço dos direitos humanos, e *ademais* estes crescem constantemente, *aumenta* o número de países e populações que a praticam. E isso porque ela se torna mais tentadora, mais *fecunda*. Fugimos ao que poderíamos chamar a "gangorra aristotélica", em que extensão e compreensão se opõem, numa espécie de jogo de soma zero. A democracia é, como conceito, um caso típico de ganha-ganha, um jogo de soma positiva. As diversas conotações atuais da "democracia" se enriquecem umas às outras.

Os direitos humanos, que não faziam parte da significação antiga de *demokratia*, hoje pertencem a uma espécie de núcleo segundo, mas igualmente duro, do conceito. O respeito pela diferença, ausente do conceito grego, tornou-se tão ou mais importante do que os processos que conduzem à decisão. O que se refere à decisão pelo povo — ou seja, ao *kratos* — é hoje menos relevante do que as *condições* para a decisão, do que o *entorno* da decisão: a liberdade de expressão, que deve ser garantida 24 horas por dia e sete dias por semana, tem hoje a primazia sobre a liberdade de voto, que somente se realiza uma vez a cada dois ou quatro anos. As democracias tornam-se *ethoi*, estilos de vida ou, talvez, caracteres humanos. O que conta não é mais o formato da decisão, e sim o modo de vida que se impõe.

Por sinal, essa não é uma novidade completa, se pensarmos nos gregos. Os detratores helênicos da democracia a acusavam de ser o regime da ralé, em que os desvalidos poderiam tirar os bens dos ricos sem nenhuma forma de processo; não haveria diferença maior entre a tirania, em que um único exerce o poder arbitrariamente, e a *demokratia*, na qual as decisões são tomadas caprichosamente pela multidão. Aristóteles, ainda que seja possível reunir alguns de seus textos para torná-lo um democrata, opõe radicalmente a melhor forma de governo, a *politeia*, à *demokratia*, que a seu ver é o pior dos regimes deformados. O perigo desta última está provavelmente no fato de que nela os demagogos fazem a lei; ora, alguns dos melhores estudos sobre a democracia *atual* destacam justamente o papel que nela tem a retórica, o que implica que talvez tenhamos perdido esse temor sagrado da demagogia que sentiam alguns gregos e também os conservadores modernos, esse temor tão claramente expresso no receio de que o povo seja na verdade uma turba ensandecida, que em vez da razão se pauta pelas paixões, manipulada por demagogos, contra a qual é preciso uma série de salvaguardas, entre elas um Senado vitalício ou de mandato longo.[4]

Volto aos *ethoi*, aos caracteres humanos, aos modos de vida. Os direitos humanos, que antes neste livro perguntei se ameaçam a democracia, entendida como a deliberação de iguais, constituem esses caracteres. Caracteres, plural de caráter, pode se referir tanto ao modo de ser humano como à unidade mínima da escrita (este segundo sentido se mantém em Portugal, mas se perdeu no Brasil, tanto que os processadores de textos inventaram o escandaloso *caractere* para ser o singular de caracteres enquanto sinais gráficos, ao passo que esquecemos sistematicamente que o plural de caráter enquanto modo de ser é caracteres. Perdemos o vínculo entre a grafia e a psicologia, entre o escrito e a psique. Mas os autores grego e francês dos mais célebres *Caracteres*, Teofrasto, que foi discípulo de Aristóteles, e La Bruyère, que foi contemporâneo de Luís XIV, sabiam muito bem que a sociedade é feita de caracteres: cada um de nós pode ser uma letra num alfabeto, e é com nossas letras — conosco, portanto — que se constrói o texto que é a sociedade, uma sociedade). A ética pública é a dos direitos humanos — e a boa notícia é que são direitos em expansão. Nem por isso, porém, deixamos de ter um problema: por mais que aumentem as liberdades, a escolha do governante cada vez escapa mais ao eleitor, tanto assim que em vários países ele é destituído num terceiro turno turvo; e ao mesmo tempo é fato que as liberdades, sobretudo as que têm o indivíduo como titular, aumentam; e que as coletivas são mais fortes quando os indivíduos se reúnem, investindo em sua comunidade o que tenham de mais íntimo: daí a força de movimentos como os feministas, os gays, em suma, os que lidam mais com o desejo do que simplesmente com o pertencimento a um grupo — melhor dizendo, aqueles em que o desejo se torna o pertencimento a um grupo.

A concepção cada vez mais frequente da democracia atual assim se resume: não pode haver democracia sem linguagem. É preciso que os governantes tenham obtido o consentimento de seus subordinados, para um mandato temporário. Se a liberdade de expressão é essencial, isso significa que a legitimidade dos governantes se define por uma troca de e na linguagem. Os candidatos falam, e em função disso são votados. Os governantes falam, e assim prestam contas do poder que detêm. Os cidadãos falam, e por aí contestam os governos, podendo tanto reconduzi-los quanto substituí-los. Evidentemente, não são "palavras, palavras, palavras...", como na expressão de Polônio em *Hamlet*; essas palavras são atos. Produzem efeitos. Em tudo isso, porém, não se trata de convencer, e sim de persuadir. Quando buscamos convencer, não queremos apenas vencer, mas também que reconheçam que temos razão. Ora, em matéria democrática, exclui-se que um tenha razão contra o outro. Sim, podemos ter razão quanto ao fato, contudo não no campo das grandes interpretações do que aconteceu ou nas grandes escolhas políticas do que fazer.

Se proclamarmos que tem razão um dos lados — digamos, o marxismo ou o liberalismo —, acaba o debate. (Curiosamente, no primeiro caso com Marx, no segundo com Fukuyama, se fala num *fim*, no caso, da História.) É claro que cada parte sempre sustentará que tem a razão (se descreve a realidade) ou a proposta certa (se prescreve o futuro), mas é justamente porque elas o dizem que cada uma é um *partido*: não podem dar conta da complexidade do social e do político. Na democracia, é preciso oferecer ao eleitorado soberano escolhas bem distintas — claro, excetuando situações de guerra ou catástrofe, quando faz sentido uma união nacional. A primazia da persuasão significa que a política não cabe no que Aristóteles chamava de lógica, mas sim na retórica. Talvez seja esta a maior ênfase da teoria política contemporânea desde, pelo menos, a queda do comunismo: a política deixa de ser função da verdade, da ciência, da certeza, e se torna função de escolha, de valores opostos, de riscos assumidos.

É óbvio que resta na democracia o elemento de poder do povo, isto é: as decisões relativas à sociedade devem ser tomadas pelo conjunto dos cidadãos, mas essas decisões se tornaram mais "livres" do que antes porque não dependem mais de uma ciência da política — seja ela marxista, seja qualquer outra. Se a democracia é invenção, para inverter a expressão de Claude Lefort, é porque as decisões políticas do povo são liberadas de toda referência ao que as tornava verdadeiras ou mesmo boas. Ao se pensar no tempo como portador de imprevistos criativos, fica quase impossível comparar uma política que foi implantada com outra que não foi. Tomemos o exemplo por excelência de uma política infeliz, imbecil ou criminosa: os acordos de Munique de 1938, que entregaram os Sudetos e na prática a Tchecoslováquia inteira a Hitler. Sabemos, graças a documentos secretos alemães apreendidos pelos Aliados vitoriosos, que, se a França e a Grã-Bretanha tivessem honrado sua promessa de preservar a integridade da Tchecoslováquia, os generais alemães teriam deposto Hitler. E, ainda que isso não acontecesse, na futura guerra as potências democráticas teriam o apoio soviético e uma geografia que fazia da Tchecoslováquia um punhal cravado no coração da Alemanha.

Mas, mesmo desse exemplo que condena tão severamente Daladier e Chamberlain, os primeiros-ministros francês e britânico, cabe outra leitura. Seus dois povos não estavam dispostos a entrar em guerra, em 1938. Os líderes das duas democracias não conseguiriam impor, a suas sociedades, esse caminho. Foram necessários uns seis meses, entre Munique e a invasão do que restava da Tchecoslováquia, para a opinião pública desses países compreender que era impossível apaziguar Hitler. Mais alguns meses, para aceitar que haveria guerra. Menos de um ano, ao todo, porém a um custo gigantesco. Se a guerra tivesse começado em outubro de 1938, os nazistas teriam sido derrotados rapidamente. Ela duraria alguns meses, em vez de seis anos. Mais de 50 milhões de vidas teriam sido poupadas. Entretanto, levar em conta essa alternativa supõe uma redução do caráter *político* da escolha (no caso, de fazer a guerra) a algo *técnico*. Calculamos divisões, armas, soldados, esquecemos o apoio político e social, que é a primeira condição para fazer a guerra — como, décadas depois, os Estados Unidos sentiriam no Vietnã e a União Soviética, no Afeganistão. Para imaginar uma curta guerra europeia no final de 1938, precisaríamos supor também que os soviéticos se aliassem às duas potências ocidentais, que não queriam saber deles. Precisaríamos contar com o *impossível*. Em suma, proponho reter o seguinte: os acordos de Munique não eram a única via aberta, mas tinham muito mais base política, à época, do que qualquer outra opção. Não é raro isso: uma sociedade só se dispõe a tomar a decisão mais racional depois de chegar ao fim do poço, e quando o custo disso é várias vezes maior; contudo, se não fosse assim, não teríamos democracia. O que, por sinal, pode limitar um pouco nosso entusiasmo por esse regime. Ele não é mesmo o melhor de todos; é o menos ruim. Se França e Reino Unido fossem governados por uma elite tecnocrática, talvez a guerra tivesse sido cirúrgica. Uma elite do saber é uma aristocracia, no sentido exato do termo: o poder é dos melhores. Mas, mesmo assim, a democracia tem suas vantagens. Ela pode produzir perdas, prejuízos, atrasar soluções necessárias, no entanto evita o fruto podre da aristocracia, que é o recurso inevitável à repressão política, levando à constituição de uma polícia que não presta contas a ninguém e que termina por se compor do que há de pior na sociedade.*

* Penso que muitos, em algum momento, desejam uma ditadura ou, para ser mais brando, um governo — mesmo que breve — dos melhores, dos capazes. Em tempos de crises pronunciadas, esse anseio aumenta. Seria o equivalente da ditadura romana — um regime de exceção, mas de duração nunca superior a seis meses, que era acionado só quando a pátria estava em grande perigo, diante de uma invasão.
    Modernamente, o grande perigo não está mais apenas no ataque inimigo, na guerra externa. Está dentro do próprio Estado: a crise econômica pronunciada. Contudo, quando a exceção se instaura, é inevitável que ela seja aplicada pelos

Quando dizemos que a democracia é o regime da linguagem, aceitamos, portanto, que as pessoas dialoguem, discutam, deliberem, mas o que *mais* aceitamos é que ela *não* seja o regime da verdade. Pois renunciamos à pretensão de uma política que diga a verdade. A verdade se refere ao que é, foi ou será. Ora, não há política sem a dimensão do futuro, que sempre é o campo do inseguro. Não temos certeza do que virá. Podemos conhecer ou saber o que é, não o que não é. A política é lugar da opinião, não da verdade — de crenças e valores, mais que de conhecimento. Evidentemente, os conhecimentos, e em especial a ciência, podem ajudar a política, mas o verbo é exatamente este: *ajudar*. O saber tem, na política, um papel subordinado. Pode servir de suporte, porém não basta para escolher. As informações de que dispomos esclarecem as consequências de nossos atos, contudo não os determinam. O marxismo reivindicava um caráter científico, o que significava que suas análises não seriam apenas políticas, partidárias, mas científicas. Fracassou redondamente. Como na política o imprevisto com frequência prevalece, a necessidade científica se mostra impossível.

Nos tempos de forte influência marxista, os atos políticos por vir eram frequentemente considerados por uma ótica moral, ética — sobretudo, mas não apenas pelos trotskistas —, enquanto os atos passados eram submetidos a uma análise científica, que afirmava a necessidade de que as coisas acontecessem daquele modo. O futuro sendo imprevisto, dele se pode falar eticamente. Daí que

---

piores elementos de uma polícia que podia ou não existir, mas existirá. Isso vale também nos países comunistas. Não tenho dúvida de que o regime cubano se endureceu devido às sucessivas agressões de que foi vítima por parte dos Estados Unidos, chegando à invasão, à sabotagem, às tentativas de assassinato contra Fidel Castro. Entretanto, a resposta ditatorial acabou dando poder a elementos de valor negativo, que torturaram, roubaram, corromperam. Por isso tudo, Churchill continua tendo razão — a democracia não é um bom regime, porém os outros são piores.

muitos marxistas, especialmente os trotskistas (e mais tarde os admiradores de Che Guevara) vissem a revolução como um imperativo moral, algo que dependia de vontade política — aliás, por isso eram chamados de voluntaristas. Quanto ao passado, dado que ele tomou um único caminho dentre os vários possíveis, os marxistas explicavam essa via pela necessidade histórica. Ou seja, as várias rotas que um acontecimento pode tomar se resumem, depois do fato, numa só. Os diversos possíveis são substituídos por um único real. Há obviamente uma contradição entre a forma de ver o futuro, mais aberta, e a de ver o passado, mais fechada, concluída. Hoje, porém, a forma predominante de ver a História não é nem a da necessidade *a posteriori*, nem a da ampla liberdade *a priori* — liberdade que, para os marxistas de tempos atrás, estava toda centrada na militância política e social. Vemos hoje o futuro (e o passado) como menos determinados, o que não quer dizer que os consideremos frutos livres da ação humana consciente: tão ou mais relevante que a liberdade é o imprevisto. A segunda metade do século XX criticou severamente a ideia de necessidade histórica.

Mas o importante a retirar disso é que a verdade — ou a ciência — não é pertinente em matéria política. Se a política está sempre em projeto, se está sempre voltada para o futuro, se fala do que não é (ainda?), como medi-la pelo verdadeiro e pelo falso? *A democracia exclui a ciência* (exceto como sua auxiliar), por duas razões: primeira, porque, se uma ciência der conta do conjunto que é a política, ela tornará vã a escolha pelos cidadãos. Este foi o problema do marxismo: quem não concordasse com os resultados científicos, caindo assim no erro, por que teria o direito de se exprimir, de se organizar, de se fazer eleger? Quem for contra as decisões científicas do partido, por que poderá disputar o poder? O que significa que a democracia deve pressupor, como condição absoluta, que suas questões essenciais não possam ser resolvidas pela ciência.

Essa primeira razão não afirma, no entanto, que a ciência esteja errada: tudo o que diz é que a democracia não pode ser substituída ou tutelada pela ciência. Ou seja, mesmo que hipoteticamente possa haver uma ciência que acerte na política, não haverá democracia a não ser que os errados possam disputar e ganhar o poder. Não há democracia sem o direito do povo a errar.

Contudo, há uma segunda razão, mais forte, para a democracia *reduzir* a parcela da ciência: é que — resumindo bem — a ciência fala do que é, enquanto a política fala do que *pode* acontecer. Nos assuntos humanos, não se tem certeza do que vai suceder — sabe-se lá por quê: pode ser devido a nossa liberdade, a uma indeterminação ou, ainda, à ignorância que temos sobre quem somos. Existe uma literatura de história contrafactual, de que os livros *What if?* (E se...?) são exemplares.[5] Os autores dessas obras analisam grandes batalhas que poderiam ter acabado diferentemente do que acabaram: o que seria do mundo se os persas tivessem triunfado sobre os gregos, se Napoleão tivesse vencido os ingleses, se Hitler tivesse derrotado os Aliados? Entretanto, o mundo não teria sido simplesmente o contrário do que foi: teria sido uma terceira coisa. Retomando o caso de Munique: a razão nos mostra que era o último dos bons momentos para um ataque *preventivo* contra os nazistas, que teria salvado a vida de uma centena de milhões, a qualidade de vida de bilhões; mas, e se outros fatores tivessem intervindo? Se, como temiam os soviéticos, os ocidentais se unissem aos alemães, tão logo os generais alemães se livrassem de Hitler, para travar uma guerra a leste contra o comunismo? Estamos nas suposições; mas não ter havido aquela guerra mundial não quer dizer que não teria havido outra. Podemos imaginar que o mundo teria sido bem melhor sem o bloqueio a Cuba, sem a Guerra do Vietnã, sem o esmagamento da Primavera de Praga e sem os dois Onze de Setembro, o de 1973, no Chile, e o de 2001 nos Estados Unidos; podemos acrescentar que uma educação democrática é hoje nossa melhor esperança para que no futuro não se repitam tais episódios; mas fica o imprevisto, a indeterminação. Uma palavra ainda: a ideia de projeto tem por objetivo garantir o controle do futuro pelo presente, prendendo-o, impedindo-o de desenvolver riquezas que hoje somos incapazes até de imaginar; no entanto, os projetos políticos, em sua grande maioria, *fracassam*. (Melhor dizendo, resultam em algo diferente, e geralmente *menos bom*, do que foi planejado.) Vejamos o romance *Novembro de 1963*, de Stephen King, publicado em 2011:[6] um homem encontra um túnel do tempo e o utiliza para impedir o assassinato de Kennedy e, portanto, a Guerra do Vietnã; consegue; mas como resultado os Estados Unidos se liquefazem na guerra racial. Com tudo isso, chegamos a uma razão *positiva* para que a democracia não se reduza à ciência: ela não pode governar o futuro. A democracia, ou talvez qualquer regime — mas sobretudo ela, porque se multiplicam os atores e, assim, aumenta o imponderável —, tem uma parcela irredutível de imprevisto.[7]

Qual é a diferença entre uma democracia assim entendida e os demais regimes políticos? Nossa tese é justamente que os outros regimes não apenas perderam a legitimidade, ao longo da segunda metade do século XX, como perderam também muito de seu caráter *político*. Os especialistas não negavam a natureza política aos totalitarismos da década de 1930. Eram projetos ou formas políticas opostas à democracia; todavia, por serem governos, eram políticos. Na tradição quer de Aristóteles, quer de Políbio, quer ainda de Montesquieu, a pluralidade das formas de governo estava assegurada. Poderíamos preferir uma ou outra, mas de todo modo monarquia, aristocracia e democracia eram formas de governo, regimes políticos. Evoquemos esse importante pensador e jurista inglês do século XV que foi John Fortescue, cuja teoria tanto deve a Tomás de Aquino, mas que sobre ele tem a vantagem de conhecer de dentro a prática política do único país que manteve um Parlamento sem interrupção, faz hoje mais de sete séculos.[8] A grande diferença que Fortescue propõe, em seu livro póstumo conhecido como *De laudibus legum Angliae*, escrito por volta de 1470, era entre o regime apenas *regale* e aquele *polyticum et regale*. Um governo é político quando o aval dos súditos é exigido para as leis. O elemento político assim se fundamenta no consentimento dos súditos, temperando o poder dos reis, que, não fosse isso, seria absoluto. A França tem um governo apenas *regale*, e é por isso que os súditos de seu rei são pobres, muitas vezes só tendo para comer bolotas de carvalho, enquanto os ingleses, por terem um governo político e real, comem melhor — e só bebem água por dieta ou penitência, para sua saúde ou salvação. As formas de governo são, portanto, responsáveis por uma qualidade de vida melhor ou pior.

Essa tese de Fortescue, radicalizando as ideias que Tomás de Aquino propusera em seu tratado *Do reino ou Do governo dos príncipes ao rei de Chipre*, implica que a "política" não seja um gênero do qual as distintas formas de governo constituiriam espécies — monárquico, aristocrático, democrático —, mas já um fator, digamos, "democrático" no exercício do poder. Para dizer isso em linguagem atual, a palavra "política" deixa de ser um adjetivo designando todo poder (uma medida política seria, nesse sentido, a que emana do poder estatal, eleito ou *de facto*), para se tornar o que se refere à decisão do *populus*. Não se pode esquecer que esse "povo" pode não incluir a população inteira, como aliás já sucedia em Atenas — mas de todo modo pressupõe o que Walter Ullmann chamou de visão "populista" do poder, a que vai de baixo para cima, contrastando com a concepção que faz descer o poder de Deus ao rei, e do monarca a seus súditos, primeiro os nobres e depois os plebeus.[9] O fato de que Fortescue prefira um regime misto, *polyticum et regale*, significa uma crítica ao regime absoluto ou puramente *regale*, porque o governo apenas político não é considerado por ele como uma ameaça, ao contrário daquele em que o rei detém sozinho todo o poder. Ora, essa linha coincide com o que sustentamos: que só é político o poder que se funda na vontade dos cidadãos — o que, no limite, culmina na democracia. Temos uma razão a mais do que nosso jurista inglês para sustentar a convergência — atual — da política com a democracia. Os dois hoje são definidos pela palavra. Já elaboramos essa questão quanto à democracia. Lembremos que o "nascimento do político", estudado por Vernant em seu *As origens do pensamento grego*,[10] ocorre quando o poder deixa o palácio no qual se escondia para se instalar na praça pública, no meio das pessoas. Realiza-se na *ágora*, ali onde todos os cidadãos têm o direito de falar e votar. Votar é importante, mas o essencial mesmo é que esse voto seja precedido pela palavra, pelo debate. Basta pensar no que é o direito de voto *sem* o direito à fala. Napoleão, primeiro cônsul, separou-os nas assembleias que instituiu no ano VIII: o Tribunato discutia as leis sem votá-las, o Corpo Legislativo as votava sem discuti-las. Ora, logo Napoleão percebe que essa assembleia sem direito a voto é a que mais ameaça sua ditadura: assim em 1802 afasta seus principais opositores, a começar por Benjamin Constant. A palavra será mais perigosa, para os aprendizes de ditador, do que o voto? Será mais poderosa? Ditaduras convivem bem com plebiscitos e referendos, nos quais todos votam, mas muitas vezes sem discussão; foi esse o caso dos dois imperadores da França e do governo, autoritário ainda que não ditatorial, de Gaulle. Em seu romance *O leopardo*,[11] o príncipe de Lampedusa narra o referendo fraudado que validou a incorporação da Sicília ao reino da Itália: se o prefeito da aldeia de Donnafugata tivesse reconhecido de público que talvez vinte, dentre quinhentos eleitores, haviam dito "não" à união da ilha ao novo país (em vez de mentir, dizendo que o "sim" venceu por unanimidade), o resultado prático teria sido o mesmo — diz o autor —, mas, para os costumes políticos sicilianos e italianos, os efeitos de longo prazo, duráveis, teriam sido bem melhores. O voto nu não significa tanto, nem a maioria de votos. O que realmente lhe confere poder, o que o "veste" de significado, é que resulte de uma livre troca de ideias e palavras.

Alguns criticam a "democracia representativa" porque o adjetivo reduziria o valor do substantivo; a democracia por excelência seria a direta, ateniense; além disso, a experiência histórica mostra que muitas vezes os representantes se emancipam dos representados e até os traem. Mas essa versão moderna da democracia tem a vantagem, sobre esse elemento da democracia direta que é o plebiscito, de permitir que os textos legais sejam discutidos, mudados, melhorados. O plebiscito, que não podemos confundir com a vontade da *ágora* porque na praça era possível mudar as propostas em discussão, submete ao indivíduo um texto fechado, só lhe permitindo dizer sim ou não. As decisões plebiscitárias, mesmo que tenham sobre o voto das assembleias a superioridade simbólica de exprimir diretamente a vontade do povo soberano, têm o problema de atribuir poder excessivo a quem pode *formular* a questão a responder.

O poder de formular perguntas pode ser maior do que o de fornecer respostas. Os melhores debates políticos são aqueles nos quais as questões em análise não exigem respostas elementares como sim ou não. Essas perguntas, se não forem formuladas depois de uma decantação que amplie a gama de opções, se impõem como ditados autoritários. Se a política se distingue da não política porque se funda no diálogo e exclui a força, e a democracia se distingue da não democracia porque o direito do povo a decidir passa igualmente pela palavra — a palavra da persuasão, não a da ordem —, para que se estabeleçam política e democracia precisa haver a longa elaboração de uma linguagem democrática, de um diálogo aberto. Podemos opor um discurso fechado, *encerrado*, que procura terminar o debate votando sim ou não, ao diálogo aberto (ou diálogo simplesmente, só que o adjetivo ajuda a compreendê-lo), que floresce por toda parte, abrindo cada vez novas "janelas", novos "*links*", para usar dois termos da internet. O mundo do político requer a liberdade de dizer "não", entretanto, mais que isso, a de escolher *a que se diz* sim ou não. O discurso fechado seria DOS — se alguém lembra o que foi isso —, o aberto seria Windows.

Para concluir: opomos há muito tempo força e direito, ficando a política do lado do direito. O direito impõe a renúncia à força, substituindo-a por um consentimento que o funda. Essa tese é fácil de aceitar porque se pensa na força física, incompatível com a liberdade ou o direito. Mas as fronteiras do que é o consentimento livre são por vezes difíceis de estabelecer. Para Locke, por exemplo, e uma boa parte da tradição liberal, se uma pessoa é obrigada a aceitar um contrato porque, se não o fizer, morrerá de fome, esse fato não anula a obrigação por ela assumida. Só a coerção física anularia a obrigação, não a econômica. Outros autores, ao contrário, consideram que uma liberdade maior é necessária para garantir que estejamos na esfera do direito e não da força. Em outras palavras, a despeito de muitas vezes falarmos em poder econômico, o que compreendemos pela expressão talvez seja mais bem definido como "força econômica": se nossa única alternativa à morte é um emprego insuportável, não é escolha. Não se está no registro do direito ou do poder, que requer consentimento, reciprocidade e liberdade, e sim no da necessidade imperiosa, do verbo *must*, da imposição pela força bruta ou por sua aliada, a fome. Resta precisar, o que não é nada simples, qual é a fronteira entre o poder econômico, que admite a negociação, e o da força econômica, que se impõe sem conversa. Quando dizemos sim devido à fome, desaparece a parcela de liberdade necessária para se reconhecer alguém como ser humano, como pessoa. Não há mais política ou democracia.

Praticamente tudo o que dissemos sobre a política se aplica à democracia; se há diferenças entre ela e a política, não passarão de ênfases. As não democracias se tornaram regimes não políticos. O uso da força, que é da essência dos governos não democráticos, exclui-os do domínio político. Nossa última conclusão é que tais governos não têm legitimidade. Só a vontade do povo pode, hoje, legitimar um governo. No passado, a legitimidade vinha muitas vezes de Deus e se manifestava usualmente pela via hereditária: isso acabou. Hoje nenhum poder será dito legítimo se não foi escolhido em eleições livres e justas. Em alguns casos pode ser difícil determinar se os resultados respeitaram a vontade popular: mesmo um país que se gaba de sua democracia, como os Estados Unidos, viu em 2000 a Corte Suprema convalidar a fraude eleitoral na escolha de seu presidente. Também se pode contestar a legitimidade de eleições parlamentares em que algum partido tem a maioria de cadeiras, tendo recebido menos votos do povo. Há vários tipos de ilegitimidade eleitoral, ainda que os preconceitos norte-atlânticos prefiram enxergá-los mais em países do resto do mundo do que neles. Mas o princípio, mesmo mal aplicado, é que, sem as liberdades de expressão, organização e voto, um governo não é legítimo. Cedo ou tarde, os governos "de fato" são obrigados a ceder lugar a regimes políticos. Parece ser esse o rumo que hoje está se tomando. É lógico, pois, que os atos praticados por governos sem legitimidade sejam ilegítimos. Contudo, não é fácil tirar as conclusões desse raciocínio. Em princípio, obrigações assumidas por eles não comprometem seus cidadãos ou um sucessor legítimo. Também em princípio, quando houver regimes "políticos", estes poderão renegar compromissos assumidos ilegitimamente. Mas aqui tocamos nas finanças internacionais; tantos empréstimos foram feitos a governos ilegítimos, com juros mais altos e corrupção embutida, que trazer tudo isso à luz poderá ter um impacto impressionante.

13. Sobre o voto obrigatório[1]

Desde a década de 1990, um descontentamento mais difuso do que definido voltou-se contra a obrigatoriedade do voto e, embora poucos partidos tenham tomado posição contra ela, o fato é que muitos indivíduos — e boa parte da imprensa e de seus colunistas — criticam, às vezes com veemência, o caráter legal do "dever cívico". Uma discussão sobre o caráter obrigatório ou facultativo do voto deve começar por esse mal-estar, diante de uma imposição que está na Constituição Federal desde 1934 e que fazia parte de um conjunto de medidas — como a instituição da Justiça Eleitoral — que visava pôr fim à enorme fraude eleitoral que desmoralizou a República Velha.

Antes disso, um esclarecimento: essa questão suscita tantas paixões que é difícil ficar neutro perante ela. Porém, o que tentarei mostrar é que os críticos do voto obrigatório se expressam com tamanha indignação que o debate acaba padecendo da falta de bons argumentos. Assim, com frequência se reclama que "só no Brasil" haveria essa obrigação legal; sabemos que não existe nos Estados Unidos (país que conhece taxas hoje muito altas de abstenção, superiores à metade dos possíveis eleitores), na França, na Grã-Bretanha. Mas países tão distintos entre si como Austrália, Costa Rica, Itália, Bélgica e Luxemburgo têm em sua legislação a obrigatoriedade do voto.[2] Todas essas nações atestam um longo período de estabilidade em suas instituições democráticas. É sinal da deficiência de nossa discussão que as experiências desses países não sejam comentadas pelos defensores do voto facultativo.

O ponto forte na defesa do voto facultativo *não* é o rigor conceitual ou teórico de sua argumentação, mas o que chamei de mal-estar: o incômodo que a obrigação representa. Mesmo eu, que sem ser um defensor do voto legalmente obrigatório tenho criticado a *argumentação* contrária a ele, senti-me incomodado, quando iniciava a redação do presente artigo, ao ser avisado de que deveria entregar o comprovante de voto à seção de pessoal de minha universidade — o que não tinha sido exigido nos últimos anos. É importante frisar essa *sensação*, porque ela é um dos pontos que concentram a reclamação contra o voto obrigatório: a percepção de *menoridade* que ele passa para os cidadãos. É preciso comprovar, junto ao empregador do setor público, o cumprimento da obrigação legal. Já quem não votou na data marcada precisa ir à Justiça Eleitoral justificar-se ou pagar a multa: a ida a um cartório, no qual uma vasta documentação é manejada e arquivada, transmite às pessoas presentes uma sensação de futilidade, de gasto inútil de dinheiro público, de controle sobre movimentos e decisões que deveriam ser livres.* A imagem pública dos cartórios

---

* Em duas ocasiões, por ter viajado ao exterior em período de eleições, precisei ir ao cartório e conversei com as pessoas que aguardavam o atendimento. As queixas eram generalizadas. O valor da multa é baixo e muitas vezes quem deixou de regularizar sua situação é anistiado, o que por sua vez causava vários tipos

não é positiva entre os brasileiros. Um termo derivado dessa palavra — cartorial — assumiu nos anos recentes conotação negativa, designando tudo o que é atraso. Assim, embora os cartórios eleitorais não gerem lucros privados, e o valor da multa seja baixo, o incômodo é grande, e o controle é percebido como algo entre inútil e inaceitável. Inútil, porque os empregados do setor privado não têm a obrigação legal de justificar sua ausência ao voto. Inútil, ainda, porque os que não votaram, muitas vezes, acabam anistiados. Inaceitável, porque a ida ao cartório é vista como a perda completa de um tempo que poderia ser utilizado em algo útil ou, simplesmente, prazeroso. A dimensão pública, cívica, passa a ser vista mais como um ônus, uma carga ou encargo, do que como o espaço da verdadeira liberdade, da liberdade coletiva de escolha.

É esse desconforto que gera um descompasso entre a reforma política, como é concebida pelos atores e pelos especialistas da política (ou seja, políticos e cientistas políticos) e como é vista pelos cidadãos em geral. Uma pesquisa que fiz na internet sobre o voto facultativo expressou três linhas principais de resultados:

1. Manifestação partidária programática em favor do voto facultativo. Raríssima. Não é importante para a grande maioria dos partidos — pouquíssimos o incluem em seus programas.[3]

2. Discussão do tema no interior de (alguns) partidos. No começo do século XX, poucos políticos o defendiam— José Serra, o deputado petista do Distrito Federal Geraldo Magela e poucos mais. No PT, a maioria dos que se manifestaram foi pela obrigatoriedade.

---

de desconforto: por que tanta burocracia para recolher uns poucos reais? Por que a humilhação de converter o cidadão em devedor? Por que gastar dinheiro público mantendo uma estrutura de controle sobre os cidadãos? Curiosamente, a funcionária que me atendeu era de primeiríssimo nível. Lamentei que estivesse numa função burocrática quando poderia abrilhantar qualquer setor da administração pública.

Passados vários anos, o apoio ou mesmo o debate, pelos políticos, sobre o voto facultativo continua baixo.

3. A defesa insistente e até indignada do voto facultativo por parte de eleitores, que mandam cartas a jornais, ou de colunistas que acreditam captar um difuso sentimento público de repúdio à imposição legal.

Voltaremos ao que esse desconforto expressa.

Num plano mais rigoroso do que uma simples sensação de contrariedade, podemos listar argumentos *contra* a obrigatoriedade do voto. Como a agenda dessa discussão é comandada pelos que contestam o voto obrigatório, é correto dar-lhes, primeiro, a palavra. Principiemos pelos argumentos pragmáticos e passemos depois aos teóricos.

O principal argumento *pragmático* sustenta que um forte contingente de eleitores não teria consciência política e por isso votaria de maneira quase aleatória ou então nos "piores" candidatos. Muitos cidadãos chegam à beira da urna sem ter decidido em quem votar, sobretudo para os cargos legislativos. (Nos primeiros anos de eleições livres, após a ditadura, a abstenção para esses ofícios era bem maior do que para os executivos; mas a situação mudou, caindo as abstenções, com a urna eletrônica.) A proibição legal da boca de urna visou acabar com esse tipo de voto quase aleatório, porém ele continua existindo. Por isso — entendem os oponentes do voto obrigatório —, se dispensarmos os cidadãos pouco motivados do dever de votar, o resultado representará mais efetivamente os reais anseios da sociedade. A urna traduzirá melhor a ágora.

Eliminaremos o voto fortuito. Só manteremos o voto por convicção. Reduziremos o peso da propaganda e o da boca de urna, que, apesar de ilegal, ainda se mantém. Para votar, o eleitor precisará sentir-se motivado. Só irá à urna se acreditar que vale a pena. Finalmente, com isso baixará o peso dos currais eleitorais, onde muitos brasileiros ainda votam pressionados pelos poderosos, em especial nos grotões do país.

Esses argumentos têm valor, mas se sustentam menos do que parece. Principiando pelo fim, a abolição da obrigação legal de votar é apenas a abolição da obrigação *legal* de votar. Outras formas de compulsão ou coerção permanecerão em vigor. Nenhum "coronel" usa a lei para forçar os seus dependentes a votar. Quando os força, ele o faz *contra* a lei. A pressão que exerce não acena com a ameaça de multa, e sim com riscos de represálias extralegais. O fim do voto legalmente obrigatório pode manter o voto dos grotões e diminuir o dos maiores centros urbanos. Será, sociologicamente, uma forma de reduzir o peso das aglomerações urbanas (ou de algumas delas) e de manter — isto é, aumentar relativamente — o dos fundos do país. Esse efeito será o oposto do que almejam os defensores do voto facultativo.

Também sobre o argumento pragmático: é bem diferente o nível de convicção dos eleitores quando votam para o Executivo e para o Legislativo. O sufrágio para presidente, governador e prefeito é mais convicto. Podemos nós, teóricos da política, discordar dos resultados e até considerar que resultem de manipulação pela mídia — mas a abstenção espontânea é bem menor para esses cargos do que para deputado e vereador. Basta ver as pesquisas de opinião pública ao longo de uma campanha eleitoral. Os eleitores se definem pelos candidatos aos cargos executivos antes de escolher quem vão sufragar para deputado ou vereador. Lembram em quem votaram para o Executivo quando já esqueceram seu voto para o Legislativo. Sua consciência é mais mobilizada pelo poder executivo do que pelo legislativo.

Nas primeiras eleições após o fim da ditadura militar, frequentemente passava dos 50% o número de eleitores que não se manifestavam sobre o Legislativo, ao passo que o silêncio sobre o Executivo era bem inferior. Os números mudaram com a urna eletrônica, mas não necessariamente as coisas. Muitos que votam num candidato para o Executivo ao mesmo tempo escolhem deputados ou vereadores do lado oposto — ou do campo intermediário, "fisiológico", aliados possíveis para qualquer lado.

O voto aleatório para o Legislativo é um problema sério. Certamente tem alguma responsabilidade pelas deficiências em nossas assembleias eleitas. Mas a introdução do voto facultativo não resolve essa questão. Como a eleição é simultânea para o Legislativo e o Executivo na mesma instância de poder (federal, estadual ou municipal), ou o eleitor fica em casa, ou vota para tudo.

O verdadeiro desinteresse está na escolha do legislador, mais do que na do poder executivo. Isso enfraquece o argumento pragmático baseado no desinteresse do eleitor e exige uma resposta mais afinada. Aqui os problemas são dois, e as soluções, também duas.

O primeiro problema está numa cultura política que privilegia o poder executivo (o poder de mandar, de pagar) em detrimento do legislativo (o poder de fixar normas). Uma frase atribuída a Benedito Valadares definia o poder executivo como o de nomear e demitir, de prender e soltar.[4] Uma longa tradição autoritária, mesmo que bastante contestada e enfraquecida, ainda considera mais importante o poder de lidar com *casos* do que com *normas*.

Do Executivo, espera-se que, aplicando a lei, passe da norma geral ao caso particular; contudo, na prática, isso significa — na frase citada — que ponha em ação o mais desbragado casuísmo. Do Legislativo, é de esperar que redija a lei. Mas faz parte de uma sociedade insuficientemente democrática crer mais na exceção do que na regra, ou seja, mais em quem aplica a lei do que nela como norma geral. *Aplicar* a lei acaba significando abrir *exceções* a ela. Isso, infelizmente, não ocorre só nas regiões ditas atrasadas do país. Até nas instâncias universitárias de decisão, notei a dificuldade de discutir e respeitar normas. É forte a nossa tendência a resolver os casos, as singularidades, em vez de trabalhar com o geral, o universal, em suma, com a lei.[5]

Aqui, a solução só pode ser a seguinte: primeiro, uma educação política que deixe clara a importância da lei; segundo, um sistema institucional que salve o poder executivo da imagem de poder dos casuísmos. Voltemos à imagem do poder (subentendido, o Executivo) como o de nomear e demitir, de prender e soltar. Hoje, a liberdade de ir e vir depende cada vez mais do Judiciário do que do braço do Executivo, que é o delegado. Já o ingresso na função pública ocorre mais por critérios objetivos e impessoais, como o concurso.

Esse duplo processo de "modernização" do espaço institucional esvazia a velha definição do governante como quem contrata e dispensa funcionários, como quem põe e tira da cadeia. Isso é positivo, porque aquela definição, embora aparentasse tornar forte o Executivo, na verdade o privava de tudo o que é poder efetivo. Porque o real poder executivo está em definir rumos para a sociedade como um todo, utilizando o potencial do Estado, e não em distribuir vantagens pulverizadas. É isso o que o resgata de sua privatização, tornando-o verdadeiramente público.

Outra frase usual no passado ("para os amigos tudo, para os inimigos a lei" — atribuída ora a Artur Bernardes, ora a Getúlio Vargas) ilustra esse desprestígio da lei, mostrando como ela se ancorava — ou se ancora — numa privatização do Estado, reduzido a instrumento para os amigos.[6] Hoje, para termos instituições fortes, precisamos afastá-las do varejo e focá-las na definição de políticas amplas: isso implica deixar claro aos eleitores que trocar favores por votos é péssimo negócio. Um Estado de instituições eficazes assim se associa a uma ideia do sufrágio livre e responsável. É preciso emancipar o voto da crença no casuísmo, na vantagem pessoal. Isso depende, repito, de uma educação política, que passa tanto pelas escolas como pela mídia, inclusive a eletrônica.

O segundo problema está na propaganda eleitoral. Dado o número de candidatos, ela se concentra mais nos cargos executivos do que nos legislativos. É um absurdo ver, na televisão ou no rádio, a fila de postulantes ao papel de legislador, cada um recitando o nome e, eventualmente, uma frase — inteligente ou imbecil, infelizmente pouco importa. Não dá para formar a convicção com base nessa propaganda. Como modificá-la? Aqui é mais difícil sugerir uma resposta. A melhor solução para a questão estaria no voto distrital, reduzindo a oferta de candidatos por eleitor, mas esse voto tem seus problemas, que não cabe desenvolver aqui.* O que importa é notar que a propaganda eleitoral não contribui para formar ideias e ideais entre os cidadãos.

Mas uma sugestão cabe aqui. Debates são mais ricos do que monólogos. Estes tendem ao formato do videoclipe, que não

---

* Como o voto distrital também é muito defendido entre nós, é bom lembrar seus principais problemas: 1. o recorte dos distritos se presta a muita manipulação política, a tal ponto que se cunhou nos Estados Unidos a expressão *"gerrymandering"* para designá-la; 2. enquanto no sistema proporcional praticamente todos os votos emitidos são computados para a atribuição de cadeiras parlamentares, no distrital os sufrágios dos derrotados se esterilizam, não gerando representação — o que é injusto e causa irritação no eleitor, que sente seu voto desperdiçado. Elbridge Gerry, então governador de Massachusetts, comandou em 1812 uma revisão dos distritos eleitorais daquele estado. Para garantir a vitória na maior parte deles, mesmo que tivesse menos votos no total, a Assembleia fez que vários distritos tivessem um desenho tão bizarro que pareciam salamandras. A combinação do nome de Gerry com a salamandra deu essa expressão, muito usada no debate político norte-americano.

ajuda na reflexão. Talvez se possa condicionar o direito de usar o horário eleitoral à participação efetiva em debates abertos, com outros candidatos e talvez com jornalistas. O problema do horário eleitoral não é só que não dê lugar para os candidatos ao Legislativo se expressarem. É que, mesmo para o Executivo, se sacrifica a ideia à imagem.

Há mais uma questão, do ponto de vista pragmático — uma que quase nunca é mencionada entre nós. Nos Estados Unidos, onde o voto é facultativo, não só a abstenção nas eleições tem sido elevada, como tende a se perpetuar nos grupos sociais e étnicos mais discriminados, em especial os negros. Ora, segundo a discussão política naquele país, esse fenômeno estaria *agravando* a desigualdade, na medida em que 1) negros votam menos que brancos, portanto 2) os eleitos procuram atender mais aos interesses de seus reais eleitores do que os dos não votantes, de modo que 3) a exclusão social dos negros aumenta e, com isso, 4) mantém-se ou se acentua a abstenção eleitoral dos negros. Temos assim um círculo vicioso da exclusão, piorada pelo caráter facultativo do voto.

O que esse fenômeno mostra é que o voto facultativo não é apenas uma questão de foro íntimo ou de direito privado, e sim algo que tem seu papel (perverso) na organização da vida social. E note-se que me refiro a um debate norte-americano que não é mais só dos especialistas, mas que entra na mídia, pelo menos a de melhor qualidade, a dos *quality papers*, que são os principais jornais das costas Leste e Oeste: ou seja, a opinião pública mais bem formada começa a discutir o voto facultativo de maneira diferente da costumeira em nosso país.

No Brasil, predomina a discussão do voto obrigatório ou facultativo à luz dos direitos individuais. Argumenta-se que o cidadão é infantilizado pelo dever de votar e, sendo ele maior, racional, capaz de tomar suas decisões, não há por que obrigá-lo. O argumento poderia até ser bom, mas lhe falta algo crucial: considera o cidadão apenas como indivíduo, abstraindo-o de seus condicionantes sociais. Ora, o que a experiência dos Estados Unidos aponta é que a abstenção se cristaliza em certas camadas sociais. É maior entre os negros do que entre os brancos. O mapa sociológico demonstra que não são indivíduos que decidem — no uso de sua liberdade pessoal — não votar, mas que são grupos sociais que, por fatores historicamente explicáveis, se marginalizam da política.

O problema assim muda totalmente de figura. Uma coisa é lidar com indivíduos, sujeitos de direitos individuais. Outra é trabalhar com grupos. A ideia de que o indivíduo decida em plena ou pelo menos razoável liberdade é tentadora para a filosofia política e, por que não?, para a ciência política. Vemos, no entanto, que mais que uma realidade, trata-se de um ideal. É um sonho, mais que uma descrição. É um projeto, não um dado. Concordo que nos esforcemos para produzir esse *fim*, essa *meta* — porém *não* podemos tomá-lo como ponto de *partida*. Não podemos acreditar que o indivíduo "é livre" e por isso escolhe em abstrata liberdade se vota ou não; é preciso que *se torne* livre, e para tanto o pré-requisito é combater a exclusão social.

Quando o Brasil resolver a questão da injustiça de classes, a escolha entre votar e não votar pode se tornar assunto de foro íntimo. Contudo, mesmo num país mais rico e com menos miseráveis, como os Estados Unidos, não é esse o caso.

Vamos ao argumento teórico em favor do voto facultativo. Falei na *sensação* de que o voto obrigatório constituiria uma tutela incômoda sobre os cidadãos; tentemos *teorizar* essa sensação, esse mal-estar. O resumo do argumento seria o seguinte: se votar é um direito, uma liberdade, como poderá constituir um dever, uma obrigação? Melhor ainda: se o momento mais alto de nossa liberdade, numa democracia, consiste no voto, então por que serei forçado a votar, por que não poderia eu, simplesmente, *escolher não escolher*, decidir não participar do processo eleitoral?

O argumento seduz, mas não é tão bom quanto aparenta. Há nele pelo menos um erro. Nem toda liberdade inclui uma liberdade de *não* fazer nada. Algumas, sim. Se tenho liberdade para comprar mercadorias, ou para fazer um curso, sou também livre para não adquirir, para não estudar. Estas, entretanto, são liberdades de direito privado. Referem-se a assuntos apenas meus, que pouco afetam os outros. Liberdades públicas são diferentes. Os antigos romanos já o sabiam, quando faziam direito e dever coincidirem no caso da cidadania. Ser *civis romanus*, cidadão romano, não envolvia somente direitos: acarretava obrigações. Não era possível cindir umas de outras.

Mesmo uma liberdade que à primeira vista pertence ao campo privado pode mudar de significação se a pensarmos em termos públicos. Voltemos ao direito de estudar, que expus no parágrafo anterior como questão privada. Ora, desde o final do século XIX entendemos que certo volume de conhecimentos adquiridos na escola é um cabedal mínimo para a cidadania. No começo era só ler e escrever, hoje é muito mais do que isso. Por isso, não é legítimo o pai privar seu filho desse mínimo de saberes. Ou seja, a escolha de estudar (ou não) sai do foro íntimo e passa a relacionar-se com a construção de um espaço comum dos seres humanos. Quem não detém um estoque mínimo de conhecimentos, quem não constituiu uma formação educacional mínima fica tão desamparado — ou tão perigoso — socialmente que a educação do próprio indivíduo se torna questão pública, política, social, não mais apenas pessoal.[7]

Tomemos outro exemplo. A Inglaterra construiu a democracia mediante um processo lento, que começa no século XII com o júri ou no XIII com o Parlamento. Os homens livres e proprietários — a classe média possível numa sociedade rural — votam desde então em deputados para o Parlamento, mas ao mesmo tempo participam, em suas aldeias ou cidades, de júris, que são os órgãos aos quais cabem as decisões em matéria judicial. Enquanto no continente europeu a justiça é distribuída por magistrados que pertencem à nobreza, e vem de cima para baixo, na Inglaterra são os mais organizados dentre os homens comuns, dentre os plebeus, que resolvem boa parte das pendências que vão a juízo. Com isso, embora a Inglaterra seja então um país pobre e atrasado, se comparado com o continente, um jurista do porte de Fortescue dirá, na década de 1470, que é exatamente por essa participação na coisa pública que os camponeses de seu país se vestem e se alimentam melhor que os da França. Os franceses comem cascas de árvore, os ingleses, carne. E Fortescue se entusiasma com a cerveja: aqui, diz ele, só se bebe água por dieta ou promessa...[8]

Ora, tudo isso forma um conjunto indissociável. Os direitos de que os ingleses desfrutam não podem ser distinguidos dos deveres que eles cumprem. O ônus de servir no júri está ligado a esse poder que os plebeus têm, nessa época, quase que só nesse país. Ou lembremos a Guerra dos Cem Anos. Jean Froissart, cronista do lado francês, fica chocado. Numa batalha famosa, a fina flor da cavalaria francesa é dizimada por flechas expedidas pelos arqueiros ingleses — ou galeses — a centenas de metros de distância, de modo que, suprema humilhação, os nobres morrem sem sequer enxergarem quem os mata.[9] E esses arqueiros vitoriosos, essa plebe que massacra a aristocracia mais orgulhosa da Europa, chamam-se *yeomen*, o mesmo nome que é dado aos pequenos proprietários que servem no júri e elegem deputados à Câmara dos Comuns. Jamais os pequenos proprietários teriam conseguido o peso que tiveram no Estado inglês — bem superior ao que tinham os camponeses da França — se não cumprissem esse papel na sociedade.

Ou recuemos aos gregos e romanos da Antiguidade. Eles usavam com frequência o termo *nau do Estado*. Mas, como dizia Paul Veyne, nesse navio de pilotos e tripulantes, *não* havia passageiros. Ninguém se desincumbia das obrigações políticas, na Grécia democrática ou na Roma republicana, apenas pagando a passagem (diríamos hoje: os impostos). Era preciso, além disso, trabalhar *pessoalmente* pela coisa pública. Não se terceirizava a cidadania.

Muitos, a maioria certamente dos que se expressam pela mídia, entendem que a liberdade do ser humano requer que o voto não seja obrigatório. O deputado José Serra, do PSDB, por exemplo, em fins de 1993 tomava a defesa da liberdade contra a obrigatoriedade do voto. Lembrando a participação política num partido, a participação social num sindicato ou a religiosa num culto, ele mostrava que todas essas formas de vida social ativa constituem direitos, não obrigações.[10] O *dever* cívico teria certa memória ditatorial e, se quiséssemos liberdade para valer, precisaríamos apostar plenamente na liberdade, inclusive a de não querer participar da política.

Já criticamos esse argumento, por confundir um direito público e um privado. Mesmo a presença num partido pode ser entendida como questão de foro privado; no entanto, o papel que se cumpre na construção da *res publica*, da casa comum dos homens, não. Um direito pode estar associado a um dever. À primeira vista, pode soar absurdo obrigar alguém a votar, isto é, forçar uma pessoa a ser livre. Mas perguntemos pelo contrário: a liberdade inclui o direito de escolher *não* ser livre? Pode parecer que sim.[11]

Porém, se considerarmos a liberdade e a democracia como valores fundamentais, algumas consequências se seguem. A primeira é que liberdade e democracia não são apenas meios ou instrumentos, mas também fins. A segunda é que, por isso mesmo, não podemos renunciar a elas. Se eu abrir mão da liberdade, ou se a maioria do povo votar o fim da democracia, será porque elas são de pequeno valor. Contudo, se forem *decisivas* no perfil da sociedade que queremos, não poderemos desistir delas. É nesse sentido que o voto, na democracia, não é somente um direito; é igualmente uma obrigação. (Uma obrigação *ética*. Se, ademais, é ou não uma obrigação *legal*, isso é outra coisa. Mas, como aqui a discussão é teórica, filosófica, o que era preciso demonstrar era que um direito pode ser também um dever.)

Voltemos aos efeitos pragmáticos da supressão do voto obrigatório.

Pode-se esperar um resultado prático, inegavelmente positivo, do voto facultativo: os partidos deixariam de disputar uma reserva de mercado, um terreno cativo, que é o dos sufrágios obrigatórios, e teriam de lutar mais para conseguir a votação. Hoje eles apenas precisam convencer o eleitor a dar-lhes um voto, que ele terá de emitir de qualquer forma; com o voto facultativo, caberá ao partido persuadir o próprio eleitor a ir votar. Considero esse o melhor argumento contra o voto obrigatório, e bastaria ele para fazer-me defendê-lo. Uma comparação o ilustrará. Imaginemos que tenho um cupom que só posso gastar em determinado produto, digamos, cinema. Como serve somente para esse fim, acabarei por ver algum filme ou dá-lo a alguém, mesmo que não goste de cinema ou dos filmes em exibição. Mas, se eu for livre para mais usos, tendo, por exemplo, dinheiro em mãos, os cineastas precisarão dar o melhor de si para conseguir seu público.

Em outras palavras, o voto facultativo obrigaria os partidos a mudar de atitude. Em vez de disputarem um butim, um *quantum* que só pode ser usado por políticos, eles terão de trabalhar duro para constituir o próprio espaço da política. Tendo de convencer os eleitores a votar, deverão explicar-lhes de que modo o voto concorre para melhorar suas vidas. Uma parte, pelo menos, de sua campanha será gasta em mostrar que o sistema eleitoral serve para alguma coisa. Isso é muito importante, porque comprometerá os partidos com o cerne do processo democrático, em vez de deixá-los apenas como seus beneficiários. Digamos: hoje é apenas a Justiça Eleitoral que enfatiza a importância das eleições, em sua propaganda institucional. Por sua própria natureza de magistratura, obrigada a ser neutra e imparcial, a Justiça se limita à forma das eleições, sem abordar o seu conteúdo. Daí que a propaganda em prol do ato mesmo de votar seja vaga e ineficaz, resumindo-se em dois pontos: primeiro, informações técnicas; segundo, proclamações genéricas e pouco convincentes (o voto é a base da democracia, o candidato e depois o eleito são funcionários "de um patrão que é você" — uma afirmação realmente inacreditável!). Até porque, como a Justiça tem o poder de punir quem não vota, não é necessário conquistar a boa vontade dos eleitores recalcitrantes. Por isso, não precisa muito dizer para que o voto serve.

Porém, se os próprios partidos tiverem de incentivar os cidadãos a se fazerem eleitores, terão de aprofundar-se no trabalho de persuasão, o qual não se limitará mais a generalidades sobre o voto e a democracia; deverá ir mais longe. Um partido de esquerda dirá então que, ao longo dos tempos, o voto foi uma das principais armas pelas quais os mais pobres melhoraram sua condição social, elegendo parlamentares e governantes que defenderam os seus direitos. Já um partido liberal, ou de direita democrática, poderá afirmar que pelo voto se limita o poder do governo e se protege a liberdade privada ou de empreender. A Justiça Eleitoral jamais poderia expor argumentos desse tipo, mas as agremiações em disputa podem utilizar. O voto ficará mais associado a um projeto de emancipação, seja no sentido de melhorar as condições de vida da sociedade, como preferirá a esquerda, seja na acepção de assegurar a liberdade de escolha dos indivíduos, como dirá uma direita democrática.

Até aqui expus argumentos de um lado e de outro, a tal ponto que o leitor estará em dúvida, entre outras coisas, sobre minha opinião pessoal. Mas o propósito deste artigo não é defender a posição A ou B, e sim mostrar caminhos para que o debate melhore de nível. Infelizmente, é tal a hegemonia na mídia dos defensores do voto facultativo que a obrigatoriedade acaba passando como uma relíquia, um sinal de nossa obsolescência política — e isso é péssimo, porque rebaixa a qualidade da discussão. O que procuramos foi uma espécie de luta de boxe na qual apostaríamos ora em um lutador, ora no outro, a fim de melhorar a qualidade da disputa. Ganhe qualquer um deles, ganhamos como público. Como a questão aqui é pública, faz sentido apostar nos dois lados. Isso não impede, entretanto, de encaminhar algumas conclusões.

A primeira é que nada do exposto é simples. Lembremos: a intenção de votar é diferente para o Executivo e o Legislativo. O mesmo eleitor que se anima por um candidato à presidência, ao governo do Estado ou à prefeitura pode estar pouco interessado nos que disputam o Legislativo correspondente. Ora, a discussão entre voto facultativo e obrigatório não comporta uma solução intermediária, em que fosse imperativo votar no Executivo e dispensável sufragar nomes para o Legislativo. Vota-se no mesmo dia, no mesmo gesto, na mesma máquina.

Daí que o problema possa, deva ser deslocado: é fundamental termos mais e melhores informações sobre os candidatos às casas de leis. O desinteresse por esse poder — o mais democrático dos três poderes clássicos — subsiste, em boa medida, devido à desinformação sobre o que fazem os homens e mulheres que o compõem.

Sugerimos que o horário eleitoral pago pelo Estado seja reservado aos candidatos que participem de debates. Não é difícil definir essa obrigação em lei e determinar certo número de critérios para que o debate seja honesto.[12]

Agora, isso posto, a tendência provável em nossa sociedade é acabar com a obrigatoriedade do voto. Pode demorar, ou não, mas vivemos em nossos dias uma tendência histórica que favorece o indivíduo ou a pessoa contra as regulamentações tradicionais. A tutela sobre as liberdades parece cada vez menos justificável. Embora muitos argumentos contra o voto obrigatório sejam fracos teoricamente, expressam uma espécie de espírito de nossa época. O que triunfa na História não é o que tem a melhor qualidade intelectual ou artística, e sim o que capta a oportunidade, o espírito do tempo. Além disso, é inegável que há certa mesquinharia, certa mediocridade, na aplicação das multas e no controle do voto realmente emitido. Há casos em que uma medida pode ser até correta, em seu espírito, mas sua execução — e sobretudo as punições por sua infração — assume um sentido menos defensável: é o que vem acontecendo com o voto obrigatório.

O que devemos fazer, então, é indicar alguns pontos básicos que devem ser respeitados, quer se mantenha o voto obrigatório, quer ele seja abolido. Na verdade, os problemas que apontamos ao longo do presente artigo podem ocorrer em qualquer regime de voto, obrigatório ou facultativo: são reduzidos ou abafados pela imposição legal do sufrágio, mas não deixam de existir e devem ser enfrentados. Caso se torne facultativo o voto, a questão será evitar que a mudança legal traga alguns efeitos perversos que já mencionamos.

O ponto crucial é que devemos combater a visão dos direitos políticos como liberdade privada. Pertencem à dimensão pública.

Melhor ainda: sua essência é de ordem constitucional. Não são questão de foro íntimo. Mas não basta que não o *sejam*, em si, objetivamente. É preciso que a sociedade como um todo os *perceba* como elementos de uma esfera de relacionamento *público*. Somente ao percebê-los como público é que os cidadãos agirão em decorrência, isto é, sairão de suas cascas privadas para participar da *res publica*, da coisa pública, da república.

Daqui se seguem pelo menos duas consequências importantes.

A primeira é que devemos monitorar constantemente a maneira como se vota e sobretudo como *não* se vota: é preciso acompanhar quais são os grupos sociais que votam abaixo da média nacional. Toda vez que um descompasso se manifestar, é o caso de ver o que o determina e como saná-lo. E isso porque, se a justificação para a não obrigatoriedade do voto se baseia na liberdade *individual* de não votar, sempre que a ausência ao voto deixar de ser livre e individual, para se tornar um *constrangimento* (no sentido que a sociologia atribui ao termo desde Durkheim) de ordem *coletiva*, então será preciso intervir, com políticas públicas, para assegurar que se trate, mesmo, de um direito de que cada um escolhe valer-se ou não. Uma coisa é a abstenção voluntária, outra a involuntária. Uma coisa é a abstenção do indivíduo, outra a de um grupo social inteiro. Na verdade, a intervenção do Estado ou da sociedade aqui se justificará como salvaguarda para o direito individual de se manifestar até mesmo pela não manifestação.

Há diversos modos de promover essa ação em favor da cidadania deficitária. Como a escassez de cidadania nunca se manifesta por um indicador único, mas reúne vários, promover o voto dos que não votam certamente virá junto com a solução de outras carências sociais. *Mas é fundamental que se defina como fazer isso, porque, sem esse acompanhamento da abstenção involuntária (a abstenção coletiva), a supressão da obrigatoriedade do voto pode se tornar um instrumento de exclusão social, como nos Estados Unidos, e não de liberdade individual.* Campanhas de alistamento de quem ainda não é eleitor, de registro civil para quem não tem nem certidão de nascimento, de afirmação da dignidade dos excluídos, fazem parte desse rol de políticas sem as quais o voto facultativo pode trazer resultados perversos.

A segunda consequência é que se deve acentuar a obrigação *ética* de participar da coisa pública. Eliminar a imposição *legal* somente se justifica se reforçarmos o caráter moral que há no dever de votar. Hoje, a determinação legal até *reduz* o sentido ético que há em cada um de nós no dever de votar — e, mais que votar, participar dos assuntos públicos, associando-se, manifestando-se, encarregando-se de tarefas sociais. O aspecto notarial ou cartorial de que se reveste o *day after* do não voto obscureceu o sentido fortemente ético de cada um assumir sua responsabilidade por seu quinhão no tecido social. Como a lei manda, não assumimos a obrigação em nossas consciências. Assim, o que temos diante de nós é uma tarefa importante. Sem o caráter legal, a obrigação espiritual deve ser reforçada — mas, justamente porque não haverá mais seu travesti, que é a multa, ela pode assumir melhor seu caráter ético.

Agora, isso exige uma educação cívica em regra, cujos pilares devem ser três. Primeiro, a escola. Devemos definir nos programas, pelo menos do ensino médio, um espaço de responsabilização social, de explicação do papel do voto na democracia e — mais que tudo isso — de educação para a participação política, que não se esgota num sufrágio emitido a cada dois anos na urna eletrônica. Segundo, a mídia. É importante convencer os jornais e a mídia eletrônica a falar em participação política. O difícil é dar vigor a esse discurso sem o partidarizar — difícil, mas não impossível. Terceiro, os próprios partidos. Se eles se tornarem responsáveis não só pelo conteúdo do voto, como também pela própria persuasão do eleitor a votar, um passo será dado.

* * *

É fundamental, quer se tenda à abolição do voto obrigatório, quer se tenda à sua manutenção, que não haja formas *extralegais* de compelir os mais pobres ou dependentes a ir votar (ou a não ir). O enfraquecimento dessas pressões dos poderosos já está ocorrendo e provavelmente aumentará, com o avanço gradual da sociedade brasileira no rumo da democracia, em decorrência de uma complexidade maior nas relações sociais e mesmo pessoais. Mas é preciso reforçar esse processo. O papel da educação é decisivo. Há avanços nesse rumo desde o fim da ditadura militar. Quando mandavam os quartéis, não éramos responsáveis pelos destinos que o país tomasse. Na longa tradição autoritária que praticamente coincide com nossos quinhentos anos de história, raras foram as decisões adotadas de maneira realmente democrática. Isso nos levava a uma noção vaga de que vivíamos em um tempo em que o poder era como que exercido por marcianos.

Um claro traço disso é a tendência, que subsiste, mas que espero venha a terminar, de atribuir as deliberações de qualquer poder a um sujeito oculto na terceira pessoa do plural — um "eles" que nem mesmo aparece enquanto eles: *Proibiram* tal coisa, *fecharam* tal rua. É o *on* francês, o *man* alemão, o nosso -*se*, que assume, no entanto, a grandeza de um poder tanto maior quanto menos identificável, ou menos nomeável.* Pois bem, anos e anos de eleições razoavelmente livres mostraram que o cidadão não tem mais como lançar para longe de si sua responsabilidade pelas escolhas a seu alcance.

* Talvez haja um elemento quase *místico* aí. Porque, de duas uma. Ou é porque não sabemos quem realmente decide ou porque sabemos, mas receamos pronunciar seu nome terrível. A primeira hipótese parece mais razoável e mais racional — o que me leva a suspeitar que a segunda possa ser a mais rica e provável. Isso porque, nessas matérias, está em jogo um inconsciente social e político sobre o qual geralmente pouco sabemos.

Todavia, se vemos afastar-se de nós o paternalismo, o coronelismo, em suma, as formas tradicionais de opressão, ao mesmo tempo crescem a indiferença, o descaso pela coisa pública — e o risco do voto facultativo é que ele endosse ou favoreça esse alheamento já tão estimulado pelos avanços da vida privada. Um imperativo legal não basta para deter esse movimento; nem é a penalidade prevista em lei o melhor meio para reverter o esvaziamento da vida pública; mas esse é o perigo da modernidade, já advertia Benjamin Constant. O poder dos coronéis é coisa do passado; quando subsiste, é relíquia, quase em processo de tombamento cultural. O que hoje ameaça a qualidade do voto é algo diferente. Não é mais a pressão externa, quase física (a surra no opositor); é a indiferença interna, o desinteresse pelo espaço público, o investimento exclusivo no mundo privado ou na esfera íntima, a crença de que o que nos enriquece não é a vida social, e sim, apenas, os contatos imediatos de primeiro e segundo grau. Com ou sem o voto obrigatório, o crucial é haver uma consciência maior da ideia de que cidadania não se terceiriza. Deve ficar clara a responsabilidade social de cada cidadão. Esse é o espírito republicano, o da participação do maior número de pessoas na construção da casa comum a todos.

Este artigo continua atual, penso, na preocupação de que o voto facultativo fortaleça a ideia de que não somos responsáveis pela nossa vida social, pública. Contudo, creio cada vez menos, *na prática*, nas virtudes do voto obrigatório. Por isso mesmo, hoje minha aposta seria os partidos assumirem a responsabilidade de convencer os cidadãos a votar, como eu já sugeria no artigo original. Também penso que a multa e as punições pelo não voto (a mais significativa delas: não poder tirar passaporte) são medíocres e mesquinhas. Se fosse para mantê-las, ou deveriam consistir numa multa variável indexada ao imposto de renda, de modo que representassem uma punição efetiva, conforme a renda da pessoa, ou ser convertidas em algum trabalho social.

Mas, com voto facultativo ou obrigatório, o essencial é promover um engajamento real de todos na causa pública.

14. O militante moderno e o cidadão romano[1]

Fazem parte da tradição dos partidos políticos combativos de esquerda — e entre nós esse papel é ocupado principalmente pelo PT — um ideal e uma paixão que se podem resumir nestas palavras: a militância como abnegação. É significativo que não se trate apenas de um ideal ético, de um valor que se propugna, mas que também seja um páthos, uma maneira altamente emotiva pela qual se vivencia a coisa política.

Essa forma de viver o político, que passa pelo sacrifício da vida pessoal, ou pelo menos por sua subordinação à vida pública, não é criação da esquerda — nem sequer é recente. Aliás, corresponde à forma como se praticava a política entre os gregos, melhor dizendo, em Atenas e nas outras democracias da Grécia Antiga. Voltemos ao que Paul Veyne diz da nau do Estado, metáfora dos antigos: essa nau só tinha tripulantes. Quer dizer: o ideal da cidade grega democrática consistia num espaço político em que todos participassem da coisa pública. Daí a importância da *ágora*, a praça pública, onde eram postas "no meio" (no meio da cidade, no meio de todos) as questões de interesse comum.[2]

Comentando, no século XVIII, o que teria sido a república antiga, Montesquieu disse que as democracias se caracterizam pelo sorteio dos cargos públicos e as aristocracias, pela eleição. Parece estranho, mas o fato é que na democracia grega muitos cargos eram atribuídos por sorteio. Isso porque se considerava que qualquer cidadão estava apto a exercê-los e que convinha evitar a concentração de poder inevitavelmente resultante de uma eleição — na qual o melhor orador, o mais convincente, sempre leva vantagem sobre os demais cidadãos (por isso, para Thomas Hobbes, a democracia é uma aristocracia de oradores, havendo momentos em que se converte na monarquia de um único orador). Obviamente, certos cargos, como os de general, que exigiam grande especialização, não eram sorteados; lembremos, contudo, que, quando Sócrates é julgado, o tribunal ateniense responsável por decidir o seu caso parece que se compunha de quinhentos jurados. Difundir a política pelo maior número de pessoas, ter como ideal a maior participação possível, essas são características da democracia antiga.

Em 1819, Benjamin Constant faz sua conferência "Da liberdade dos antigos, comparada com a dos modernos". É um texto-chave para entender tanto a posição *liberal* como a crítica dirigida à política *democrática* que se havia tentado à volta da Revolução Francesa. A ideia essencial de Constant era que, para os antigos, a liberdade consistia no direito da coletividade a resolver qualquer questão em público, ao passo que, para os modernos, a liberdade é o direito do indivíduo a resguardar sua vida privada das interferências externas, provenham estas de outros indivíduos ou da própria coletividade. A liberdade antiga era toda do coletivo, e nada do indivíduo, que facilmente podia ser oprimido (havia leis para regular o vestuário, a música, a educação etc.); a liberdade moderna é toda do indivíduo, e por isso até corre o risco (reconhece Constant) de descambar na atitude que hoje chamaríamos de *apolítica*. O erro da Revolução de 1789 teria estado — segundo ele — em procurar, até em demasia, refazer hoje a liberdade antiga. Dizendo de outro modo, a política moderna tornou-se moderada e não admite o furor sagrado de quem participava da antiga. Hoje, as atividades econômicas são essenciais ao cidadão, enquanto em Atenas ocupavam parte bem menor da vida daquela porção dos habitantes que tinham o direito de cidadania. (Em palavras que não são as de Constant, os direitos do indivíduo, que são o foco liberal, *reduzem* o teor democrático, que estaria na coletividade, mas ao mesmo tempo fortalecem os direitos humanos; é por isso que em outra parte deste livro apontei o conflito entre direitos humanos e democracia, conflito que pertence ao cerne da boa política de nosso tempo.)

Ao longo deste livro chamamos atenção para um ponto de Constant: o cidadão moderno não tem pela coisa pública o mesmo entusiasmo do cidadão antigo. Não está disposto a ir às assembleias com o ânimo e a frequência do ateniense. Aliás, Paul Veyne, no artigo que citei, dizia que o cidadão antigo era o análogo do militante de hoje: na Antiguidade, a cidadania equivalia à nossa militância partidária. Temos que discutir esse caráter difícil, oneroso, da militância. Só que vamos inverter a frase de Veyne: o militante partidário moderno (geralmente de esquerda) se acredita como um cidadão antigo. Isso, acrescento, não dá certo.

Em 1748, Montesquieu publica *O espírito das leis*.[3] Falando das espécies de governo, analisa — além da monarquia e do despotismo — a república. Esta, afirma ele, é típica da Antiguidade; nos tempos modernos, sobrevive apenas em pequenos Estados, a Holanda, Veneza. Não tem futuro. Essa observação soará despropositada, a trinta anos da Revolução Americana e a cinquenta da Francesa, se esquecermos que a república por ele considerada é o que chamamos de "democracia direta", não a representativa (que será a adotada nas repúblicas modernas). O que caracterizaria a república democrática seria o fato de todos participarem da decisão (há também repúblicas aristocráticas, como Veneza, em que apenas parte da população decide). Ora, a cada regime político corresponde, diz Montesquieu, uma paixão, que confere vida e movimento ao que sem ela não passaria de uma estrutura inerte: no caso da república, em especial a democrática, a paixão exigida é a virtude, que chamei de abnegação. É o sentimento que leva cada um a preferir o bem comum a seu bem pessoal, a pôr a defesa da pátria acima de qualquer consideração particular.

Há um quadro do pintor David, datado de 1789 — o mesmo ano em que começa a Revolução —, especialmente rico desse ponto de vista. Falei dele no capítulo sobre Atenas e Roma. O cônsul Lúcio Bruto, que governou a República Romana no século VI a.C., aparece lamentando a morte de seus filhos. Os dois rapazes haviam conspirado para restaurar a monarquia dos Tarquínio, depostos poucos anos antes, e o próprio pai os condenou à morte. Vemos, ao fundo, as mulheres da casa que choram, descabelando-se, exprimindo tudo o que sentem; sobre uma mesa, estendidos, os dois corpos; à frente o pai, calado, estampando no rosto todo o sofrimento do mundo. O sentimento republicano de abnegação aqui aparece com a maior nitidez possível. O pai não é desnaturado, nem sente prazer ao mandar matar os filhos. Sofre profundamente, porém a causa da república é superior a seus sentimentos pessoais.

A questão é: em que medida a militância de esquerda, em nosso tempo, prolonga esses ideais, quer da Antiguidade, quer dos revolucionários que, em fins do século XVIII, pensaram criar um regime novo, depurado da corrupção monárquica, e para tanto passaram a exigir de seus militantes um páthos talvez excessivo? Esse ideal, que chegou a sua forma modelar com a ideia leninista do revolucionário profissional e a prática do centralismo democrático, se sustentava em dois pontos: 1. para destruir a estrutura dominante de classes, é preciso travar uma guerra implacável; qualquer sinal de molície (para retomarmos um termo que poderia ser usado por um republicano de Roma)* dará vitória ao inimigo; 2. mas a exigência de total austeridade, de completa abnegação, é passageira: serão necessárias por alguns anos, quando muito algumas gerações — o tempo de se efetuar a passagem. O socialismo, ou a forma realizada do comunismo, dispensará os homens desse tipo de conduta.

O problema é que esse *meio* de enfrentar o capitalismo, a militância abnegada, entra demais em choque tanto com as principais características da vida atual como com os *fins* que hão de consistir na emancipação dos homens. Imaginemos que, para derrubar a opressão de classes, o melhor meio fosse um grupo bem organizado de militantes; no entanto, a militância se contrapõe cada vez mais aos valores que orientam a vida atual. Aceitemos, por hipótese, que a militância seja eficaz, por seus efeitos — grupos organizados que vibram golpes fatais na sociedade existente; mas a que custo? E que custo para os militantes, para a sociedade, para todos?

Há um custo *social* da militância abnegada. Como consiste numa doação de si à causa pela qual se luta, ela racha a sociedade entre os que trabalham politicamente e seus beneficiários. É inevitável os atuantes se constituírem como representantes, mais

---

* A molície, ou moleza, tem também conotação sexual. Pode referir-se à masturbação, a um uso dos prazeres em que o sujeito se delicia, esquecendo seus deveres. Pode também — e isso para nós é curioso — referir-se ao homem afeminado, que é, segundo Veyne, na *História da vida privada*, v. 1: *Do Império Romano ao ano mil* (São Paulo: Companhia das Letras, 1990), como os romanos entendem o mulherengo. De tanto frequentar as mulheres, ele se amoldou ao modo de ser delas e perdeu a virilidade, que em Roma constitui a essência da austeridade, próxima do que chamei de abnegação.

esclarecidos do que a massa de seus representados. Daí à constituição de um aparato opressivo, a distância é mínima. Basta que o militante se confunda com um militar, e que tome a luta de classes por uma guerra, para termos uma hierarquia como a do Exército. E nem é preciso tanto: basta o militante entender que age com base na ciência ou na certeza, e que os outros estão sendo manipulados, para que ele se proclame detentor de um saber (perante os ignorantes), portador de uma consciência (em face dos inconscientes), e assim estabeleça o seu poder sobre os seus supostos beneficiários.

É claro que o militante constrói, para seu conforto, a tese de que o desinteresse da maioria de seus concidadãos pelos assuntos políticos se deve à opressão de classes, que criou seres apolíticos — como se, por natureza, os homens se interessassem pela coisa pública... Ele acredita que tem razão, que os outros foram enganados: ao agir politicamente, faz o que todos os homens, numa sociedade livre, haverão de praticar. O que impressiona mais: a beleza dessa tese ou seu caráter puramente ideal, o fato de que nada pode apresentar, a não ser a própria teoria, para sustentar o que afirma?

O SENTIMENTO RELIGIOSO

Há também um custo *psicológico* da militância abnegada. Os valores que ela preza são os do sacrifício, da entrega gratuita. Haverá valores mais religiosos do que esses? O marxismo é, atavicamente, um pensamento racional, por vezes racionalista, crítico da religião, herdeiro do Iluminismo. Como poderá o militante de inspiração marxista prezar, na sua estrutura psíquica, acima de tudo, ideais que provêm das velhas religiões? Ainda que ele seja completamente agnóstico, ou mesmo ateu, em sua prática poderão se infiltrar os velhos valores que ele acredita negar. O poder, a hierarquia, o privilégio entram pela porta dos fundos.

Assim, um desafio importante que a política enfrenta hoje é o de como fazê-la *a um custo psicológico menor*. Muitos gostariam que ela pudesse ser praticada não a baixo custo, mas de um modo diferente, com a política proporcionando prazer ou mesmo felicidade. A política que atualmente presenciamos seria um modo de vida alienado; os homens passariam a ver nela uma via essencial para sua realização; e quem acredita nisso, se lê criticamente Constant, entenderá o que ele diz como resultado do desinteresse pela coisa pública induzido pelo capitalismo, da privatização dos interesses, do individualismo que resulta de uma estratégia do "dividir para reinar". Pode ter alguma razão; mas um dos desafios para a esquerda, no presente, é admitir que a vida privada não é um valor só burguês, ou melhor, não é um valor que se esgota historicamente caso se esgote a forma histórica do capitalismo. Vivemos num mundo no qual boa parte da regeneração energética e do interesse pela vida passa pelas relações imediatas, íntimas, não pela participação coletiva. Até prefiro usar o termo vida *íntima* em vez de *privada*, para deixar claro que se designa, não tanto a esfera dos interesses e da propriedade, e sim a da intimidade e dos afetos.

Podemos indagar se a militância — que parece constituir a conduta mais oposta à intimidade — não seria, justamente, um comportamento baseado em relações pessoais e privadas. Certos agrupamentos militantes constituem um agente privilegiado de socialização de seus membros. Como isso ocorre sobretudo entre os mais jovens — no movimento estudantil ou em sindicatos —, essas pessoas, ainda que se digam a serviço de um propósito coletivo, estariam projetando na dimensão social modos de relacionamento que valem mesmo é nas relações imediatas. Assim é que vivem seu lazer e até namoram entre si. Exigem, de quem está longe delas, a mesma dedicação que só cabe na relação de muita proximidade. A militância, se for um ideal ou uma paixão, corre o risco de perder o contato essencial com o mundo em que ela própria vive, esse mundo complexo, de muitos grupos sociais.

A CONDIÇÃO FEMININA

É, porém, mais realista pensar numa política de baixo custo psicológico. Vamos a Montesquieu. Falando das formas de governo, afirma ele que a monarquia dá mais liberdade que a república. (Constant mais tarde explicará esse paradoxo, dizendo que a "monarquia" de Montesquieu corresponde à sociedade moderna, com a liberdade que a caracteriza.) Além disso, a condição feminina é mais livre na monarquia do que na república. Nesta, os cidadãos são os varões, e as mulheres estão subordinadas a eles; em Roma, eles chegavam a ter o direito de vida e morte sobre todos os membros da família. Pode haver preconceito em Montesquieu ao associar a condição feminina ao gosto pelo luxo (*O espírito das leis*, livro VIII), mas o que nos interessa é que o varão aparece como o resultado de uma construção artificialíssima e laboriosa, a do cidadão romano. Montesquieu remete a um contexto de pensamento que não é o nosso, e por isso fica difícil extrair conclusões de seu tempo para o atual.

É significativo, contudo, que a contestação à política militante corresponda a uma valorização social da mulher e de dimensões suas que historicamente foram objeto de algum desdém (o trabalho doméstico, o ângulo afetivo, a suposta irracionalidade feminina, o gosto por se enfeitar). Essa valorização vem muito dos movimentos feministas, que transpõem para a luta das mulheres valores de socialização que têm algo em comum com a velha militância varonil. Isso envolve alguns problemas. Num belo artigo, no final do período Collor, Arnaldo Jabor analisava quatro mulheres que se projetaram na cena pública brasileira, para comentar uma frase que algumas repetiam: "Vou voltar a ser mulher", querendo dizer cuidar de si, da casa, do amor, ter filhos. E perguntava Jabor: "Que é isso, a feminilidade aparece como *volta*, como *retorno*?". Talvez aqui esteja a chave da dificuldade que opõe a militância — e a coisa pública — à vida privada — e à dimensão não tanto econômica, mas dos afetos: a cena coletiva esgota. É preciso — e talvez possível — criar outra forma de intervenção política cujo custo seja menor, e que permita, por exemplo, às mulheres (e neste ponto elas representam todos nós, em especial os homens que não têm por ideal o revolucionário bolchevista ou — o que dá quase na mesma — o cidadão e pai de família romano) uma atuação pública mais interessante do que esse velho e superado modelo.

15. Os perigos do Universal[1]

NOTA INICIAL

Publico este ensaio, redigido no início de 1990, ou seja, numa situação inteiramente diferente da nossa, por duas razões. A primeira é que continua pertinente: muita gente à esquerda se considera superior à direita, em especial do ponto de vista ético, e com isso se autoriza a utilizar meios que não são corretos, como se os fins superiores permitissem meios duvidosos. A segunda é de caráter histórico. As questões aqui tratadas foram candentes no país. E soube, por amigos petistas, que este ensaio afetou algumas discussões internas a seu partido sobre como se libertar do papel de sujeito da História que, na tradição marxista, os partidos mais de esquerda pretendiam assumir — e que entra em contradição com o que chamamos de democracia. Suprimi alguns pontos do artigo, por estarem superados — como a discussão se os países que então se libertavam das ditaduras comunistas poderiam realizar a experiência, inédita no mundo, de um socialismo democrático. Não houve, insisto, experiências históricas de socialismo (entendido à marxista, como propriedade social dos meios de produção) democrático. Lamento isso, mas na verdade o assunto já tinha sido decidido quando os soviéticos invadiram a Tchecoslováquia, em 1968, pondo fim à única experiência de partidos comunistas no poder aceitarem a democracia. Sem a democracia, a trágica ironia é que o comunismo morreu como alternativa de poder. Poderia ter sido diferente? Agora é tarde para perguntar. Mas conservo o cerne do artigo, que critica a pretensão de qualquer partido a ser o representante único da sociedade. O PT é provavelmente o maior partido de esquerda no mundo a não ter origem no comunismo ou, se quiserem, no marxismo-leninismo. Entretanto, teve um pouco dessa marca, porque parte, ainda que minoritária, de seus pais fundadores vinha dessa família. O presente artigo contesta alguns pressupostos do comunismo ou do marxismo-leninismo.

Devo dizer que, em 2000, portanto vários anos depois de escrever este artigo, tive dois encontros com Lula, graças à intermediação de nosso amigo comum Paulo Vannuchi. Eu queria sugerir-lhe uma estratégia para uma característica de nossa política, que é de eleições federais coincidindo com estaduais; em 1994 e em 1998, aconteceu (isso depois acabou) de PSDB e PT se unirem no segundo turno contra a direita, conservando assim a lembrança dos anos de luta comum contra a ditadura; eram adversários no plano federal, mas no nível subnacional se sentiam mais próximos do que dos colaboradores da ditadura. Lula manifestou algum interesse por essa ideia, mas logo deixou claro que o que ele queria mesmo eram alianças que levassem ao poder na esfera federal. Estava abrindo mão do princípio de que o PT somente aceitava adesões, não alianças. Foi uma decisão histórica, que acabou por levá-lo à presidência da República e por proporcionar um avanço social sem precedentes em nosso país. No tempo em que este artigo saiu, essas questões não tinham sido tratadas. Havia no PT, ainda que minoritária, porém muito falante, uma visão marxista e mesmo leninista do partido como sujeito da História, ou representante único do que a sociedade tinha de melhor.

Quando edito artigos em livro, sempre os atualizo. No caso

deste, fora o fato de suprimir uma seção inteira, reduzi esse hábito ao mínimo. Quando mudamos um texto, às vezes se passa a impressão de que já sabíamos tudo. Não gosto da praxe de eliminar o que deu errado e introduzir acertos. Mas é melhor mostrar o artigo como foi. Onde o atualizei, foi sobretudo nas notas, em que esclareço algum ponto que pode, na atualidade, escapar à compreensão do leitor — e também na supressão de uma parte que tratava das possibilidades de que a Europa Oriental constituísse um socialismo democrático, o que não aconteceu: tais páginas hoje só teriam sentido histórico, e de todo modo o interessado pode encontrá-las, procurando na internet a versão original do artigo.

Dois episódios que chamaram a atenção dos jornais no fim de 1989 — o custeio por empresas municipais de São Paulo de uma viagem de trabalhadores sem-terra e de um curso sobre sindicalismo — levaram o PT à berlinda, acusado de corrupção ou, ao menos, de desvio de dinheiro público para fins particulares. No primeiro caso, a prefeita de São Paulo[2] demitiu o responsável pelo fretamento e o partido reembolsou a cidade com o valor corrigido monetariamente;[3] no segundo, quando escrevo ainda se debate a verdade dos fatos, por isso seria injusto julgá-lo. Mas o que importa é apreciar o princípio desses fatos, o que pode ser feito discutindo, apenas, ideias.

Nos dois casos, a questão veio a público por iniciativa do próprio PT: prontamente foram tomadas medidas e iniciado um debate interno. Nunca poderíamos imaginar o Partido Democrático Social (PDS) criticando o governador Maluf pelas flores que deu a senhoras de políticos, querendo assim conquistar — e de fato conquistando — seus preciosos votos na convenção do partido e depois na eleição presidencial indireta de 1985.[4] É raro, na política brasileira, que um partido critique e puna desvios seus na função pública. Segundo ponto: em ambos os casos, os únicos apontados em um ano de gestão petista na cidade de São Paulo (quer dizer, ante a vigilância dos órgãos de comunicação que não perdoariam — com razão! — deslize algum), o dinheiro não foi para o bolso de ninguém, mas se destinou a causas políticas até, quem sabe, respeitáveis. Isso é uma atenuante, do ponto de vista moral.

Mas *é justamente essa atenuante moral que torna a coisa grave*: que militantes de esquerda possam achar que, ao canalizarem a função pública (e verbas oficiais) para uso partidário, e não para vantagens pessoais, estejam acima das regras do Estado de direito, que proíbem uma coisa e outra. E proíbem porque estabelecem uma diferença nítida entre o que é público e particular ou privado, tal como entre o Estado, que idealmente tem duração permanente, e o governo, que exerce suas funções por um mandato. É essa diferença que certos militantes de esquerda não veem, nos dois casos — e não veem, primeiro, porque não aceitariam pôr no mesmo plano as flores de Maluf e os sem-terra; segundo, porque pensam que a causa que defendem, por interessar ao povo como um todo, por visar ao fim da exploração do homem pelo homem, não pode ser considerada uso privado da coisa pública.

Para criticarmos essa concepção, precisamos primeiro entendê-la. Não se confunde com a velha tradição brasileira de corrupção, nem com o patrimonialismo. Não é, à primeira vista, um uso privado de bem público. O patrimonialismo não se deve confundir sempre com a corrupção, embora o resultado prático muitas vezes seja idêntico, e até mesmo ele a alimente. Ocorre patrimonialismo, por exemplo, nos tempos coloniais, quando um homem rico oferece um casarão à Câmara Municipal: evidentemente, como não cobra aluguel, se depois precisar de um pequeno favor, este lhe será feito. Ou mais perto de nós, quando um dono de oficina conserta ou equipa de graça um carro de polícia: por melhor que seja sua intenção, por mais honesto que seja, ele se sentirá credor do Estado, e, quando precisar que se esqueça uma infração que cometeu, também esse favor lhe será prestado.[5] Assim, de ótimas intenções nasce um esquema de pequenas e grandes corrupções.

No entanto, não é esse patrimonialismo corruptor que afeta a militância de esquerda do PT. O Partido dos Trabalhadores faz crítica veemente à corrupção, a ponto de ser, até, moralista; o problema surge porque tais grupos creem defender interesses que não são tão grupais ou facciosos, mas universais. Justamente por não ser "como os outros", e porque, ao contrário da maior parte dos outros partidos, defende interesses das classes trabalhadoras, cresce o risco de que alguns militantes pensem que não se aplicam ao PT regras que, num regime de direito e democrático, se impõem a *todos* os partidos. Chamarei essa crença de alguns setores da esquerda de "síndrome do Universal": uma tendência a justificar certas posições por atenderem a interesses que não são particulares, não são de uma classe dominante ou cúmplice da dominação. Quando um partido não é como os outros, pode até esquecer que é partido, ou seja, parte; aliás, ele *tem de esquecer* isso; por essa razão, o perigo, no PT, não é a corrupção, e sim a exacerbação de sua diferença.

Essa conduta remete a Marx, naquilo em que segue um molde de Hegel — a ideia de que a classe operária é o sujeito que resgatará a História de sua parcialidade, e, portanto, quem a representa encarna uma universalidade que falta aos demais atores do político; por isso, na política, os atos não deveriam ser julgados por sua mera forma, mas pelo papel que tenham na luta pela sociedade sem classes. Na leitura que Marx faz da dialética hegeliana uma tese gera, necessariamente, algo que se opõe a ela — uma antítese; da luta implacável de ambas (de sua dialética), há de surgir uma síntese, que supera os dois termos contraditórios e ao mesmo tempo preserva parte do que eram. (Disso vem, segundo Gérard Lebrun, o caráter *progressista* da dialética: a convicção de que as formas novas que surgem sempre são superiores às anteriores.)⁶ Por sua vez, a síntese se torna tese e suscita nova antítese, de cujo confronto deverá gerar-se nova síntese etc. Isso, até que se chegue a um termo no processo histórico.

Para Hegel, esse "fim da História" se daria quando o Espírito se reconciliasse consigo, enriquecido por todas as contradições dialéticas por que passou. Para Marx, isso resultaria da vitória do operariado sobre a burguesia, de quem é antítese, na última luta de classe, o que, como síntese final, engendraria a sociedade sem classes.

Dois problemas surgem daí para o marxismo: um, se a cada etapa da dialética a síntese é superior aos *dois* termos que estavam em conflito, como é que na *luta final* prevalece um desses termos (o operariado), em vez de se gerar, como das vezes anteriores, uma síntese nova, que, portanto, seria feita não só de operário nem só de burguês, mas contaria com elementos de ambos? A resposta marxista é que no socialismo também o operariado se suprime, porque deixa de se caracterizar pelo salário (que somente existe enquanto há patrão que o pague, patrão que dessa forma expropria, como mais-valia, parte do que foi produzido pelo empregado) e passa a administrar as coisas, as fábricas — em suma, a produção. Mas, então, expressões como vitória do proletariado não têm cabimento, porque com a vitória essa classe igualmente se suprimiu, e o novo mundo seria uma síntese entre burguês e trabalhador.

Dois: por que a dialética teria que encontrar seu fim na sociedade sem classes, em vez de continuarem surgindo novas oposições? A resposta seria: não acaba a dialética, e sim o período em que o homem foi regido pela carência e pela *economia*, prática ou ciência especializada em gerir a escassez. O socialismo põe fim a isso. Não havendo mais escassez, cessando a exploração do homem pelo homem, as contradições que despontarem depois serão de outra natureza. Poderá haver conflitos por questões filosóficas, ou por concepções do político, de como fazer as pessoas participarem do poder, não mais por questões econômicas. Não morre a dialética, apenas a fase em que os homens foram governados pela carência.

A teoria marxista de inspiração hegeliana aponta dessa forma a classe operária como sujeito da História, a quem cabe vencer os particularismos, tanto os anteriores como os das classes que com ela lutam dentro do capitalismo. A esse respeito, Georg Lukács escreveu um belo ensaio, *A consciência de classe*,[7] que marcou época nos anos 1920, embora hoje seja muito contestado. Porém, do ponto de vista de um marxismo ortodoxo, não haveria como discordar muito de Lukács. Ele argumenta que a consciência que uma classe social tem do processo histórico aumenta conforme for mais progressista o papel por ela desempenhado.

Assim o nobre terá, no fim do Antigo Regime, menos condições de entender sua sociedade do que o burguês, porque este pode ler o social como histórico, ler a forma do social que então predomina como fadada a morrer. Mas, uma vez efetuada a revolução que leva a burguesia ao poder, esta quer eternizar sua dominação e não consegue mais perceber-se como histórica.[8] Por isso o operariado é, hoje, a classe que tem maior consciência possível do processo histórico: porque porta a promessa do mundo novo, razão pela qual sua superioridade de consciência se prende ao fato de que sua ação é a mais eficaz dentre as possíveis. Esse esquema foi contestado, considerado mecanicista, quase tosco, entretanto dificilmente o marxismo explicaria melhor o papel da classe operária tanto na ação política como na geração de um conhecimento histórico.

É assim — continuando a expor essa ideia que foi tão forte no marxismo e ainda deixa marcas na esquerda — que o operariado é sujeito, porta o Universal: se vamos substituir as dominações de classe (necessariamente particulares) pela sociedade sem classes, emancipando o homem, não será com discursos vazios sobre "o homem", mas apostando nele, no operário (melhor dizer, no operariado), que em sua particularidade porta a supressão futura do particular e o resgate do universal.

Aqui começam os problemas com os militantes de esquerda que se pensam isentos das regras gerais de gestão pública porque lutam pela emancipação da classe trabalhadora. Para eles, não é a mesma coisa gastar dinheiro em flores ou corrupção e destiná-lo à luta dos trabalhadores. E é evidente que há diferença. Contudo, a diferença básica alegada por eles é esta: a causa dos trabalhadores é superior à dos corruptos porque aqueles propõem uma sociedade justa, enquanto estes apenas perpetuam um modelo injusto, já ineficiente. Por isso, o meio não poderia ser julgado sem a consideração daquilo a que serve.

Onde eles erram? Justamente na crença de que o operariado é a classe que traz consigo o universal e que, portanto, redime os meios que se usam para que este se produza. O Universal vem falindo, estes últimos anos. Utilizemos um pouco da experiência histórica.

No plano *político*, também o sistema marxista rui — às vezes, mais até do que no plano social. O modelo de sociedade e de história que se baseava na guerra implacável entre os agentes — as classes sociais — expressa mal os novos tempos. O marxismo pensa a história e a sociedade pelo conflito de classes, culminando, no capitalismo, na "luta final" entre burguesia e proletariado, como se canta na *Internacional*; o modelo é, portanto, o da guerra sem mercê, em que um dos lados tem de vencer e o outro de perecer; recordemos, na dialética hegeliana entre o Senhor e o Servidor, que não pode haver senhor sem alguém que o sirva, enquanto o servidor pode viver sem um senhor — e, por conseguinte, a classe trabalhadora, mesmo que demore a ser vitoriosa, não tem como perecer. Esse é o esquema que lemos em Marx e pelo qual seus leitores se habituaram a entender a sociedade. Não penso que se equivoque no que diz da sociedade. Mas redunda em problemas sérios quando é transposto, sem mais, à vida política.

A política, se for pensada por essa via, será guerra. Ora, desde os gregos temos a tradição, muitas vezes interrompida e eventualmente por séculos, mas que hoje ressurge vigorosa, da política como arte da palavra: pela fala excluímos a violência e tentamos persuadir os demais homens a decidir isto ou aquilo, a votar de um modo ou de outro. Precisamos respeitar a opinião alheia e aceitar regras pelas quais se joga a política, graças às quais ora vencemos, ora perdemos.

Só que o marxismo se constituiu com base na crítica radical a essa política. Os discursos persuasores não passariam, termo que Marx emprega no *Dezoito Brumário*, de "cretinice parlamentar". As palavras melífluas mascarariam uma violência básica, a de uma classe que oprime outra. Por trás do aparente respeito ao outro, das regras do jogo, estaria pulsando uma guerra, que a classe dominante mascara. Daí que seja preciso desmantelar tudo isso: arrancar os disfarces com que a fala ilude e engana (isto é: criticar a ideologia dominante), negar as regras do jogo parlamentar e eleitoral, instaurar outro espaço do político. Romper com a retórica e a oratória, com o palanque, adotar uma política eficaz. Tudo isso, aliás, plenamente confirmado pela forma como as classes dominantes, tantas vezes, violaram as próprias regras, quando estas abriam espaço para uma mudança séria no político.

O problema não é só que essa crítica marxista à política da persuasão seja falha (como sustenta a opinião liberal), mas que a *prática* engatada nessa crítica marxista, e que eliminou do mundo comunista as formas políticas liberais, trouxe graves resultados. O marxismo concebe só a guerra como política, que é a lição do estrategista prussiano Carl von Clausewitz, autor da célebre frase "a guerra é a continuação da política por outros meios". Isso significa que não se pode pensar a guerra abstraindo-a da política, e que o condutor das operações militares tem de subordinar sua ação aos objetivos traçados pelo Estado. A guerra, como disse Clemenceau em outro contexto, é "coisa muito grave para ser confiada a militares".[9] Além disso, o marxismo concebe a si mesmo como ciência. O problema é quando a frase de Clausewitz passa a ser entendida também no seu avesso, e a política é considerada como continuação da guerra por outros meios. Se o conflito antagônico — aquele em que um lado há de destruir o outro — for modelo para a política, acreditar nas palavras e votos mostra-se "cretinice". Daí a guerra, não a luta, de classes: guerras de morte substituem o espaço político. O fato de a política ser um território tenso não significa que seja o lugar da destruição, da morte, do outro.

Se a política for guerra, como admitir que haja adversário, aceitar que se discorde de mim? *Necessariamente*, o adversário tem de ser patife, traidor (como o "renegado Kautsky", na fórmula de Lênin), portanto já um inimigo — ou, na melhor das hipóteses, um ignorante (a quem se interna em hospitais psiquiátricos, como Brejnev fazia com os dissidentes: tem que ser doente mental quem não gosta da sociedade comunista). Quem discorda não pode estar no mesmo plano daquele que detém o saber. Como foi difícil para os partidos comunistas, desde o 1917 russo, conviver com partidos socialistas! Não foi só porque os comunistas fossem mais radicais. A ruptura e seu caráter traumático não se deveriam à convicção dos comunistas de ter a razão, e de que os socialistas seriam não só traidores, mas cientificamente carentes de razão?

Agora, em que pode dar essa concepção, senão no monopólio do poder por um partido, que o conservará mediante práticas do maior segredo? Moscou virou Veneza, o governo dos sinistros

"Dez" que na calada da noite mandavam prender e matar. Com a morte de Stálin caíram os assassínios políticos, porém se manteve — até aparecer Gorbatchev — a essência do sistema, que era a do grupo fechado controlando tudo. O inquietante, no entanto, é que, se pensamos a política como guerra, e nossa atitude nela como científica, esse resultado é inevitável.

Com isso temos um resultado paradoxal, que apresenta problemas sérios. Por um lado, a crítica marxista da ideologia continua tendo valor. Marx não está longe de outros grandes desmistificadores quase de seu tempo, Nietzsche e Freud: eles pretenderam desmontar as ilusões de um discurso da classe dominante, da moral ou do ego. Tornaram suspeito o discurso corrente e suspeita a consciência que o produz e profere, mostrando que, longe de ser razão soberana, ela sofre condicionamentos e padece de ilusões talvez mais fundas do que aquelas que pretendia vencer. Sem esses três críticos, nenhuma reflexão em política hoje se sustenta; quem desconheça o trabalho que fizeram sobre o discurso não conseguirá pensar a política, porque ficará preso a suas aparências.

Mas suspeitar do discurso corrente, mostrar que ele obedece a regras de produção que fazem meros joguetes de quem o profere ou nele crê: o resultado disso é *terrível*. Terrível não só para as consciências inocentes que veem desfeita sua pretensa autonomia. Terrível, igualmente, pelo poder que o desmistificador adquire. Ele passa a dizer a verdade sobre os discursos alheios: torna-se paternalista, porta-voz, dono da palavra. Este é o grande problema daqueles que desmontam o discurso alheio (sejam freudianos, marxistas ou nietzschianos): como conciliar seu efeito crítico com o novo poder que instauram, dos críticos sobre os ingênuos? E, no marxismo, como é que o pensamento rigoroso, ou ciência, mesmo ali onde teve melhores frutos (a crítica da ideologia), redunda num autoritarismo tão forte, o da figura de "quem sabe" protegendo, ensinando, até perdoando "quem não sabe"? Voltamos aos perigos do Universal. Se uma classe porta a verdade e a ação correta, que espaço resta para a ação e o pensamento das demais classes? E, pior ainda, da ideia de uma classe operária portadora dos valores universais parece resultar a necessidade de que alguém decifre esses valores, essa missão. Porque é frequente os próprios operários não saberem de seu dever,[10] razão pela qual precisariam de alguém que o traduzisse para eles: velho procedimento, pelo qual a consciência é separada da ação, o trabalho é cindido do pensamento (ou o trabalho intelectual do manual), e por fim um aparelho burocrático substitui a organização autônoma. Trótski previu algo parecido quando, num texto de sua autoria que Isaac Deutscher gostava de citar, disse que o partido leninista de revolucionários profissionais e de centralismo democrático acabaria levando à monopolização das decisões pela direção, e finalmente à substituição desta por um só homem (ele chamou-se Stálin). O que ele não pensou, mas devemos acrescentar, radicalizando seu comentário e criticando sua própria atuação, é que o partido assim concebido decorreria, já, da ideia de uma classe operária como sujeito da História.

Porque esse não é o menor dos paradoxos: o sujeito da História precisa de alguém que o interprete, que traduza seus anseios em palavras e atos, em suma, que garanta a manifestação de seu verbo, para que depois este se possa fazer carne;[11] e assim o sujeito se apassiva, se reduz a um álibi, a um endosso para aquilo que o intérprete praticar em seu nome. Essa é a crítica que podemos, usando o que de melhor se pensou na França pós-1968 (Foucault, Deleuze etc.), dirigir a um pensamento de esquerda que tem dificuldades para lidar com o Estado de direito e a democracia.

16. Corrupção antiga, moderna e pós-moderna[1]

O tema da corrupção é um dos mais fortes na discussão política brasileira e, acrescentemos, mundial. Certo pessimismo com o país leva muitos a crerem que é característica apenas nossa; isso não é verdade. Mas precisamos diferenciar o que foi a corrupção antiga e o que é a moderna. Mais que isso, proponho conceituar uma terceira forma de corrupção, que chamo de pós-moderna.

A corrupção antiga era dos costumes. Dos cidadãos se exigia que fossem austeros, pondo a *res publica* acima do interesse privado. A república antiga era machista, enfatizando a censura à lassidão dos costumes e à abertura feminina aos sentimentos — que arriscavam destruir um Estado que tinha de ser varonil. Roma é o grande exemplo desse combate à corrupção, que fracassa no final da República.

Já a corrupção "moderna" é a apropriação privada de fundos públicos. Há uma versão sua, talvez mais amena, denominada *patrimonialismo*, que opera uma confusão do bem público com o patrimônio privado. Mas a corrupção moderna não se esgota, nem tem sua figura canônica, no patrimonialismo. Sua diferença em face da antiga está em substituir a figura da degradação dos costumes — e da degradação *feminina* dos costumes — pela do *furto*. A corrupção em sua forma moderna é apenas o furto da coisa pública, reduzida ao erário. A ideia antiga de *bem* público cede lugar à ideia moderna de *bens* públicos de ordem material. Em vez de um conjunto de valores imateriais, agregados na convicção qualitativa de uma pátria ou de um coletivo pelo qual valia a pena morrer (*pro patria mori*) ou matar (*pugna pro patria*), passamos a *quantificar* o bem público, medindo a subtração dos bens públicos. Ora, isso *enfraquece* o conceito de corrupção. A constante acusação de que os políticos seriam ladrões, e a redução do debate político à discussão da honestidade *pessoal* dos políticos, acompanha esse *downsizing* moderno da corrupção, que afeta mais o erário do que os costumes, mais o orçamento do que as formas de vida social e política.

Moderno, no caso, é anterior às revoluções que constituem a modernidade *política*. Aqui, a modernidade é a do século xv ou xvi em diante. A corrupção que chamo "moderna" aparece já no Antigo Regime (lembre-se a condenação do filósofo e chanceler inglês, Francis Bacon, em 1621), assim como sua denúncia (lembre-se a notável *Arte de furtar*, do jesuíta português Manuel da Costa, datada provavelmente de 1652). Moderno, aqui, se refere à modernidade *em geral*, que se inicia com a globalização das navegações. Há uma continuidade *conceitual* entre a corrupção do Antigo Regime e a da modernidade política. Apesar das alterações de escala e até qualitativas entre a corrupção na monarquia absoluta e nos modernos governos eleitos, há séculos não se percebe a corrupção, majoritariamente, nos costumes e, sim, no furto.

É tentador retomar a ideia antiga de corrupção. Significaria enfrentar a corrupção mediante uma educação solidária focada num bem comum qualitativamente definido — e não apenas por medidas de auditoria ou *compliance*.[2] Devolveria à ágora o papel de combater a corrupção em vez de delegá-lo a peritos, como investigadores e promotores, numa terceirização que torna esse combate incompreensível para o leigo, isto é, para o cidadão e a cidade. Mas retomar o conceito antigo de corrupção ameaçaria o que Benjamin Constant denominou "liberdade moderna". Pois muito da corrupção antiga é o que hoje chamamos a liberdade dos modernos, ou liberdade negativa (Isaiah Berlin), a liberdade de divergir de um padrão de vida socialmente imposto.[3] Talvez por isso o conceito restrito e "moderno" de corrupção seja mais adequado, que o antigo, a nosso tempo.

Nos últimos anos, porém, cresceu outro tipo de corrupção, que chamarei de pós-moderna. Não é o furto dos cofres públicos efetuado por indivíduos ou classes *gananciosos*. É uma corrupção fruto da busca do *poder pelo poder*, que se autoalimenta, porque os grupos que a praticam têm por finalidade principal reeleger-se e assim necessitam de recursos volumosos para as campanhas eleitorais. A publicidade eleitoral exige cada vez mais expertise, cada vez mais dinheiro. A corrupção de que falo é pós-moderna porque se joga no plano das imagens, do marketing, da propaganda. Seu eixo não é mais o furto. Não é mais praticada apenas por gente desonesta. Seu objetivo não é necessariamente o de enriquecer. É pós-moderna porque não é meio para outro fim, mas porque usa o poder para reconquistar ou manter o poder, porém num sentido muito preciso: ganhar as eleições após uma campanha em que todos votam — num regime democrático, portanto —, mas em que precisam ser manejados em suas emoções para votar em determinado candidato ou partido. Acaba sendo uma caricatura da persuasão, daquilo que justamente diferencia a democracia do regime não democrático, na medida em que a força é substituída pelo propósito de persuadir. A persuasão se dirige aos sentimentos, às emoções do eleitor; ela não o trata como racional, pelo menos não como essencialmente racional, e por isso requer um desvio para o menos racional, o afetivo, que será mais bem-sucedido se efetuado por profissionais e não por leigos. Entretanto, isso não significa que leigos sejam incapazes de fazer propaganda. Um exemplo simples: conte histórias. São melhores do que estatísticas. Um candidato que enumere o número de escolas ou alunos que atendeu se sairá pior do que um que narre uma conversa com uma mãe, agradecida pela criação de uma escola que abriu oportunidades para o filho. Não há iluminismo nisso. Há manejo de emoção.

É legítimo votar seguindo o afeto, porque o que se decide no voto são essencialmente valores, e escolher um projeto individualista (ou liberal) e social (ou socialista) em última análise excede o que a razão pode levar a decidir. O problema, contudo, está no sequestro do afeto pela mídia, inflacionando os custos das campanhas mesmo quando a propaganda é gratuita e se proíbe, como no Brasil (mas não nos Estados Unidos), a publicidade paga na telinha. Com isso se gera uma nova corrupção, que se distingue da "moderna" por não beneficiar necessariamente o bolso do corrupto, e sim um projeto político que pode até ser justo e honrado. O terrível da corrupção pós-moderna é que ela se torna quase a única maneira de sobreviverem, na cena política tornada espetáculo, mesmo os honestos.

O combate à corrupção está na ordem do dia. Avançou-se muito em sua direção. Contudo, há um grande problema aqui. Os avanços são sobretudo técnicos. São especialistas, geralmente das profissões jurídicas, incluindo magistratura, Ministério Público, polícia, que se unem para, com o uso de ferramentas internacionais cada vez mais acuradas, detectar e punir o desvio de dinheiro público. Um de seus objetivos principais é tornar a concorrência econômica mais limpa, o que traz como efeito economias substanciais para os cofres públicos. Tudo isso é bom, ainda que doa muito e mesmo que as punições possam parecer mais focadas em certos partidos do que em outros.

No entanto, o problema desse método é que desiste da educação como forma de luta contra a corrupção. Não são raros os textos que começam afirmando uma suposta tendência universal à corrupção, para a qual o único remédio seriam controles públicos, independentes do governo, a transparência dos gastos e uma ação rápida e severa dos órgãos de punição do Estado. Ora, o questionável é essa tendência de todos à corrupção. Não é aí que deveríamos trabalhar? Não é aí que a educação tem seu papel? Essa postura, que chamarei de técnica, no combate à corrupção não deixa de lado uma ação mais decisiva, mais relevante, que seria a formação desde a infância contra a subtração do público pelo privado?

É assim que, ainda que com ressalvas, a corrupção antiga tem uma lição a dar a suas versões moderna e pós-moderna, que subsistem em paralelo. Na Antiguidade, evitar a corrupção dos costumes tinha seu elemento repressivo, mas ele era acessório e posterior em relação ao educativo. Nem passe por nossa cabeça retomar o machismo greco-romano! Todavia, a ideia de que a punição só deve vir *depois* dos trabalhos educativos é fundamental. Não conseguiremos vencer a corrupção enquanto pensarmos, contra ela, apenas em procedimentos policiais. A polícia deve ceder a prioridade à educação.

Em suma: é pena que os mais acirrados combatentes da corrupção travem sua luta, ou tenham que travá-la, em termos técnicos mais que políticos. É pena que os estudos a respeito deem pouca importância à atuação dos cidadãos, ou mesmo dos candidatos, e muita à dos especialistas. Não podemos aceitar que, para enfrentar a corrupção, se conte mais com procedimentos punitivos, de órgãos especializados, do que com a educação. Tudo isso importa uma renúncia ao espírito republicano. A preocupação com a coisa pública fica parecendo que só ocorrerá reativamente, por medo do castigo, e não positivamente, como um valor que se reparta pela sociedade. Admiro o trabalho de combate à corrupção, porém, na verdade, só conseguiremos coibi-la se a tornarmos não apenas difícil de cometer e fácil de localizar, mas também detestável. Não há combate à corrupção sem uma perspectiva ética.

17. O Brasil e a democracia de protesto[1]

O inverno de 2013 foi rigoroso no Brasil.[2] Quase sempre, em julho, neva um pouco numa ou duas cidades no sul do país. É quando alguns moradores das capitais de Santa Catarina, do Rio Grande do Sul ou mesmo do Paraná viajarão, nas primeiras horas da manhã, para esses lugares a fim de pôr as mãos na neve antes que ela derreta. Perto do meio-dia, veremos na TV os preciosos sinais de neve num país tropical e, depois, à noite mais uma vez. Isso é tudo. Mas em 27 de julho daquele ano a neve caiu em pelo menos 128 cidades brasileiras. Foi um recorde histórico, e a meu conhecimento ninguém se arriscou a compará-lo com registros precedentes, infinitamente mais modestos; em nossa memória viva nada comparável acontecera antes. A neve caiu em outros dias também (em quarenta cidades em 5 de setembro, enquanto escrevo este artigo); eu insisto: esse frio extremo (para nossos padrões) veio inesperadamente. Se vivêssemos na Idade Média, consideraríamos esses fenômenos como presságios ou agouros, mensagens de Deus ou talvez do diabo, não sei, e poderíamos vinculá-los à grande surpresa que tivemos algumas semanas antes, quando as ruas brasileiras foram tomadas, semanas inteiras, por todo tipo de protesto — incluindo, numa mesma noite e lugar, grupos de imigrantes bolivianos furiosos após o assassinato de um jovem compatriota, surdos reclamando por melhor acesso à comunicação, e mesmo um pequeno grupo exigindo a restauração da ditadura militar. Natureza e história pareciam ter unido suas forças para nos surpreender.

Meses antes, porém, no início de 2013, parecia que não teríamos maiores surpresas na política brasileira ou em nossa vida social nos anos seguintes. Mesmo que a presidente Dilma Rousseff não compartilhasse de igual carisma ou popularidade do predecessor Lula da Silva, era quase certo que ela ganharia as eleições em 2014 para um novo mandato de quatro anos. A inflação estava sob controle, a economia com um desempenho regular se não brilhante, e os programas de inclusão social, principal característica dos dois governos sucessivos do Partido dos Trabalhadores desde 2003, continuavam bem-sucedidos. Eram e são aplaudidos fora do país como exemplares. Mesmo que a imprensa brasileira, conservadora que é, não os aprecie, eles realizaram o que haviam proposto. Foram capazes de mudar a paisagem social de um país que "não é pobre, mas injusto", conforme uma ou mais de uma vez disse o ex-presidente Fernando Henrique Cardoso. A apresentação gráfica da desigualdade social como uma pirâmide foi substituída por um losango, como podemos ver a seguir:

COMPARAÇÃO ENTRE A PIRÂMIDE SOCIAL DE DISTRIBUIÇÃO
DE CLASSES (DE ACORDO COM A RENDA) EM 2005 E 2010.

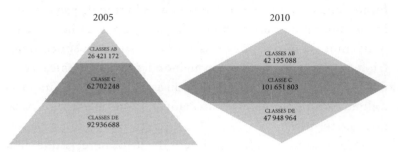

Fonte: *IstoÉ Dinheiro*, 22 mar. 2011.[3]

Conforme se vê na figura acima, os mais pobres correspondiam a quase 93 milhões em 2005 e em apenas cinco anos seu número caiu para 48 milhões, uma vez que a população de classe média baixa subiu de 62 milhões para 101 milhões, e os mais ricos passaram de 26 milhões para 42 milhões. A base de nossa pirâmide social perdeu 48,4% de seus membros, enquanto o meio do gráfico cresceu 62,1% e o topo, 59,7%. É quase certo que o Brasil jamais tenha conhecido mobilidade social nessa escala em tão curto período de tempo. Essa é certamente a chave da enorme popularidade de Lula — que atingiu 87% no fim de seu governo[4] — e também uma explicação razoável para a boa avaliação de Dilma Rousseff nas pesquisas de opinião até meados de 2013.

No entanto, em poucas semanas, tudo mudou no Brasil. Enormes protestos ocuparam as ruas. O fato de o Brasil ser uma federação e de eleições independentes acontecerem para os três níveis de governo — União, estado e município — faz que o poder executivo fique nas mãos de políticos de partidos diferentes, e mesmo antagônicos, dependendo do nível considerado. A má qualidade e os preços altos do transporte público foram o alvo dos primeiros protestos. Como regra, os ônibus urbanos e o tráfego são controlados pelos municípios e os trens de superfície e o metrô pelos estados, portanto, os protestos não visavam ao governo federal. O Movimento Passe Livre protestara em anos anteriores, mas jamais conseguira conter o aumento contínuo das tarifas ou melhorar a qualidade de um sistema que faz a maioria dos pobres nas grandes cidades gastar diariamente cerca de quatro horas — às vezes até quase oito — indo para o trabalho e voltando para casa.

Em 2013, porém, os movimentos conseguiram uma organização melhor e foram capazes de bloquear avenidas importantes nas principais cidades durante vários dias, como, por exemplo, a avenida Paulista em São Paulo. Alguns manifestantes usaram de violência e a imprensa pediu aos governos estaduais que pusessem fim aos protestos. Em 13 de junho, a polícia do Estado de São Paulo reprimiu os manifestantes, na maioria jovens e muitos deles estudantes universitários, numa ação violenta, tal como havia décadas não se via no Brasil. Isso levou a uma mudança imediata na opinião pública. O próprio jornal[5] que expressara claramente seu pedido pelo fim policial às manifestações teve uma fotógrafa atingida nos olhos por uma bala de borracha naquela noite. Três dias depois, um enorme e pacífico protesto contra a violência policial tomou as ruas. Outras manifestações ocuparam o país todo. Grande parte das cidades médias nunca antes tinha visto tanta gente reunida nas ruas para um protesto político. Podemos dizer que perderam sua virgindade política, isto é, a virgindade política de *gente nas ruas*. Mesmo em São Paulo e no Rio de Janeiro nada semelhante acontecera desde, pelo menos, o movimento das Diretas-Já em 1984 e os protestos de 1992 pelo impeachment do então presidente Fernando Collor de Mello.

A violência fez a diferença. Antes dos ataques da polícia, alguns militantes e mesmo intelectuais haviam postado no Facebook e em outros lugares textos justificando a violência quando as mudanças são bloqueadas por uma maioria conformista. Eu até discuti com alguns deles, criticando as palavras atribuídas a Lênin sobre o fato de não se poder fazer omelete sem quebrar os ovos — versão de extrema esquerda da frase neoliberal sobre alguém não poder comer e ter, ao mesmo tempo, o próprio pudim.* Os fatos evidenciaram o quanto eles estavam errados. *Foi após a repressão, isto é, a violência da polícia, que os protestos ganharam ímpeto. A opinião pública mudou de lado para condenar a violência.* Os manifestantes que destruíam ônibus e outras propriedades estavam prestes a ver sua causa perder apoio; ela foi salva porque a violência repressiva foi maior e mais notável do que a assim chamada violência revolucionária. E houve também muita violência criminal.

Uma boa medida do sucesso da democracia brasileira pode ser atestada pelo modo como a opinião pública reagiu contra a violência. Ao menos, na recusa à ação violenta contra os manifestantes políticos,[6] a sociedade brasileira atingiu a maioridade. Parece não aceitar mais que conflitos políticos, mesmo que perturbadores, sejam resolvidos com repressão. Na medida em que a democracia tem como características a aceitação de conflitos e a recusa ao uso de violência para combatê-los, o Brasil mostrou bom desempenho, ou melhor, a sociedade brasileira parece ter atuado melhor do que aqueles governadores de estado cuja polícia se distinguiu por um grau de violência desnecessário.

Em poucas semanas os movimentos mudaram o alvo — ou talvez tenha sido a imprensa que se mostrou capaz de interpretá-los

---

* Essas duas frases muito semelhantes, vindas de lados opostos do espectro político, têm de curioso que atestem a *colonização da cozinha* pelos partidos políticos. As palavras de Lênin igualmente foram atribuídas a Robespierre, fato que alude a uma possível continuidade em justificar a violência no mundo da política de extrema esquerda. Gosto muito da história que se conta sobre a frase de Lênin, apócrifa talvez: um bolchevique o escuta dizer que uma omelete se faz quebrando ovos, como metáfora para justificar milhares de mortes — e responde ao líder que conseguia enxergar os ovos quebrados, mas não via nenhuma omelete.

de uma forma nova. O mesmo *esse* pode ter sido mantido, mas o *percipi* deles mudou, se pudermos nos referir ao princípio que está no cerne do pensamento filosófico do bispo George Berkeley — a diferença entre o que é e como é percebido. Começaram como movimentos sem uma base social forte, sem vínculos com partidos tradicionais, mas com algumas conexões com partidos de extrema esquerda e com uma agenda que priorizava uma causa social, como é o caso da mobilidade urbana para os pobres (uma característica que distingue as classes A e B das outras é que os mais ricos quase nunca pegam transporte público, com a única exceção dos sistemas de metrô em São Paulo e no Rio, duas das cidades que dispõem deles; e uma das primeiras ambições que uma pessoa realiza quando ascende da pobreza para a classe C é comprar um carro, mesmo usado, para dirigir diariamente no trajeto de ida e volta do trabalho). Aliás, no tempo da escravidão, assim que ganhava a alforria, entre as primeiras coisas que um ex-escravo adquiria estava um par de sapatos. Os escravos andavam descalços. Alguns libertos calçavam sapatos antes mesmo de comprar roupas novas e boas, uma vez que a separação física entre os pés e o chão era a marca mais visível de sua liberdade.

Transporte público bom e barato é uma causa para os pobres, não para as classes médias ou mais ricas. Isso ajuda a explicar por que os estudantes de esquerda estavam tão ativos nas primeiras semanas de protestos. No entanto, conforme as manifestações aumentaram, a mídia lhes deu um novo significado, assumido também por novos manifestantes. Seu foco seria a corrupção no governo federal. A corrupção acontece em todos os níveis de governo no Brasil. Mas a oposição a ele não foi o primeiro alvo do movimento original, nem se tornou, mesmo depois, seu único ou principal assunto. Contudo, a sensação de que o governo federal era responsável pelas muitas falhas reais ou imaginárias do Brasil ajudou a reduzir a popularidade da presidente Dilma de seguros 57% a perigosos 30% no decorrer de poucas semanas.

EVOCANDO MAIO DE 1968

Quando o movimento cresceu, a reação na imprensa, primeira e mais comum, foi de pura perplexidade. Vários jornalistas e analistas políticos chegaram a dizer que era impossível entendê-lo. Não concordo. Faz parte de uma tipologia inaugurada quase meio século antes com os *événements de mai* — os acontecimentos de 1968 na França, que aparecem hoje como o paradigma de movimentos sem causa aparente. Por sinal, uma das principais características desses movimentos é que não são previstos, ou melhor, não podem ser previstos. Vêm sempre de surpresa. E esse é o primeiro ponto a distinguir nesses movimentos.

Em 15 de março de 1968, o veterano jornalista Pierre Viansson-Ponté publicou em sua coluna no *Le Monde* um artigo que se tornaria famoso, "Quand la France s'ennuie", Quando a França se entedia,* no qual reclamava que nenhuma emoção política tocava seus compatriotas. Contentamento e descontentamento eram relativamente limitados. Uma semana depois, entretanto, a repressão a um protesto contra a guerra norte-americana no Vietnã incitou manifestações sucessivas e crescentes. Em poucas semanas, o país parava. Esse tipo de movimento quase não tivera modelo anterior. Ao menos parte de seus participantes sonhava com uma

---

* Eu li o artigo. Eu era assinante do *Le Monde* — *Sélection hebdomadaire* e o li talvez quinze dias depois de ter sido publicado originalmente, o tempo que demorava para chegar a edição a São Paulo. Nunca me esqueci dele.

revolução marxista que fosse democrática. Seus líderes citaram Marx, e alguns mencionaram Mao ou Trótski como fonte de inspiração. Mas, se tivéssemos de citar Marx, seria bom lembrar o que ele disse sobre a referência das revoluções inglesa e francesa ao passado bíblico e clássico: uma forma de não entender direito o que está acontecendo; assim como seus predecessores de 1640 e 1789, poderíamos dizer que os líderes de 1968 tentavam entender sua ação política a partir da linguagem que conheciam, nos termos dos mesmos modelos que inconscientemente destruíam, tal era a riqueza do que viam e faziam,* mas sem ter consciência de sua intensa novidade.

Num outro estágio de desenvolvimento, um século antes, Cromwell e o povo inglês tomaram emprestados discurso, emoções e ilusões do Velho Testamento para sua revolução burguesa.[7]

O assunto requer dois comentários. Em primeiro lugar, Marx assinala que toda novidade em história política começa a ser compreendida a partir de matrizes do passado. É muito difícil apreender o presente nos seus termos. Mas, e este é o segundo ponto, às vezes o presente ultrapassa os modelos passados. Se a burguesia é incapaz de heroísmo, e precisa então de retórica para apresentar sua tarefa histórica como mais nobre do que é, por outro lado, aquilo chamado no parágrafo seguinte de "a revolução social do século XIX" por Marx "não irá tirar sua poesia do passado, mas sim do futuro. Ela não pode começar [...] antes de ter se livrado de toda superstição sobre o passado. As revoluções anteriores exigiram lembranças da história mundial do passado a fim de esgo-

---

* Viram, mais do que fizeram, testemunharam mais do que conduziram. Talvez seja isso o que acontece quando você é o aparente protagonista de algo que se distingue por ser total novidade, uma diferença radical.

tarem seu próprio conteúdo. A revolução do século XIX deve deixar os mortos enterrarem seus mortos para chegar a seu próprio conteúdo. Lá a frase ia além do conteúdo — aqui o conteúdo vai além da frase".

O conteúdo vai além da frase e é bem irônico constatar que em 1968 a frase era marxista, mas o conteúdo era algo novo, pós-marxista. Atores políticos como Alain Krivine e Alain Geismar vestiram-se de revolucionários marxistas, embora democráticos e em oposição à ditadura de estilo soviético, porém o movimento por eles conduzido terminou desenvolvendo conteúdos diferentes do esperado.

Temos ao menos dois relatos diferentes dos acontecimentos. O primeiro parece estar mais próximo do que realmente ocorreu. Depois da repressão policial em fim de março, criou-se bem rápido o Mouvement du 22-Mars, seguido de ação estudantil. Estudantes, professores e jovens enfrentaram a polícia em nome de uma revolução que expropriaria os capitalistas. O segundo relato é uma história que passamos a ler cada vez mais, especialmente popular entre os autores norte-americanos. Eles evocam o confronto de dezembro de 1967 na Universidade de Nanterre entre o ministro de Esportes, que ali estava para inaugurar uma nova piscina para os estudantes, e um então desconhecido Daniel Cohn-Bendit, que lhe disse que a ênfase nos esportes e na ginástica era uma característica nazista, que visava reprimir os desejos sexuais dos jovens. Eles também destacam o momento em fins de março em que alguns alunos de Nanterre invadiram os dormitórios das alunas — até então, as mulheres podiam passar a noite nos quartos dos namorados, mas os homens não estavam autorizados a dormir no de suas namoradas. Esse segundo relato certamente focaliza os aspectos não imediatos dos acontecimentos, contudo ao mesmo tempo nos permite politizar essas características que inicialmente pareciam pertencer somente à vida privada e íntima, tais como o sexo e o amor.

É realmente interessante, pelo menos de um ponto de vista intuitivo, observar uma diferença entre o que *de fato* aconteceu e o mito que, em alguns anos, ganharia corpo com a revolução fracassada. Porque em termos marxistas ela foi um fracasso; nem comunistas nem sindicatos apoiaram os jovens em sua luta pela revolução socialista. Isso foi entendido por muitos manifestantes como uma traição que os fez romper com as organizações marxistas, especialmente o Partido Comunista. Mas a revolução fracassada ou traída, para empregar duas fórmulas que desenham uma longa tradição no mundo marxista e também na esquerda não tão marxista, em breve se tornaria uma revolução *sui generis*, anárquica, libertária, diferente de qualquer outra — até mesmo diferente de tudo o mais no campo da política. Nascia um novo paradigma que está completando meio século.

Sua primeira característica são a surpresa e a impossibilidade de previsão. A maioria dos processos políticos é exatamente isto: um processo. Significa que podemos percebê-los à medida que se desenvolvem. Às vezes, não os vemos chegar, mas então é nossa falha ou mesmo culpa, não uma característica deles. Por exemplo, uma mudança política tal como a vitória de um partido de oposição em eleições gerais pode ter suas causas identificadas e explicadas, se não antes do evento, ao menos depois dele. Uma causa política deve reunir apoio, algo que geralmente leva tempo. Movimentos sociais, se bem-sucedidos em suas causas, também podem ser notados à medida que se fortalecem. Mudanças econômicas igualmente precisam de tempo. As principais palavras que vimos empregando aqui significam que processos podem ser percebidos à medida que o tempo os desdobra. Mas eventos que acontecem segundo o modelo de 1968 não reúnem força no curso do tempo: eles ocorrem de repente. Aqui o tempo é o instante, o momento, o *momentum*. Para um rebelde urgente como o militante da revolução de Maio de 1968, ou, a esse respeito, os herdeiros ou herdeiras dela, tempo não é eternidade, o tempo é o presente, o instante, o momento. *Para o rebelde, não há eternidade.*

Não é um processo. As coisas poderiam não ter acontecido daquele modo. O fato escandaloso é que acontecem; não se desenvolvem, não se desenrolam, seu tempo não é longo, e sim súbito. Isso as põe em contraste com quase todas as outras mudanças que presenciamos em nossa experiência contemporânea de vida humana. Digo *contemporânea* porque adquirimos, das ciências sociais e humanas, essa capacidade de ver o que está acontecendo e então prever suas possibilidades; ou talvez o mundo tenha mudado, para eliminar a surpresa do curso normal dos acontecimentos. Ou adquirimos novo conhecimento das ciências sociais e humanas, ou as sociedades elas próprias é que mudaram, de tal modo que o que lhes acontece se torna mais previsível. Hoje quase tudo na vida política, social e econômica pode ser antevisto, ao menos como possibilidade. Entretanto, o modelo de 1968 significa que ele não existia antes, nem mesmo como possibilidade. Estava completamente fora do mundo.[8]

Então, as coisas *acontecem*. Escrever sobre elas em inglês[9] agora me traz um problema. O que se chama de "*happening*" em inglês adquiriu novo significado na última metade do século. A palavra em inglês pode ser empregada em francês, assim como em português e muitas outras línguas, como está, entre aspas. Sua não tradução cria um novo significado que difere de "*événement*", *acontecimento* e assim por diante. *Happening* em outras línguas — como na presente versão do artigo — significa não somente o fato genérico de que algo acontece, mas, antes, o fato de que algo *muito especial* ocorre. A primeira vez que li a palavra em francês foi em 1967, na edição semanal do *Le Monde*, quando se noticiou a vitória do Grupo de Teatro da Universidade Católica de São Paulo, o Tuca, no Festival do Teatro Universitário de Nancy, França, com *Morte e vida Severina*, peça escrita pelo poeta João Cabral de Melo Neto e musicada por Chico Buarque de Holanda. Após o sucesso, conforme a resenha contava, os atores fizeram "*un happening brésilien*" ["um *happening* brasileiro"] nas ruas daquela cidade da Lorena. *Happening* não significa aqui o que realmente acontece, como Ludwig von Ranke gostaria que entendêssemos de sua famosa fórmula *wie es eigentlich gewesen*, o que em verdade aconteceu. Significa algo único, sem ensaio e sem reprodução ou repetição — *sans répétition*, poderíamos dizer, nos dois sentidos que a palavra francesa tem, primeiro, ensaio para um espetáculo integral, segundo, sua repetição ulterior. Também quer dizer uma festa, um momento festivo. Geralmente é conduzido por gente das artes performáticas, algumas vezes das artes visuais. Tem no seu cerne a principal característica que atribuímos aos artistas: eles são criativos em todos os sentidos e isso não se restringe a sua arte, toma parte da própria vida. Mesmo experiências comuns tornam-se nesses momentos como que consagradas por essa condição extraordinária.

A peça *4'33"* de John Cage é um bom exemplo do que pode ser um *happening*.[10] Essa peça musical consta de três movimentos consecutivos, um de 30 segundos, outro de 2 minutos e 23 segundos e um final, que dura 1 minuto e 40 segundos. Mas o artista simplesmente *não* toca o instrumento ou o conjunto de instrumentos a seu dispor. Pode, por exemplo, ficar sentado na banqueta do piano, sem mexer as mãos. Algumas vezes a peça é descrita como consistindo de silêncio, ou da escuta de silêncio, mas não se trata disso. Implica que prestaremos atenção não só no silêncio, mas em *todos os sons* que podem emergir nos 4'33" de duração. Os sons *e mesmo fatos* que perceberíamos como comuns, ou que nem perceberíamos, se tornarão uma obra de arte. Será única, pois nunca haverá duas apresentações de *4'33"* idênticas ou comparáveis. Ensaios não fariam sentido, a não ser como escárnio da ideia do próprio ensaio. A experiência de ouvir essa peça deve ser diferente conforme o público — que pode até mesmo rir ou protestar —, no entanto um dos sentidos possíveis é que ela tirará 4 minutos e 33 segundos da rotina de suas vidas. Consagrará esse curto tempo, e aqui utilizo o verbo num dos sentidos de *sagrado*, que significa separar algo para constituí-lo como extraordinário. A definição arbitrária da peça por sua extensão no tempo performa essa separação, essa consagração de algo. Tal é a experiência que se pode ter quando se sai de sua vida comum, numa manifestação como a de 1968. Homens e mulheres irão tomar a Sorbonne, arrancar os paralelepípedos das ruas para armar barricadas, fazer greves, invadir dormitórios, ocupar lugares públicos por toda a Espanha ou em algumas cidades dos Estados Unidos, dançar nas ruas de Istambul enquanto lutam contra a demolição de uma praça, ou expulsar os carros das ruas e avenidas enquanto protestam contra a má qualidade do transporte público; em todos esses casos, estarão cometendo pequenas transgressões à lei municipal — menos vezes contra a lei nacional —, mas, acima de tudo, estarão *felizes* em fazê-lo.

Manifestantes em Istambul, 2013.

Se pudermos retornar a um vocabulário quase religioso para continuar descrevendo essa experiência imanente, diríamos que muitos experimentam uma *epifania*. Sentem que outro mundo é possível.[11] Por algumas horas, mas com mais frequência por algumas semanas, compartilharão uma experiência que raramente nos é disponível. Se a defini em termos quase religiosos, foi de propósito. Todos têm a experiência de um conhecimento diferente, intuitivo, instantâneo; isso é epifania ou revelação. Leis municipais menores são transgredidas; isso é ação. Todos sabem; eles agem. E experimentam novas formas de sociabilidade; isso é comunhão. Porém, mesmo se duas das três palavras (epifania, ação, comunhão) por mim empregadas para descrever tais experiências derivam de um léxico religioso, elas devem ser entendidas como experiências de *imanência*, mais do que de transcendência. Não se trata da revelação de um Deus transcendente, como aquele que deu a Moisés os Dez Mandamentos. Não é a revelação que grandes místicos tiveram. É a revelação de possibilidades que existem em *cada um* de nós, em *você*. São bem democráticas e geralmente muito baratas, uma vez que rompem com as regras do consumo. Muitas coisas, para não dizer tudo, parecem estar à mão. O Milênio é iminente, portátil, contudo, por favor, nunca se esqueça de que ele tem uma matéria, um caráter *imanente*. Ele rompe com o monoteísmo, com as religiões do Livro, com as tradições dos judeus, cristãos e muçulmanos.

Será que as pessoas mudam realmente no decorrer desses eventos, que, mesmo durante algumas semanas, como costumam durar, *nunca* podem ser caracterizados como um processo? Porque jamais deixarão de ser momentos. As pessoas podem passar juntas um tempo longo: ainda assim, terão o sentimento de que algo muito especial, *único*, está acontecendo. Isso explica por que as gerações nascidas, digamos, depois de 1955 invejam às vezes quem vivenciou os *événements de mai* — os quais, aliás, não aconteceram somente em maio de 1968 e na França, mas em diversos países do mundo, nos vários continentes, durante todo aquele ano. Houve *événements* na Alemanha, nos Estados Unidos, no Brasil, na Tchecoslováquia, no Japão, e em muitos outros países. Essas experiências são sentidas, sobretudo, pelos jovens, aqueles que em nossa sociedade gozam de liberdade, tanto dos constrangimentos parentais que os retiveram durante a infância como das pressões do mercado que os controlarão quando forem mais velhos. Tais experiências podem ser entendidas como a chegada da idade adulta, mas não a que implica maturidade — e sim a que traz uma mudança. Juventude é aqui a palavra-chave. Os jovens, rapazes e moças não têm sobre si a expectativa de serem totalmente responsáveis. Suas ações não necessariamente implicam as consequências que trariam aos adultos. Na vida acadêmica, os jovens são quem pode protestar contra as regras aceitas por muitos professores e contestá-las. Isso quer dizer que esses movimentos compartilham um sentido de liberdade intensa que, em nossa sociedade, é especialmente atribuído aos jovens. Então, em 2011, quando num encontro da Academia da Latinidade, em Barcelona, pude ver os *indignados* se reunindo na Plaça de Catalunya a poucos quarteirões de nosso auditório e dois dias depois na Plaza del Sol em Madri, fiquei bem surpreso, e devo dizer também muito contente, de ver que havia gente de todas as idades. Minha expectativa no início era encontrar apenas jovens. Foi a antropóloga catalã Clara Más quem chamou minha atenção para a presença de gerações tão diferentes. Mas isso constitui exceção. Um *slogan* muito frequente nos comícios da Unidad Popular que elegeu Allende, nos anos que precederam o infame golpe de Estado de 1973, era "*quien no salta es momio*", literalmente, "quem não salta é múmia", significando conservadores, reacionários, sem imaginação, utopia, capacidade de fugir da rotina. Os jovens podem, sem dúvida, saltar com muito mais facilidade do que os mais velhos... É claro, contudo, que a adrenalina é alta em todas essas experiências, dando a todos a sensação de viver intensamente a vida. É por isso que esses breves períodos de tempo, quando algo totalmente inesperado acontece, podem levar quem não teve a sorte de presenciá-lo a sentir uma espécie de inveja. Chego a pensar que um novo direito humano deveria ser o direito de toda geração ter o próprio Maio de 1968; as Nações Unidas deveriam meditar a respeito.

Um dos fatores-chave no que chamo de epifania é que a política abarca muito mais do que a política profissional, partidária; ela pode, também, ser *alegre*. Ela se reportará ao mundo da vida como algo que pode ir sempre além das teorias e instituições e nunca se verá completamente subsumida ou compreendida por elas.

O exemplo clássico de subsunção é o discurso de De Gaulle aos colonos franceses na Argélia em 4 de junho de 1958: "Je vous ai compris". Há um primeiro significado, denotativo: "Eu os entendi, então vocês podem esperar que eu satisfaça suas demandas, isto é, a Argélia será francesa". Mas há também um segundo significado, subjacente, que só será revelado *a posteriori*, após alguns anos de muitas guerras — a Guerra de Independência da Argélia, bem como as destrutivas quase guerras civis franco-argelinas: "Eu os incluí, vocês estão sob o meu poder, eu os anexei, então farei com vocês o que considerar que preciso fazer, em vez de fazer o que vocês possam querer ou acreditavam que eu fosse fazer". Comum a ambos os significados é o fato de um sujeito externo saber o que os outros querem e do que precisam; assim, essa exterioridade — o general de Gaulle — adquire um tipo de poder sobre eles.

Tomemos os protestos brasileiros mais uma vez como exemplo. O Brasil é bem deficiente no domínio dos serviços públicos; costumamos enumerá-los como educação, saúde, transporte e segurança pública. Os ônibus são desconfortáveis, trafegam em vias mal projetadas e cobram tarifas altas de seus usuários por um serviço ruim, forçando assim muitos trabalhadores a passar pelo menos quatro horas por dia no transporte público, e isso corresponde a metade da jornada de trabalho deles, que gastam ao menos vinte horas por semana num esforço entediante, cansativo e não pago pelo empregador. Mas há outros significados simbólicos envolvidos. Enfatizo a questão do movimento. Em nosso tempo, a velocidade é uma mercadoria muito desejada. Aparece como algo bom, sobretudo na publicidade para carros particulares e acesso rápido à internet. Os pobres não têm carros e geralmente acessam a web numa velocidade menos do que satisfatória. Estão privados de velocidade. São os *sem-velocidade*. Sua mobilidade, tanto física como virtual, é severamente reduzida. Não ter algo que é objeto coletivo de desejo aumenta a frustração que se sente. Não se trata apenas de *não ter*, e sim de ser privado de. É como se a sociedade de hoje lhes houvesse feito diversas promessas que não cumprirá. São reduzidos a uma classe de segunda linha na sociedade; notem que estou tentando usar metáforas que deem conta da questão do movimento. O filósofo que mais estudei, Thomas Hobbes, escreveu em 1651: "A vida nada mais é do que movimento" (*Leviatã*, capítulo VI). Imobilidade é então uma espécie de morte. Não se mover é estar quase morto. Transporte público ruim significa não só qualidade de vida inferior, como também um pequeno massacre de gente morrendo continuamente, não no sentido metafísico do verso do poeta modernista brasileiro Cassiano Ricardo,

Cada minuto da vida
Nunca é mais, é sempre menos,[12]

mas no sentido muito físico de uma perda de vida, de suas possibilidades inúteis; se a vida é movimento, ônibus ruins significam prosaicamente a morte. Deveríamos acrescentar que na tradição filosófica movimento não é apenas o transporte físico de um objeto de um lugar para o outro, sofrendo mudanças pequenas, imperceptíveis, como ocorre com carros ou canecas de café quando os deslocamos — é também, e talvez de modo mais nobre, mudança. Hegel foi especialmente claro a esse respeito. Mover-se não é apenas deslocar-se, mas também mudar. Para que ele ou ela se movam, é preciso que sejam capazes de mudar. Assim, tem mobilidade quem tem futuro. O forte anseio das sociedades atuais em garantir às pessoas com meios reduzidos de mobilidade o deslocamento, sem a ajuda de outros, evidencia a aquisição, por elas, do direito de viver à própria custa; direito, cabe notar, de que antes careciam. Ter futuro deveria então ser compreendido como um resumo, uma síntese de todos os direitos humanos.

Porém, retomando, pode a política ser alegre? O documentário, meio esquecido, *Chung Kuo* (1972), de Michelangelo Antonioni, ou *China*, mostra-nos operários numa fábrica; a sequência — talvez de um minuto — acaba quando o narrador nos conta algo sobre política. A palavra política aparece ao mesmo tempo que eles riem. Esta é a conclusão da cena: operários e operárias rindo com alegria enquanto conversam, ao que parece, sobre política. Será possível ser feliz em política?[13] Como a experiência maoista é tão condenada em nossos dias, ficou difícil acreditar que isso pudesse acontecer na China pós-Revolução Cultural; de todo modo, a questão faz sentido independentemente do contexto. Será possível ser feliz, ou ao menos compartilhar alegria com outros, quando fazemos política? Essa é uma experiência humana que surge nestes momentos que vimos descrevendo. Ela é, sem dúvida, uma exceção no curso dos acontecimentos humanos. O mais das vezes, a política parece ser aborrecedora; a tese, tão cara a militantes de esquerda, de que ela só nos aborrece quando é ruim, quando não é a política verdadeira, talvez não passe de uma bela intenção. Mas aqui lidamos com uma exceção prenhe de significado. Movimentos como o 1968 francês foram e ainda são uma espécie de modelo para muitos entre aqueles que os viveram, ou ouviram sobre eles. Sua influência vai além de sua existência de fato. Dão a todos uma ferramenta importante para que concebam suas vidas como mais originais e, por que não?, mais divertidas do que o normal.

1968, SEGUNDA ONDA

E presenciamos agora o que pode ser chamado de uma segunda onda dos movimentos que tiveram sua primeira onda em 1968. Refiro-me aos muitos protestos que então tomaram as ruas nas Américas, na Europa e na Ásia. E parece que vemos acontecer a mesma coisa de novo. Em 2010, teve início a Primavera Árabe na Tunísia, logo seguida pelos protestos da praça Tahrir no Egito e dos *indignados* espanhóis; mais tarde, no mesmo ano, aconteceu o Occupy Wall Street; em 2013, houve os protestos búlgaros, depois os turcos e os brasileiros. Esses movimentos, que nunca desapareceram completamente, mas ficaram, em sua maioria, reduzidos a mera lembrança, parecem agora recobrar seu ímpeto.

Se enfatizarmos alguns traços essenciais seus, veremos que não apenas aparecem de surpresa, como sempre se mostram bem maiores do que suas causas. Um protesto contra a Guerra do Vietnã ou contra uma piscina, a autoimolação de um operário tunisiano ou manifestações contra tarifas de ônibus normalmente gerariam poucos efeitos. Essas causas imediatas parecem ser a faísca que acende o fogo, mas o problema persiste: onde estava a palha, onde estava o combustível necessário para fazer um fogo tão alto? Os movimentos parecem surgir do nada. Não são movimentos sociais *normais*, reunidos em torno de padrões de classe ou religiosos ou políticos. Também carecem de uma liderança formal e, geralmente, de um foco preciso. Outros, sobretudo os envolvidos na política, na economia, ou a mídia, costumam reclamar dessas faltas. Se pelo menos houvesse líderes com quem pudéssemos falar ou que pudessem falar em seus nomes, se ao menos tivessem propostas concretas a serem postas na mesa para negociação... Mas, se esses movimentos tivessem líderes identificados e uma lista de propostas, não seriam o que são. Pertenceriam ao mundo da democracia representativa, partidária, profissional, realista. Jamais teriam apelado aos setores que eles são capazes de atrair, vale dizer: quem se decepcionou com a política e seu componente realista. Líderes e foco pertencem ao fator realista em política. Se os tivéssemos, jamais haveria esse componente utópico que, ao menos de tempos em tempos, é absolutamente necessário para injetar vida nova à própria política.

Analisemos o assunto sob outro ponto de vista. O sistema de pensões estabelecido em muitos países do mundo em torno dos anos 1930 está chegando ao fim. Todos são informados de que deverão trabalhar por mais tempo do que os pais e de que muito provavelmente não terão a mesma qualidade de vida que eles puderam gozar. No Brasil, como em outros países, há um teto para o valor das aposentadorias. Entretanto, a saúde pública em nosso país, não sendo boa, leva os mais velhos, se tiverem dinheiro, a contratar um seguro de saúde privado, que costuma ser bem caro. Uma pensão geralmente não basta para pagar um seguro de saúde e os medicamentos de que o idoso necessitará para doenças inevitáveis. Os jovens estão sendo conscientizados disso. Precisam economizar. Ingressam no mercado aos vinte anos, já sabendo que deverão fazer provisões para o futuro. Some-se, a essa previsão do ruim, o fato de que nunca terão certeza de que a pensão privada contratada para a velhice será um sucesso ou um fracasso. Talvez não tenham nada a receber quando precisarem, como milhares de viúvas norte-americanas descobriram nos últimos meses de 2008.

Isso torna suas vidas incertas. São forçados a ser intensamente racionais no pior sentido da racionalidade; quero dizer: não a racionalidade como expectativa de um mundo melhor, na tradição do Iluminismo, e sim aquela como temor por suas vidas e por sua saúde. Não a esperança, mas um grande medo.

Contra esse cenário, doses de utopia são um poderoso remédio. O que significa que os movimentos considerados *sem* (sem líderes, sem foco) são apenas assim se forem vistos de um ponto de vista tímido, o qual ignora o fato de que injetam — muita — vida na política. Pois um dos grandes paradoxos de nosso tempo presente é que a política está perdendo rapidamente o encanto, seu poder de atrair os melhores e os mais brilhantes, exatamente ao mesmo tempo que a democracia se torna, pela primeira vez na História, o modo de vida de mais da metade da população global. Em algum momento nos anos 1990, com a derrocada da União Soviética e de seus regimes satélites, mais a queda de ditaduras na América Latina e satélites norte-americanos em outras partes, a democracia em suas múltiplas formas tornou-se o modo de vida — o regime, se atribuirmos a essa palavra suas diversas conotações, incluindo as que pertencem à saúde e à alimentação — de bilhões de pessoas. Para pensar no caso do Brasil, nosso país teve até agora pouco mais do que quarenta anos de vida democrática. Nunca se poderia chamar de democrático o período colonial, ou o período imperial de governo arbitrário aliado à escravidão, ou os primeiros anos do regime republicano infame pela dimensão da fraude eleitoral então praticada, ou os quinze anos da ditadura de Getúlio Vargas, ou as duas décadas de governo militar. Podemos apenas considerar democráticos os dezenove anos entre a queda do regime Vargas em 1945 e o golpe de Estado de 1964, bem como as três décadas que se seguiram ao fim da ditadura militar. Temos então um frágil interlúdio democrático de menos de vinte anos entre distintos modelos autoritários de poder, e depois três décadas de um governo que se torna cada vez mais democrático. Nada ameaça no presente momento a vocação democrática.[14]

Mas terá a epifania, que descrevi, consequências de longo prazo, ou os protestos deverão ser vividos somente como um carnaval? Mais um sinal importante dessas manifestações: elas quase nunca concretizam o que é desejado, ao menos no curto prazo. Outro paradoxo: os cidadãos vão às ruas porque não querem os prazos longos e burocráticos, o peso das instituições. Querem mudar, viver integralmente seus momentos. Aspiram, no ar, a intensa democracia a que aspiram. Traduzido na linguagem da política, o desejo delas ganha um sentido de urgência, talvez mesmo de emergência. Contudo, não obtêm os resultados desejados, pelo menos não tão cedo.

No curto prazo, quase todos os movimentos modelados em 1968 fracassaram. As eleições francesas em junho de 1968 trouxeram à Assembleia Nacional a mais confortável maioria parlamentar que o presidente De Gaulle jamais teve em seus anos todos de poder. As eleições presidenciais ocorridas no Egito depois e em decorrência da Primavera Árabe resultaram num segundo turno entre a Irmandade Muçulmana e representantes do antigo regime: a praça Tahrir esteve ausente da decisão final sobre quem seria o primeiro governante eleito democraticamente no país mais antigo do mundo. Uma vez que a Tunísia tem um sistema parlamentar e não presidencial, os acontecimentos não se desenrolaram tão mal quanto no Egito, mas de todo modo o principal partido no país não compartilha dos ideais daqueles que lutaram pela democracia. A Primavera de Praga teve um final infeliz quando as tropas soviéticas invadiram a Tchecoslováquia, um país que se dissolveria duas décadas depois, num resultado tardio desse ato de agressão. Os *indignados* espanhóis ganharam um governo de direita, o Occupy Wall Street foi sucedido por uma política externa piorada do presidente Obama.

Em todos os casos, à experiência do milênio segue-se a decepção. Isso pode ser bastante dramático. Para muitos, significa que não haverá o dia seguinte, a não ser a memória de coisas verdadeira e irreversivelmente passadas. Expulsar os carros das ruas, tocar piano na Sorbonne serão apenas lembranças felizes, incapazes de afetar vidas que continuarão, para usar a expressão aplicada aos negócios, *como de costume*. Então, é como se os manifestantes não tivessem vivido mais do que um carnaval. Isso pode ser uma experiência extraordinária, como sabem todos os que estiveram no Rio de Janeiro ou em Salvador ou em outros lugares famosos por essa festa em que as coisas viram de cabeça para baixo, na qual se verifica como continua válida a frase de Oswald de Andrade no seu *Manifesto antropófago* (1928), "a alegria é a prova dos nove". Mas o carnaval termina rápido; não é mais do que uma pausa numa vida que segue sem mudança. Pode funcionar como uma catarse, permitindo a quem festejou — ou protestou — viver mais um ano como até então viveu.[15]

> *Hoje sou funcionário público.*
> *Itabira é apenas uma fotografia na parede.*
> *Mas como dói!*[16]

Ou você sofre uma metamorfose e vive sua epifania integralmente, ou estará condenado a uma identidade presente burocrática, que reduzirá a riqueza de sua vida a uma foto na parede — com o sofrimento que acarretará. Talvez seja inevitável que grandes expectativas se tornem ilusões perdidas. Mas não deveríamos aceitar isso tão facilmente. Alguma resistência a esse apagamento da memória deveria haver.

E, apesar disso, as mudanças ocorrem. Se 1968 hoje é lembrado como o início de uma série de transformações na cultura e no que muitos chamam de mudanças comportamentais, é porque seu sucesso foi claro naquele campo. Aquele ano não conseguiu esculpir o regime democrático socialista que os manifestantes desejavam — porém, em alguns anos a mais, conseguiram mudar as formas de viver a hierarquia, o amor, a sexualidade. Se é verdade que o gaullismo ganhou as eleições parlamentares realizadas um mês após os *événements de mai*, o fato é que os nomes de seus deputados foram esquecidos e as conquistas dos estudantes e de seus aliados passaram a ser celebradas como um dos momentos mais importantes do século XX.

PERSPECTIVAS PARA O BRASIL

Agora buscarei entender a aposta, o foco principal, dos protestos brasileiros. Para aqueles brasileiros que sentem vergonha e frustração pelo que parece ser um ritmo muito lento no avanço da democracia,[17] é bom lembrar que nas últimas três décadas a sociedade brasileira foi capaz de mudar o país para melhor três vezes, sem jamais se desviar de métodos democráticos. Os ditadores militares que governaram o Brasil de 1964 a 1985 o deixaram num estado lamentável no que diz respeito à política, à inflação, à desigualdade social e à eficiência administrativa.

A primeira grande ação democrática foi em 1984 com o movimento das Diretas-Já, que conduziu à queda da ditadura militar. Em 1994, a inflação foi finalmente derrotada pelo Plano Real, um plano apoiado pelo Partido da Social Democracia Brasileira (PSDB), que daria a Fernando Henrique Cardoso seus dois mandatos presidenciais sucessivos. Em 2002, a eleição presidencial de Lula abriu o caminho para que a inclusão social e a luta contra a pobreza se tornassem políticas de Estado. Os governos precedentes tiveram seus programas de inclusão, os quais, no entanto, eram com frequência os primeiros a ser postos de lado, toda vez que uma grande crise econômica pressionava as finanças públicas. Desde o primeiro mandato de Lula, porém, as políticas de inclusão social tornaram-se um dever para todo candidato que queira se eleger presidente, governador ou prefeito em eleições livres. Para o oposicionista PSDB, uma realização bem-sucedida do projeto PT chegou até a ser avaliada como favorável, representando suas melhores chances de voltar ao poder federal. O próprio Fernando Henrique observou isso quando escreveu, em 2011, alguns meses depois de seu partido ter sido derrotado pela terceira vez consecutiva na disputa presidencial, que o PSDB não conseguiria derrotar o PT em termos de projetos para oferecer aos pobres[18] (Cardoso, 2011). Não poderia rivalizar com o PT nesse campo. Em contrapartida, o PSDB teria boas propostas a oferecer à classe média. Foi o que levou o candidato à presidência do PSDB para 2014, o ex-governador do estado de Minas Gerais Aécio Neves, um líder político mais simpático do que o duas vezes candidato, e duas vezes derrotado, José Serra, a apostar no sucesso de programas sociais do PT, ao mesmo tempo que os criticava como projetos emergenciais, não duráveis ou sustentáveis. Mostrou-se favorável ao Bolsa Família, principal programa oficial de inclusão, mas observou ser necessário pensar no que virá depois dele. Em alguns anos, o programa terá feito todo o bem que se propôs e terá se esgotado. Em sua opinião, uma inclusão social duradoura precisaria de uma economia mais liberal, que criasse empregos no lugar de, digamos, alimentar as pessoas diretamente.

Das três vitórias democráticas das últimas décadas, a primeira representou uma mudança política; a segunda, uma econômica; e a terceira, uma social. Três grandes campos da vida em comum foram então abordados. Em todos os casos, a mudança foi obtida por meios democráticos. Os resultados foram democráticos porque elevaram a qualidade de vida no Brasil, mas também pelos métodos empregados: tudo foi conseguido por meios pacíficos e respeitosos, além de uma mobilização em massa, quer nas ruas, quer no voto. Para esclarecer, deveríamos lembrar que nos nove anos após o fim do regime militar foram feitas, ao menos, três tentativas de combate à inflação, sem sucesso. O Plano Cruzado (1986) e o Plano Verão (1989) contaram com medidas que hoje seriam compreendidas como quase inconstitucionais, já que, por exemplo, alteraram contratos. Acima de tudo, recorreram à surpresa, buscando desestabilizar os elementos que induziam ao aumento dos preços. O Plano Collor (1990) foi o mais falho, ao desobedecer descaradamente à Constituição adotada dezessete meses antes de ele entrar em vigor. No entanto, o dissabor com a inflação era tão grande que muitos brasileiros aceitaram a violação constitucional, na esperança de que o plano trouxesse enfim alguma estabilidade monetária. Mas ele falhou infamemente. O último e melhor plano foi o Plano Real (1994), assegurando a subsequente eleição do presidente Fernando Henrique Cardoso, que, como ministro da Fazenda, supervisionou a última versão desse inteligente e elegante projeto de estabilidade monetária. Foi também o mais democrático dos quatro planos. Contudo, na verdade ele ainda apresentava certo gosto de potencial inconstitucionalidade, pois foi implementado apenas três meses antes das eleições presidenciais, fato que obviamente favoreceu Fernando Henrique contra o rival, até então claro favorito nas pesquisas, Lula da Silva. Duvido muito que em tempos mais normais o Supremo Tribunal Federal autorizasse um presidente, poucos meses antes de sua sucessão, a adotar medidas com um impacto político tão grande como o daquelas.[19] Mas o Brasil vivia numa espécie de emergência nacional. Havia tolerância em relação a medidas políticas heterodoxas. Nos anos seguintes, isso não teria sido possível: não haveria necessidade, nem espaço, para planos políticos que atuassem incorretamente no campo eleitoral.*

A agenda que falta, e que foi o tema mais explícito dos protestos de 2013, é a de uma melhora crucial na qualidade dos serviços públicos, isto é, na qualidade do Estado. Se cada uma das importantes reformas adotadas e citadas ocorreu a cada dez anos, seria ótimo conseguirmos mais esse êxito em uma década. Mas o Brasil só foi capaz de dar os passos mencionados acima quando as seguintes características estiveram presentes:

1. A situação corrente (ditadura, inflação, pobreza) passou a ser percebida como um enorme e injusto tributo cobrado de todos os aspectos da vida social e pessoal. A sociedade como um todo pagava um preço muito alto em cada um desses três problemas maiores. Sob os militares, a falta de liberdade era a grande provação; nos últimos anos do regime de exceção e nos primeiros do governo civil, a inflação corroeu a confiança nos outros e a fé no futuro; a miséria, por sua vez, zombou durante séculos das qualidades da sociedade brasileira como um todo. Para exemplificarmos o último ponto, podemos comparar a pobreza com a escravidão — ambas corromperam o conjunto de nosso tecido social. Quando trabalho e trabalhador são desprezados, as pessoas são, consequentemente, estimuladas a ganhar dinheiro sem trabalhar.
2. A sociedade chegou ao consenso de que a situação (política, econômica ou social) era insustentável. O Brasil viveu vinte anos sob a ditadura, mais ou menos o mesmo tempo sob a inflação e coexistiu com a miséria durante cinco séculos, mas veio a gota d'água, quando as diferentes classes ou partidos políticos,

---

* A crise de 2015-16 significou uma volta a esses tempos excepcionais, mas tratar dela foge ao propósito deste livro.

em sua maioria, se convenceram de que a situação, como estava, não podia continuar.

3. Havia líderes políticos que podiam, com muito empenho, exercer liderança e propor saídas para resolver a situação.

No final, os resultados foram muito bons. A cada vez, o que originalmente parecia ser a proposta de um grupo — a oposição aos militares, os economistas, os partidos de esquerda — foi finalmente aceito e abraçado pela sociedade brasileira, transformando-se em compromisso nacional. O primeiro sucesso pode ser medido pelo Índice de Desenvolvimento Humano Municipal (IDH-M). Os militares voltaram à caserna em 1985, deixando 85,8% dos municípios brasileiros com um padrão de vida *muito baixo*; os anos de democracia, porém, foram tão positivos que os últimos dados disponíveis mostram que atualmente temos apenas 0,57% dos municípios nessa condição.[20] O segundo sucesso pode ser medido quando comparamos a inflação, que em 1994 estava prestes a atingir os quatro dígitos e no final do primeiro mandato de Dilma Rousseff estava em torno de 5% (em ambos os casos, por ano). O terceiro sucesso foi visto na primeira figura deste artigo: uma ascensão muito alta da mobilidade social, como um recorde no *Guinness*.

Cada um dos três passos democráticos de sucesso teve um diagnóstico e uma prescrição. Em 1984, o diagnóstico era que o governo autoritário paralisara a vida do país inteiro, da Justiça e justiça social à liberdade pessoal; o remédio então prescrito foi a democracia. Dez anos depois, o diagnóstico apresentava a inflação como a responsável por corroer os valores econômicos e morais; a prescrição foi um plano transparente de estabilidade monetária, permitindo que os atores e os cidadãos econômicos recobrassem a fé em si mesmos e nos outros. Em 2002, o diagnóstico apontou que a miséria arruína nossas relações sociais, mostrando o caráter antiético de uma sociedade que, na verdade, não aboliu por completo a escravidão;[21] o medicamento prescrito foram os programas de inclusão social.

Nos três casos, a percepção de que a situação se tornara insustentável foi causa, ou talvez consequência, da definição de um valor ético. Mais que isso: um ponto em que a filosofia, mais precisamente a ética, pode ajudar não só a entender, como também a fazer, a política. O ponto importante a destacar é que *nos últimos trinta anos o Brasil viveu lições práticas por intermédio da melhor filosofia política.* (Contudo, nem nossos pensadores nem nossos políticos o perceberam.) Em primeiro lugar, tivemos aulas práticas sobre liberdade, decorrente da repressão imposta pelos militares e contra ela (uma lástima que o ensino superior não tenha feito a teoria, ou a discussão, desses temas éticos). Sob a inflação, tivemos de aprender a importância de acreditar uns nos outros e a relevância de sermos capazes de elaborar propostas para o futuro. No último, e talvez mais difícil, passo, participamos de um drama no qual egoísmo, opressão social e miséria enfrentam compromisso social, igualdade e melhores oportunidades como a possível via para algum tipo de prosperidade. A questão seguinte é se e como o Estado — em todos os níveis, isto é, federal, estadual e municipal — será capaz de garantir serviços públicos decentes. Em minha opinião, é possível — e imperioso — estabelecer enfim o Estado de bem-estar social que nunca tivemos.

Entre as três características presentes em cada grande mudança democrática, nota-se que as primeiras duas se repetem hoje. Acreditamos firmemente que a situação é indefensável e que o preço que pagamos por ela é alto demais. Tomemos os exemplos da saúde, educação, segurança e transporte públicos e os consideremos do ponto de vista das classes médias. Como contribuintes, elas pagam por esses serviços. Mas evitam usá-los. Os cidadãos das classes médias e altas preferem colocar seus filhos em escolas particulares, comprar um carro, contratar, com os vizinhos de rua, um "segurança" — homem geralmente desarmado cuja presença, espera-se, deve dissuadir os ladrões de fazer o seu serviço nefasto — e pagar por um plano de saúde. Se uma doença for um pouco mais complexa, eles ainda pagarão um bom médico particular não coberto pelo plano. Assim, muitos pagam por serviços públicos a que nunca recorrem.

Isso explica e mesmo justifica a revolta das classes médias contra o que interpretam como resultado da corrupção. Na verdade, trata-se do efeito de uma má governança nas áreas sociais do governo. De todos os ângulos, a situação tornou-se muito difícil de suportar. De um lado, as classes médias sentem que pagam por um governo que lhes devolve muito pouco dos tributos que lhes são cobrados. De outro, os pobres não têm opção senão recorrer à educação pública, o que implica mais dificuldade no acesso a uma boa universidade, problema que as ações afirmativas (ou "cotas") atenuam, mas não eliminam; servir-se da saúde pública, que os faz esperar por meio ano até conseguirem uma consulta com um médico, que bem poderá não estar no hospital quando chegar a hora marcada; amparar-se na segurança pública, que não os protege do crime; e, por fim, usar o transporte público, que lhes tira vinte horas por semana, ou até mais, em ônibus lotados. A pergunta então não deve ser por que os protestos aconteceram, e sim por que demoraram tanto tempo para acontecer. Aqui temos a grande questão filosófica, política e ética: *por que há tão poucas revoltas contra a injustiça?*

O governo federal e alguns de seus aliados sentiram-se constrangidos nos protestos, principalmente depois que a imprensa estampou o PT como um partido corrupto; por sua vez, a opinião pública, vale dizer, as classes médias e altas, sobretudo de São Paulo, acostumou-se a atribuir grande parte dos problemas brasileiros a ele, o que é injusto. Mas minha avaliação da situação é que, após enfrentar e resolver três grandes problemas que impediram o

Brasil de ser uma verdadeira democracia, evidenciou-se uma quarta agenda. Não se trata de um novo conjunto de problemas. Pelo menos desde os anos 1990, alguns dos nossos melhores políticos do centro (refiro-me ao PSDB) falam sobre um choque de gestão, um choque administrativo que subordinaria o Estado às necessidades populares. Mas isso nunca aconteceu. São Paulo, apesar de ser o estado mais rico do país, tem deficiências sociais enormes que não foram solucionadas em vinte anos de administração do PSDB no governo do estado. Resumo assim a visão de muitos: má governança nos assuntos sociais como diagnóstico; recurso a (ou mesmo contratação de) administradores bons e honestos, no lugar de políticos por indicação e/ou corruptos, como prescrição. Nessa avaliação, a política é o problema e a eficiência, o remédio. A solução seria, pois, menos política e mais capacidade técnica, possível de se obter quando nos livrarmos da corrupção e do populismo. Mas eu discordo.

Se minha avaliação dos três sucessos em nossa história democrática recente estiver correta, então *precisamos de mais política, não de menos*. Heidegger tem razão quando afirma que "a essência da técnica não é nada de técnico".[22] Podemos dar diferentes nomes a essa essência e um deles será *política*. Mas é claro que precisamos de uma política diferente da usual. As mudanças ocorreram porque muitos se convenceram de que a ditadura, a inflação e a miséria eram ruins e de que havia lideranças e projetos capazes de combatê-los. No entanto, isso não aconteceu no que concerne ao mau desempenho do governo nas áreas sociais. Quase vinte anos atrás, escrevi um artigo de opinião para um jornal brasileiro sobre como nossa imprensa e o governo empregaram as palavras "social" e "sociedade". Davam-lhes significados opostos. Sociedade significava quem tem, ao menos, certa renda, e pertence às classes médias e altas. Social designava as políticas sociais, isto é, aquelas destinadas a beneficiar os pobres. Sociedade compunha-se por aqueles que são o sujeito (= aquele que decide) das decisões políticas, enquanto social se referia àqueles que são o assunto (= o tema, o objeto) das políticas sociais. Então, concluí que *social* não era o adjetivo correspondente ao substantivo *sociedade*. Era o seu antônimo. Meu artigo transformou-se em livro, *A sociedade contra o social*,[23] no qual discuti se e como a teoria política do Atlântico Norte pode concorrer com sociedades dissidentes do Ocidente como as da América Latina, bastante diferentes das europeias. Isso não só porque elas *ainda* não puderam desenvolver-se na mesma direção, mas porque se desenvolveram como sociedades diferentes daquelas. No que diz respeito, especialmente, ao título do livro, os programas de inclusão social mudaram a situação descrita por mim nos anos 1990. O empoderamento dos pobres incluiu muitos deles no que era chamado de sociedade. Saíram da caridade eventual do social para ingressar na decisão do que deve ser a sociedade. Políticas sociais não são mais as primeiras a serem descartadas. Aprecio o fato de que os governos petistas conseguiram colocá-las no orçamento como algo mais blindado, do que antes, às crises financeiras. Mas isso funciona quando o dinheiro público é transferido para os bolsos dos pobres, não quando o Estado opera hospitais, escolas e outros serviços essenciais ao bem-estar. Em outras, e talvez irônicas,[24] palavras, políticas sociais funcionam na medida em que privatizam o dinheiro — colocando-o nos bolsos dos pobres —, não quando são operadas pelo sistema público.

Precisamos então de melhores administradores, contudo não basta querer para ter. Na verdade, precisamos demandar mais do que administradores justos, corretos. No presente, não há projeto que possa implementar tal mudança. Há um desejo intenso, há a crença de que tudo de ruim deriva desse quarto mal, a má qualidade das áreas sociais do governo — de todos os governos: federal, estadual e municipal. Porém isso é tudo. Os partidos liberais ou de direita diziam que se tratava de questão de honestidade e qualificação técnica, o governo petista respondia que fazia o melhor que podia. Mas é tudo. Difícil saber o que acontecerá nos próximos anos. A história está aberta. Os debates políticos dão muito espaço aos nomes dos partidos e candidatos, entretanto, se a experiência histórica puder nos ajudar, eu diria que só fomos capazes de dois bons presidentes sucessivos como FHC e Lula porque cada um deles soube fazer um bom diagnóstico e propor uma agenda adequada de combate ao primeiro, e depois ao segundo, dos males que mencionei. Não temos isso no momento. Mas os três maiores problemas contra os quais o Brasil lutou não foram vencidos na primeira batalha. A ditadura teve muitos oponentes, vários dos quais foram assassinados; levou bastante tempo para vencer a guerra contra o poder ilegítimo dos militares. A inflação foi alvo de diversos planos antes de ser reduzida a uma taxa baixa administrável. É questão de tentativa e erro, talvez.

É também, no entanto, uma questão de hegemonia. É interessante estudar o aspecto político da luta contra a inflação porque dos três males esse foi o que demandou maior abordagem técnica. A democracia e a inclusão social são causas sociais claras, que precisam da mobilização política das massas. Mas comícios e manifestações não vencem a batalha contra a inflação. Contudo, criou-se um quase consenso universal de que a inflação era tão ruim e corrosiva que tinha de ser derrotada.

Fernando Henrique desempenhou um papel essencial na criação de uma nova hegemonia. Foi quem proferiu os discursos que persuadiram os atores econômicos e a população brasileira como um todo. Ele foi o grande persuasor. Sua retórica é muito diferente da de Lula. Perguntei-lhe uma vez sobre isso; Fernando Henrique respondeu-me que Lula faria uso de mais metáforas, enquanto ele era mais racional; mas logo acrescentou que empregava a razão num nível não superior ao senso comum.[25] Para alguém acusado por alguns adversários de esnobe (o que não considero que seja), ele mostrou-se modesto. Quando concorreu ao primeiro cargo executivo em 1985, Fernando Henrique era considerado incapaz de dirigir-se às massas por causa de sua experiência e treinamento acadêmicos. Foi, contudo, um sucesso como presidente. Isso se deve principalmente à habilidade de grande comunicador. As pessoas comuns podiam admirá-lo e entender que apresentava pontos a serem considerados. Sentem, sem dúvida, ter mais coisas em comum com Lula. De todo modo, ambos foram capazes de ganhar a hegemonia ideológica no país para duas agendas construídas ao longo de anos. Quando Fernando Henrique Cardoso foi eleito, a sociedade brasileira elegera a inflação como seu maior inimigo. Quando Lula finalmente ascendeu ao poder, o PT conquistara hegemonia ideológica para uma plataforma política que consistia em dois pontos, uma agenda ética e uma social. A resistência ao PT estava, sobretudo, vinculada a suas propostas econômicas. Em ambos os casos, a hegemonia precedeu a eleição. O PSDB perdeu a eleição presidencial de 2002 para o PT, em parte, por causa do próprio sucesso em administrar a inflação; em parte, porque não se esperava que ele fosse capaz de combater a pobreza.

Precisamos, antes de mais nada, saber se e quando uma nova agenda estará disponível. A melhor coisa para ela seria que não fosse projetada nem por um partido, nem por, ou para, um líder, mas por uma rede mais ampla de múltiplos atores sociais e políticos. Esta, porém, é só uma esperança. Entretanto, ao menos, sabemos qual será o próximo grande desafio para nossa democracia. E penso que a história brasileira nos últimos trinta anos foi e ainda deve ser exemplar para muitos outros países emergindo da pobreza, do autoritarismo, da corrupção e da ineficiência do Estado em manejar as áreas sociais.

18. A quarta agenda da democracia brasileira[1]

Para explicitar a agenda que se torna prioritária na política brasileira, meu ponto de partida não serão os partidos, mas as exigências populares e sociais. Penso que, na política democrática, aquilo que vem de baixo pode ser mais determinante, no longo prazo, do que as articulações realizadas nas cúpulas políticas; ou, se quiserem, que as demandas populares acabam moldando as ofertas institucionais.[2]

As manifestações de 2013 abriram uma quarta agenda democrática para o país — aquela que, ao se completar, consumará o longo processo de conversão do Brasil numa democracia que funcione. A primeira agenda foi a derrubada da ditadura (1985), a segunda, a vitória sobre a inflação (1994) e a terceira, ainda em curso, a inclusão social (desde 2003). A quarta agenda será a da qualidade dos serviços públicos — transporte, educação, saúde e segurança —, e por isso diz respeito à qualidade do Estado brasileiro. Não é fortuito que os movimentos de 2013 tenham começado com a defesa do transporte público bom e barato (em tese, gratuito) e que, dali, tenham se estendido para a educação e a saúde. Se a segurança pública não constituiu tema durante as manifestações, a razão deve estar simplesmente no fato de que as polícias estaduais as reprimiram, espancando manifestantes — e, mais tarde, toleraram a depredação de prédios públicos, como a sede da prefeitura de São Paulo. No mínimo, isso provou sua dificuldade de lidar com protestos políticos. No mínimo.

Cada uma dessas agendas, que se desenrolam num lento, porém talvez seguro, *continuum* desde a década de 1980, se efetivou ao ser assumida como prioridade por um partido e, depois de muitos ensaios e erros, emplacar como projeto amplamente majoritário da sociedade brasileira. A primeira pauta foi a derrubada da ditadura militar. Esse processo demorou 21 anos, foi conduzido o tempo todo por uma oposição moderada, que alguns ridicularizavam chamando de "consentida", mas que, na verdade, tinha a coragem de correr os riscos de ser oposição numa era difícil, sob a clara liderança de um partido, o PMDB. Outros partidos, ainda jovens devido à tardia supressão do bipartidarismo compulsório, contribuíram nessa direção — o PT e o PDT (Partido Democrático Trabalhista) — nos últimos anos da ditadura, mas a condução foi do PMDB. Essa agremiação, criada para combater a ditadura, assim finalmente completava sua razão de ser; é pena que se tenha convertido numa federação de lideranças regionais já sem metas maiores além da ocupação do poder. Mas os bons resultados decorrentes da queda da ditadura se evidenciam, por exemplo, no Índice de Desenvolvimento Humano por Municípios (IDH-M), divulgado em 2013, pouco depois das manifestações, mostrando — como vimos — que no final do regime de exceção eram quase 85,8% os municípios brasileiros com IDH "muito ruim", os quais, hoje, não passam de 0,57%. Sem a democracia política, não teria ocorrido esse avanço social. Vale a pena frisar este ponto: a ditadura afirmava constantemente que o povo preferia o emprego, o bem-estar social, às pautas abstratas e distantes da realidade que falavam em democracia; ao contrário desse discurso conservador, o que os dados mostram é que a democracia política estimula a democracia social.

A segunda agenda foi a derrubada da inflação. A democracia voltou, ou foi instaurada, carregando o pesado legado da ditadura, o qual incluía uma inflação fora de controle e que só piorou, à medida que demandas represadas vieram à tona. É uma grande sorte para quem nasceu depois de 1980 não ter vivido o que foi a alta inflação ou, pior ainda, a híper. Ela trazia uma insegurança permanente. E, quando se tentava controlar a carestia, os produtos sumiam, de modo que ou faltava dinheiro, ou faltava o que comprar. É inevitável falar em corrosão dos valores, não apenas monetários. A elevada inflação teve impacto negativo sobre a conduta ética dos agentes. A perda de confiança na moeda mina, em primeiro lugar, a confiança no futuro. Torna difícil planejar, favorece o consumo imediato e mesmo perdulário. Em segundo lugar, reduz a confiança nos possíveis parceiros, seja no afeto, seja nos negócios. Com 2% de inflação *ao dia*, atrasar o pagamento de uma dívida ao amigo ou ao parceiro de negócios por uma semana significa privá-lo de 10% ou mais do que é seu direito. O simples fato de lhe pagar depois de encerrado o expediente bancário do dia já significava um calote de 2%. A inflação torna precários dois pilares sobre os quais se assenta a vida, pessoal ou coletiva: primeiro, sem esperança no futuro, o presente se reduz à imediatez. Alguns lugares do mundo onde é maior o terrorismo são aqueles em que não se tem esperança em dias melhores, como a Faixa de Gaza. Segundo, sem nos associarmos a pessoas em quem confiamos, nossa trajetória é demasiadamente solitária. Em um caso e no outro, não construímos. A inflação não devasta apenas a economia.

O Plano Real, embora instituído por Itamar Franco — presidente por acaso —, acabou associado à imagem de Fernando Henrique, que, aliás, se autodefiniu como o "presidente acidental do Brasil".³ O plano foi assumido como bandeira do candidato FHC e do PSDB. Ao contrário da derrubada da ditadura e da inclusão social, não veio primeiro o partido e depois a mudança: o PSDB assumiu como sua uma causa previamente definida, sem jamais refugar apoio ao plano. A luta contra a inflação se distingue das batalhas contra a ditadura porque tem uma dimensão técnica que é difícil de converter em mobilização política. Não conheço exemplos de passeatas contra a inflação. Pior, o que as ruas dizem ou deixam de dizer pode derrubar um ditador, mas dificilmente vence a inflação. É necessária uma expertise que vai além da vontade política, embora esta seja crucial, e seja tolice ironizá-la. Em nossa sociedade democrática, além disso, as questões que concernem à economia demandam um conhecimento especializado que a maioria não tem, e, por isso, é mais árduo discuti-las politicamente. A economia, assim, converte o espaço da política, que deve ser o da divergência entre pelo menos duas posições consistentes e respeitáveis, em território no qual, a pretexto do saber, um lado desqualifica o outro como incompetente, enquanto o público não tem grande ideia do que está sendo debatido. Mas, se não mobilizou passeatas, o partido que pretendia ser o mais povoado por acadêmicos de qualidade aproveitou a experiência de sucessivos planos malogrados para fazer a sociedade compreender que eram ilusórios os ganhos nominais obtidos com a inflação. Embora tenha sido ironizado na época, o discurso do ministro Bresser-Pereira, falando em João, Pedro e Maria, no lançamento do chamado Plano Bresser, em 1987, foi um marco na construção da base política para combater a inflação. Cada um dos três subia seu preço (ou salário) num dia diferente do mês. Quando aumentava, parecia ganhar, porém sua vantagem era apagada em poucos dias. Daí a moral da história: vamos todos parar de subir nossos preços (ou salários) para que os ganhos sejam reais. Transcorreriam sete anos dele até o Plano Real, mas Bresser entendeu que era preciso montar um imaginário de apoio às medidas, sempre duras e geralmente impopulares, que planos de estabilização monetária implicam. Esse imaginário acabou triunfando por exaustão, entretanto, graças a ele, finalmente, tivemos a convergência de saber técnico e apoio político que permitiu vencer a segunda etapa.

A terceira agenda é a da maciça inclusão social promovida pelos governos do PT, em especial desde 2005 (ver as pirâmides do capítulo "O Brasil e a democracia de protesto"). Em cinco anos, o governo Lula reduziu as classes D e E de 93 milhões a 48 milhões de pessoas (números arredondados para o milhão mais próximo), enquanto a classe C crescia de 63 para 102 milhões de indivíduos, ao mesmo tempo que as classes A e B também subiam, neste último caso, de 26 milhões para 42 milhões, no que deve ter sido proporcionalmente a maior ascensão social já ocorrida no mundo, dentro da democracia, em apenas um quinquênio. (A China, o maior país do mundo, pode ter conseguido dados comparáveis, mas fora do regime democrático e não na mesma proporção da população — no Brasil, um quarto dos cidadãos deixou os estratos mais baixos da pobreza em apenas cinco anos.)

Aqui, também, temos quatro características principais, que destaco:

1. um partido que lidera;
2. uma causa que demora um longo tempo a persuadir e a triunfar;
3. uma sociedade que aos poucos a vai assumindo;
4. um ponto de não retorno, quando até mesmo o lado político oposto compra a agenda que finalmente ganhou.

Quando venceu as eleições de 2002, o PT era ideologicamente hegemônico na sociedade brasileira. A única restrição que muitos lhe faziam era o receio de sua política econômica. No entanto, sua visão de sociedade era reconhecida pela maioria como a melhor, mesmo pelos que temiam sua atuação na economia. O vídeo "A mendiga", do publicitário Duda Mendonça, ilustra esse ponto às mil maravilhas: alguns jovens saem de uma festa, alegres, à noite, mas logo depois veem uma mendiga ao relento, numa calçada. Todos eles são afetados, sentem-se mal. Aparece então um jovem barbado, de aproximadamente trinta anos, uma espécie de intérprete do que sucede, que diz: "Se cenas como esta tocam você, você pode até não saber, mas com certeza no fundo você também é um pouco PT".[4] Onde está a qualidade especial dessa peça de propaganda? Em decifrar, para o público, ações cujo sentido ele próprio ignora. Em mostrar que bastam certas reações *afetivas*, espontâneas, pré-racionais, para incluir o espectador do clipe numa opção política que ele talvez não assumisse, se a questão lhe fosse apresentada em termos puramente racionais. E isso porque esse "puramente racional", na verdade, estaria mais perto da racionalização de um preconceito (no caso, antipetista) do que do uso de uma razão liberta. Com efeito, o que a curta peça de apenas um minuto promove é o desmonte de um preconceito contra o PT, por um lado, e, por outro, a montagem de uma comunidade, a daqueles que "no fundo" são "também um pouco PT". O espectador possivelmente reticente a esse partido é convidado a se tornar simpatizante ou, mesmo, "um pouco" membro de um grupo difuso dos que se preocupam com a injustiça social. *Ninguém é demandado a ser integralmente petista.* Essa foi uma mudança fundamental na história do Partido dos Trabalhadores, decisiva, aliás, para ele ganhar a eleição de 2002: um partido que se apresentava como puro e duro, como intransigente, abria assim as portas a quem concordasse com ele nem que fosse só "um pouco", porque esse pouco é o essencial. Resumindo, o essencial é a recusa da miséria, a indignação com a condição indigna em que vivem tantos brasileiros. Concorde com isso, que estaremos todos juntos. O governo petista que se anunciava, ao contrário do partido ao longo dos vinte anos anteriores, era altamente inclusivo: todos teriam seu lugar nele. Em vez de criticar ou condenar seus detratores, convidava-os a se juntarem na mesma caminhada.

Sucintamente, propunham-se uma sociedade justa, em que ninguém passasse fome, e uma sociedade ética, que coibisse a corrupção.* Esses fins granjeavam ampla aceitação, na verdade, já fazia um tempo. A resistência ao PT naquela época se concentrava nos meios, isto é, na economia, ainda mais porque se vinha de um período de oito anos em que o Brasil foi praticamente governado por uma visão economicista do mundo.[5] A diferença foi manter várias, ainda que não todas, políticas econômicas do governo do PSDB (a privatização praticamente parou — embora fosse difícil privatizar mais do que já o fora), mas subordinando-as claramente à finalidade que era a luta contra a fome, a miséria e a pobreza. Conhecemos o êxito dessa política. O programa Bolsa Família, tão criticado pela oposição, acabou sendo assumido por ela, com o candidato tucano em 2010, José Serra, prometendo até mesmo ampliá-lo. Hoje, seria suicídio um candidato ao poder executivo, em qualquer nível da federação, defender o fim dos programas sociais. Também aqui, um projeto assumido por um partido, depois de vinte anos, tornou-se tema de toda a sociedade.

Se tivermos razão, isso significa que cada etapa de crescimento da democracia demorou bastante tempo, entre quinze anos, no caso da inflação, e 21 anos, no caso da restauração da democracia ou do intervalo de tempo entre a fundação do PT e a eleição de

---

* Sem entrar na polêmica sobre a corrupção do PT, tema que rachou a sociedade brasileira, o fato é que, *no imaginário* — independentemente da "realidade" —, o partido deu maior relevo a sua agenda social e menor, à ética. O círculo virtuoso, que da ética remetia à justiça social e inversamente, rompeu-se.

Lula. É provável que a quarta fase também demore a se realizar. Além disso, em todos os casos, a mudança foi capitaneada por um partido, ou seja: não era consensual na sociedade, havendo interesses pela manutenção do statu quo (ditadura, especulação inflacionária, desigualdade social); e foi na arena política que se construiu uma vontade, também política, de mudar. Reitero que, embora nos três casos a política fosse o fator decisivo para a modificação, no combate à inflação os instrumentos foram técnicos. Isso não quer dizer que fossem neutros do ponto de vista político, mas sim que a vontade política não bastava. Essa característica está de novo presente na quarta agenda. Se quisermos ter educação, saúde, transporte e segurança decentes, não bastará querer; será preciso dispor dos elementos técnicos para tanto, os quais não são fáceis de elaborar.

Apenas em defesa do querer e da vontade política, por vezes ironizados por não serem suficientes para gerar riquezas, observo que a vontade não é a simples enunciação de um desejo ou um capricho. Ao contrário, vontade *não é* desejo. Desejos geralmente são mais espontâneos, quase naturais, próximos do corpo (comida, bebida, sexo e prazeres em geral). A vontade é sempre *força de* vontade. Na verdade, ela se *opõe* ao desejo. Ela supõe uma escolha, quase sempre difícil, em que se sacrificam desejos em nome de um objetivo maior. Vontade política significa, assim, a opção por uma prioridade, em nome da qual as metas se definem. Se quisermos uma boa educação pública, isso significará o investimento de dinheiro e de expertise e a mobilização dos interessados. O exercício da vontade é tudo, menos o pedido ao gênio da lâmpada para que atenda a três desejos. Ou seja, o que entendemos aqui por *vontade política* é bem diferente do significado usual que lhe é dado — o de um voluntarismo descomprometido com as possibilidades que o mundo real oferece.

Mas aqui se iniciam os problemas. A ditadura e a inflação duraram muito tempo, porém a vitória sobre elas foi relativamente rápida: em três anos de democracia, tínhamos uma nova Constituição; meses após a decisão política de Itamar, uma nova moeda. Já a inclusão social é um processo de mais longo curso. Suprimir a miséria fica gradualmente mais difícil, à medida que baixa o número de miseráveis. Por exemplo, quem remanesce nas classes D e E tem maior dificuldade para obter emprego ou oferecer saúde e educação aos filhos. Ou seja, temos um complicador: a quarta agenda começa sem estar conclusa a terceira. Pior, a agenda da inclusão está se tornando mais difícil e, ao mesmo tempo que isso sucede, a ela se soma uma nova pauta. O país precisa terminar um trabalho complexo de inclusão de dezenas de milhões de discriminados historicamente e, simultaneamente, melhorar de maneira sensível os principais serviços que o Estado deve prestar. Tem uma agenda não concluída, embora avançada, de inclusão dos mais pobres, e uma agenda cada vez mais premente de atendimento aos que já adquiriram, não apenas a linha branca de consumo, mas também direitos. É uma tarefa dupla e árdua. Perto de qualquer uma delas, as etapas anteriores parecem menos complexas.

Outro problema é que nenhum partido assume essa causa. O PMDB tinha sua razão de ser no combate à ditadura; o PT, na luta por uma sociedade justa e sem corrupção. O PSDB a tinha em outro lugar — a defesa, entre outros, do parlamentarismo, hoje praticamente esquecido ou substituído como prioridade pelo voto distrital —, mas soube assumir rapidamente a agenda do combate à inflação, a tal ponto que sua motivação hoje está mais na economia do que nas instituições políticas, ao contrário do que inicialmente pretendia. Aliás, isso fez com que todos esses partidos ficassem com um samba de uma nota só. O PMDB, a dizer a verdade, perdeu suas metas. Já o chamei de maior dos nossos minipartidos, porque é o partido grande que funciona em busca de interesses dos seus líderes, não se lhe conhecendo mais um projeto para o país. O PSDB reduziu-se à economia, vendo na privatização e no ambiente concorrencial — que deveriam ser meios para fins determinados — praticamente fins em si. A referência, em seu nome, à social-democracia perdeu sentido; não está aí sua prioridade.[6] O PT perdeu a chama ética; não conta mais com o diferencial que fazia dele um partido ímpar, único, unindo o sonho da sociedade justa — porque sem miséria — ao sonho da sociedade justa — porque honesta. Mesmo assim, dos três maiores partidos, foi o que manteve uma mensagem viva para o país, a da inclusão social — que, porém, vai ficando cada vez mais complexa e difícil.

TRÊS QUESTÕES EM CHOQUE

Não terminamos, contudo, de falar em agendas. Demorou, mas com a crise política e econômica iniciada em fins de 2014 ficou difícil; sem produção, sem produtividade, não há como sustentar políticas de inclusão social. As dificuldades econômicas acabaram sendo decisivas para derrubar o governo Dilma Rousseff. Sem a retomada do crescimento, não há como completar a inclusão social nem promover a agenda da qualidade dos serviços públicos.

De qualquer modo, para os empresários tem de ir pelo menos parte da conta decorrente dessas duas últimas agendas: a desigualdade social só diminuirá com a ajuda do empresariado, e este será chamado a contribuir para melhorar a qualidade dos serviços públicos mencionados. Não precisa ser sempre em dinheiro. Empresas podem aumentar a eficiência do transporte coletivo; podem conjugar seus horários de trabalho para evitar concentração excessiva de demanda sobre os ônibus; podem realocar seus funcionários para mais perto do local de trabalho; podem estimular a carona. No plano da saúde, podem promover a redução de peso dos funcionários, substituir refeições mais pesadas no almoço e no jantar por outras mais saudáveis a cada três horas e estimular a ginástica laboral. Na educação, podem oferecer um portfólio de aulas presenciais e em parte à distância, que cubram desde necessidades básicas da empresa até outras menos básicas, mas que, melhorando a vida dos funcionários, aumentem a qualidade de vida no ambiente e, finalmente, a produtividade. De modo geral, hoje, todo conhecimento que emancipe, que liberte, que torne a pessoa mais autônoma em qualquer escaninho de sua vida pessoal, deve também ser útil para uma empresa, se ela preferir empregados com iniciativa, capazes de resolver problemas e sem receio de discutir com os superiores sobre as melhores políticas a adotar.

Isso, sem falar em produzir melhores veículos para o transporte público, melhores equipamentos para a saúde e a educação e colaborar para uma gestão mais eficiente. Na aliança que será necessária para a quarta agenda, a empresa terá de pagar impostos (ela ou, preferivelmente, a pessoa física do empresário), mas sempre será melhor quando, além disso, ela ingressar ativamente na promoção de mudanças.

Finalmente, o *timing* de cada uma dessas questões é diferente. A miséria e a exclusão social existem há quinhentos anos e não se resolverão depressa. Mas sua solução não pode mais ser postergada indefinidamente. É preciso, a cada ano, que haja avanços claros. A qualidade dos serviços públicos é uma questão antiga, e que igualmente demandará anos. A sociedade, contudo, há de querer indicadores precisos de sua melhoria, e por indicadores falo não apenas em números, como também numa percepção do cliente + cidadão de que, por exemplo, será atendido no hospital no curto prazo. Já a pauta empresarial é imediata. A arte do estadista consistiria em colocar a pauta dos negócios a serviço das pautas sociais. Muito, na sociedade brasileira, dependerá, nos próximos anos, da capacidade dos governos — do municipal ao federal — de fazer esses casamentos de interesse, em que a expansão econômica venha sempre com ganhos sociais. Não é fácil, porém é possível, e há iniciativas bem-sucedidas nesse campo.

Mas, sobre todas essas considerações de curto prazo ou mesmo de médio prazo — 2014 ou 2018 — paira um inominado. A sociedade brasileira, em que pese viver ainda enormes carências, saiu do imaginário da carência para o da dignidade. Está-se no imaginário da carência quando se pede o socorro, o emergencial — no limite, a esmola, a cesta básica, a caridade. Sai-se desse imaginário quando se tem um cartão, que não passa por prefeito ou deputado, e que inclui direitos à saúde e à educação. Entra-se no imaginário da dignidade quando se deixa de implorar e se passa a exigir, quando se desvestem os andrajos da mendicância e se envergam os trajes da cidadania. Exigir serviços públicos bons é a novidade. Não escutar essa demanda ou tratá-la como antes se tratava a miséria, como algo que é necessário, sim, mas um dia, e cuja solução pode sempre ser postergada, é divorciar a categoria política da sociedade que ela representa. Então, de duas uma: ou um ou mais partidos despertam para essa questão e procuram construir o apoio político e os meios técnicos e de gestão que deem um salto na qualidade da saúde, educação, segurança e transporte públicos; ou vai crescer a cunha entre representantes e representados, talvez com a violência ocupando o vazio deixado.

Os dois últimos artigos foram escritos no calor da hora, entre o segundo semestre de 2013 e o primeiro de 2014. Vi os protestos de 2013 como amplamente positivos, ao contrário de muitos amigos de esquerda, que desde o início os denunciaram como a armação de um golpe contra o governo eleito — e, mais tarde, reeleito.

Continuo a vê-los de maneira positiva. Eles marcaram o fim de uma época. A oposição foi esperta ao converter protestos de âmbito sobretudo municipal e estadual (transporte público, depois educação e saúde) em uma contestação ao governo federal, o que implicou também desviar a discussão do que chamei de quarta agenda para o tema único da corrupção, posteriormente vitaminado pela crise econômica. Mas de todo modo o governo não conseguiu definir uma nova hegemonia. Afirmei que o PT, ao conquistar a presidência em 2002, já era hegemônico em nossa sociedade, havia conquistado os corações e mentes para a causa do combate à miséria e à corrupção; poderia ter dito que o PSDB governou durante dois mandatos presidenciais porque teve a hegemonia, ao se apresentar como o único capaz de vencer a inflação e de mantê-la sob controle; acrescentei que o PT, já em 2005, estava perdendo a hegemonia — e jamais conseguiu estancar esse demorado sangramento que terminou por afastá-lo do poder. É difícil, poucos meses após o impeachment, prever o que quer que seja. Há, porém, dois pontos a destacar. O primeiro é que o governo substituto colocou todo o foco na economia, mas nada garante seu sucesso na retomada do crescimento, que, além disso, precisaria vir junto com o respeito ao meio ambiente e com o intuito de completar e consolidar a inclusão social. O segundo é que a agenda dos serviços públicos de qualidade parece adiada, até pelo menos que a economia volte a crescer. O futuro, além de imprevisto, soa arriscado. O sempre desejado ingresso do país no clube das democracias consolidadas parece atrasar-se.

Defendo para o Brasil uma discussão ampla em torno de um novo projeto. Repito: não há hegemonia, não há projeto ético para o país, hoje. Mas temos elementos para construí-lo. São três: o crescimento econômico, a sustentabilidade, a inclusão social.

19. A internet não é uma ágora

Elogiamos Atenas pela *ágora*, aquela praça em que se reuniam todos os cidadãos para as decisões políticas e que não existe mais, que jamais existiu na modernidade, porque somos numerosos e afastados demais para podermos estar presentes uns em relação aos outros. As coisas mudaram, porém, com a internet, que aproxima os distantes, que torna todos potencialmente presentes. Estará a internet, estarão as redes sociais anunciando uma nova ágora? Teremos finalmente a tecnologia que permita a todos os interessados participar diretamente das discussões e decisões? Dois eram os problemas técnicos que impediam a democracia direta num espaço maior que a cidade de pequeno para médio porte (o tamanho de Atenas): um, a dimensão do território, que tornaria inviável o deslocamento de todos os cidadãos, seu alojamento na capital, o desguarnecimento militar das fronteiras, o esvaziamento econômico do território; dois, o número de cidadãos, que jamais caberiam na praça de decisões, que é o que chamamos de ágora.

Com a internet, o deslocamento físico se torna desnecessário. A antiga opção entre presença e representação perde muito de seu sentido. Porque a representação era incompatível com a democracia direta — a verdadeira e única democracia, para Rousseau — e a presença era impossível na modernidade. Surge assim uma solução terceira, que é a presença à distância. Desde a televisão, aliás, algo dessa ordem já se descortina, no entanto a TV é unilateral: a grande maioria é passiva, poucos são ativos. A internet, porém, tem duas direções — todos podem falar, todos podem ser ouvidos. Tecnicamente, a ágora volta a ser possível. Por que, então, não funcionou até hoje?

Vamos a um grande predecessor. Em 1926, Monteiro Lobato imaginou algo dessa natureza em seu romance *O presidente negro*. No distante ano de 2228 (distante à época, mas, hoje, a poucos anos de nós), a divisão política entre homens e mulheres nos Estados Unidos levava à vitória eleitoral de um presidente negro, que era o terceiro candidato. Chocados, brancos e brancas tramam. No fim, efetuam uma consulta popular entre si sobre que medida tomar. A consulta é realizada por um aparelho que seria um misto de televisão e de internet. A decisão é terrível — esterilizar a população negra. Mas vejamos aqui nossos principais pontos: primeiro, há quase um século, nosso escritor já concebia uma internet em ação, isto é, meios técnicos que demorariam décadas a ser criados, e que na época mal eram cogitados; segundo, que a montanha parisse um rato: o avanço tecnológico vinha realizar o que havia de pior na natureza humana.

Esse descompasso entre as potencialidades tecnológicas e seu preenchimento por valores humanos retrógrados é uma marca de nosso tempo. Talvez tenha sido de todo tempo, mas, quando o avanço era a descoberta ou invenção da pedra lascada, o instrumento e seu uso não estavam em descompasso: era uma arma, empregada como arma. Porém, quando as invenções passam a exibir um teor cada vez maior de inteligência, é chocante que esta pareça restringir-se sobretudo ao caráter instrumental, técnico, sem colocar em cena as possibilidades ricas de expansão da consciência e — por que não dizer, pensando selvagemente em Freud — do inconsciente humanos.[1]

Voltemos à ágora. Quando a internet já era uma realidade, muitos esperaram que fosse um espaço como o grego. Nada melhor para trocar ideias, debater, formular propostas, validá-las. Contudo, o resultado é pífio. Em 2003, concorri a presidente da Sociedade Brasileira para o Progresso da Ciência, a SBPC. Fiz toda a campanha pela rede, e foi um sucesso, dado o número de votos que obtive, disputando com um candidato que dispunha de farta rede de apoios e de um histórico respeitado.[2] Mas pretendi abrir um debate, numa página que criei na internet, e não veio nada. Mais tarde, tomei parte ou conhecimento de várias iniciativas na mesma direção, todas igualmente fracassadas.[3] O máximo que se consegue são seguidores. Parca é a discussão.

Insisto, com base no que antes discutimos: o determinante não é o momento do voto. É o processo em que se formula o que se vai votar. (Por isso, como já disse, na França de Napoleão o Tribunado, que debatia, era mais importante do que o Corpo Legislativo, que apenas votava.) Para que isso dê certo, a grande condição são debates ou pelo menos trocas de ideias. Estes, entretanto, não ocorrem. Leiam, na internet, os comentários a notícias de jornal: são lamentáveis. Umberto Eco tinha razão ao dizer que a internet liberou uma legião de imbecis. Ela é, acrescento, o espaço da *plebs* e não do *populus*, das paixões mais toscas e não de sua elaboração e refinamento. O ódio é um de seus grandes motores. Pode ser que isso se deva ao crescimento do ódio na política brasileira, mas também pode ser que o modo de uso das redes favoreça a junção dos que odeiam.

Tudo isso é facilitado pelo algoritmo do Facebook, a ferramenta que faz cada um ler somente o que é parecido com seu perfil. Um narcisismo gigantesco daí se espraia. O que vem para cada pessoa é similar ao que ela já postou. E dificilmente há alguma discussão que vá além da reiteração ou do insulto.

No entanto, se e quando conseguirmos utilizar a rede como veículo para um diálogo entre forças bem distintas, qualificadas, que se respeitem, ela poderá gerar coisa muito melhor do que já temos. Exemplifico e exorto.

O Brasil vive hoje uma de suas maiores crises. A economia despencou; é preciso relançá-la. A inclusão social parou, incompleta; é preciso retomá-la e completá-la. Nossa economia foi conduzida com certa irresponsabilidade, da qual o pior fruto foi o desastre de Mariana, com uma destruição enorme de vida humana, animal, vegetal em fins de 2015: devemos dizer, a isso, nunca mais. A sustentabilidade, antes de mais nada em termos ecológicos e de relações humanas, deve ser um *sine qua non* de qualquer projeto econômico. Ou seja, precisamos retomar o crescimento econômico, mas com sustentabilidade, para levar à conclusão a igualdade de oportunidades, que é o cerne mínimo da justiça social. Se algo de bom há na atual crise, é que ela nos expõe nossa cara, e que não sobra muita coisa a elogiar. Em suma, são três os pontos que é necessário unificar para construir um novo projeto, uma nova hegemonia no país: o crescimento econômico, o respeito à sustentabilidade, a meta de uma inclusão social que não se resuma no consumo, mas que inclua a educação como seu fator talvez principal.

Qual será o melhor meio para chegar a um novo projeto para o Brasil, senão a internet? Ela reduz enormemente a distância entre quem tem capital para montar uma estrutura de comunicação, com televisão, rádio, jornal, prédios, caminhões, e quem dispõe apenas de suas ideias e de uma conexão à rede. Continua havendo uma distância, sem dúvida. Porém não é mais o abismo que antes foi.

E some-se a isso que gradual mas irreversivelmente (espero) aumenta o peso da inteligência e baixa o da força bruta nas relações entre os humanos. Mulheres foram oprimidas por milênios, entre outras razões, porque eram fisicamente mais fracas do que os homens. Com a impressionante difusão das máquinas, nestes séculos mais recentes, a força física perdeu importância. Até no Irã, onde as mulheres são oprimidas por uma ideologia retrógrada, elas já são a maioria na universidade. Um dia essa bomba vai explodir. Deve ser duro uma mulher ter de se casar com um homem menos inteligente que ela e, pior, que obedecer a um estúpido. Mas as sementes da mudança germinam.

A inteligência, que anda vencendo a força bruta, reduzirá igualmente o peso da riqueza, do capital. Cada vez mais, por exemplo, se fala em capital humano, ou social. O termo pode ser feliz ou não, contudo indica que o dinheiro precisa cada vez mais da inteligência — que por sua vez se abre em leque, à medida que também se valoriza a inteligência emocional, conceito ainda impreciso, mas cuja alta é sinal de uma mudança profunda na sociedade.

Resta ver se, e como, esses fenômenos sociais vão atuar sobre a grande invenção tecnológica que é a internet e, por que não?, sobre seus frutos, as redes sociais. Muitos acreditam que basta a invenção para mudar o mundo. Mais correto é dizer que as invenções emplacam, e adquirem seu formato, conforme a sociedade é capaz ou não, ou de que modo é capaz, de dar-lhes uso, sustentação, vida. Se a internet hoje mais impulsiona o ódio do que o diálogo, é porque hipertrofia traços da sociedade atual. Mas, se conseguirmos fortalecer o diálogo, ela poderá ser uma ferramenta relevante para fazê-lo proliferar.

Conclusão
Um futuro desconhecido

Chegamos ao final deste livro. Principiei com a ideia de que existe uma "boa política", que se compõe de dois pares de opostos, república e democracia, liberalismo e socialismo. O segundo par é mais difícil de conciliar — é mais tenso —, mas, mesmo assim, sustento que não há boa política sem esses quatro ingredientes. A luta política democrática se dá dentro desse quadro. Uns podem querer mais iniciativa privada, outros mais políticas sociais; uns podem querer mais autocontrole, outros mais atendimento às demandas que vêm de baixo; porém tudo isso é necessário. Qualquer política que saia desse quadro é má política, muitas vezes derivando para algum preconceito.

Falei em inveja do tênis — isto é, na ideia de que os itens de consumo têm, na política atual e em especial naquela que vem dos de baixo, da multidão, uma importância que não podemos mais ignorar. Esse desejo de ter mais é um elemento forte da democracia, desde os gregos, cuja elite receava que os pobres, a multidão, expropriassem os ricos de seus bens. Defendi por isso que o consumo desempenha um papel relevante na democracia, sobretudo contemporânea, sendo ele um dos meios para que, tendo-se mais, se possa ser mais. Não entenderemos, no Brasil e no mundo, estes últimos anos de fortalecimento dos pobres e de redução da pobreza, se não pensarmos no caráter democrático do consumo. Ou seja, a oposição entre consumidor e cidadão, que ancorou parte significativa do pensamento dito crítico na segunda metade do século xx, se tornou menos válida. É possível pensar o consumo à luz da cidadania; reciprocamente, os direitos cidadãos incluem, cada vez mais, os direitos de consumo.

Incluem, mas não se reduzem a eles. O voto, por exemplo, não pode ser pensado como um item a mais que compramos ou não, que usamos ou não. Ou seja, o consumo não serve para pensar a coisa pública — e tudo o que é público: os bens, o espaço. O consumo é individual, individualista demais. A formação de uma coletividade exige uma limitação dos prazeres. Articular estes dois pontos, o desejo e a vontade — o elemento democrático de distribuição e o republicano de produção —, é particularmente complicado. Talvez seja um pouco mais difícil em sociedades do tipo da brasileira, em que o consumo dos mais pobres foi represado por tanto tempo; por isso, quando se torna viável, ele vem como uma enxurrada. E, o que é grave, investe-se pouco numa perspectiva sustentável de futuro, que fundaria a ascensão social na educação, em tudo o que forma a pessoa, o sujeito da ação. Por sinal, este pode ser um ponto em comum para inúmeras sociedades que tardaram a conhecer o mel, daí que se lambuzem. Pode ser também uma reação do mundo que foi colonial, tanto assim que esse tipo de conduta talvez apareça mais em países que conquistaram a independência no começo do século xix, como os da América Latina, e naqueles que foram colonizados na segunda metade do mesmo século, caso dos da África e de alguns países asiáticos. Há muitas possibilidades de explicação, assim como há diferentes estratégias de superação desses problemas. Vamos além: mesmo nos países mais ricos, o desejo de consumir objetos e até pessoas, que Zygmunt Bauman tanto estudou, encontra hoje poucas barreiras, salvo as éticas e algumas religiosas. O que afirmo não vale apenas para o Brasil.

Saber equilibrar, dosar, o fator democrático com suas demandas de baixo, que incluem o consumo, e o elemento republicano, com a contenção que ele exige, não é nada fácil. Mas é necessário. Falei na educação como um dos meios mais fortes para chegar a tanto. Isso porque o saber, como o conhecimento e a educação, tem grandes vantagens: custa cada vez mais barato; uma vez adquirido, assimilado, é difícil perdê-lo. Mesmo os conteúdos que esquecemos deixam suas marcas em nossa formação.

Tudo o que tem valor monetário está sujeito à acumulação, à depreciação, à perda. O conhecimento, menos, muito menos. Contudo, não há caminho já traçado para isso. Até porque a educação muda o tempo todo. Desde a década de 1990 até em torno de 2010, o exemplo oferecido aos países pobres era o das sociedades confucianas, como a Coreia do Sul, altamente disciplinadas; de lá para cá, um modelo completamente oposto, lúdico, libertário, nórdico tem vindo à luz. Seguramente este segundo paradigma está mais perto de nós.

A educação não é apenas formação de competências. É muito mais que isso. Em alguns países, ela vai de zero a 22 ou 23 anos, podendo se prolongar ainda uns anos sob o nome de pós-graduação. Um dia, que espero não demore, vamos considerar normal que um quarto do PIB vá para a educação, a cultura, a atividade física:* afinal, são elas que formam as pessoas, retardando a velhice

---

* No Brasil, oscila atualmente pelos 6%, a mesma porcentagem da Alemanha — só que o PIB *per capita* desse país é várias vezes maior que o nosso. Mas aumentar os recursos para a educação não pode decorrer de uma decisão voluntariosa, não sustentável, nem pode dispensar uma boa gestão desse dinheiro.

tanto física como a que se mostra na perda do gosto de viver. Falei em um quarto do PIB. Por quê? Porque, com uma expectativa de vida que está chegando à média de noventa anos, o período de educação regular cobrirá um quarto da vida. Sem contar a educação continuada, a cultura, o corpo, tudo o que se prolongará bem além dos vinte anos de idade. Um quarto do PIB talvez seja pouco, até.

A educação tem o condão de reduzir e um dia, quem sabe, destruir as desigualdades ancoradas na força bruta, na herança, no gênero, na cor da pele. Mas isso não significa que devamos, em cada parte do mundo, copiar o que deu certo no país-paradigma do momento, seja ele qual for. Minha expectativa, com este livro, é contribuir para debater novas formas sociais, novas políticas, novas formas de viver junto, a partir de uma ideia simples: os modelos de democracia vigentes, norte-atlânticos, por nobres e admiráveis que sejam, não são suficientes. Nem podem ser simplesmente transplantados para culturas tão diferentes como a nossa, como as nossas. Eles são apenas uma forma, dentre muitas, de articular desejos e vontade, democracia e república, direitos humanos e poder do povo, ética e política.

Temos que inventar melhor nossas democracias — que por sua vez poderão inspirar a melhora dos regimes norte-atlânticos, que também vivem suas crises. E uma crise é mundial: o descontentamento dos cidadãos com quem está no poder. Soluções precisam ser imaginadas, para que a democracia não morra cedo demais. As pessoas não gostam da corrupção, detestam o modo como os eleitos violam as promessas dadas, não se satisfazem com uma democracia confinada à forma de eleger governantes; querem que se democratizem o amor, a amizade, o trabalho. E a democracia, milhares de anos depois de Atenas, e pela primeira vez na história, abrange metade do mundo. Seria lamentável que morresse na praia. Será um fracasso civilizacional a democracia não continuar sua expansão — e esta não é apenas quantitativa, é conceitual. A democracia não cresce só em número, mas também em sentidos novos que, como um ímã, ela tem agregado. Nossa tarefa é concorrer para que continue esse crescimento das liberdades no mundo.

Esse crescimento, contudo, ocorrerá? Desde os anos 1980 o mundo surfou numa onda democrática. Caíram ditaduras no Leste europeu e na América do Sul, enquanto na África e na Ásia se ampliavam, também, as liberdades. É provável que hoje metade da população mundial, talvez um pouco mais, viva em países que respeitam as liberdades políticas — o direito de expressão, de organização, de voto — e as liberdades pessoais — o direito de escolher o parceiro, a religião, o trabalho e o lazer. Tudo indicava, até pouco tempo atrás — no Brasil, até 2015 —, que esse era o caminho a trilhar, que não haveria volta. Alternâncias no poder respeitariam princípios básicos, dos quais o mais evidente era o da inclusão social, que produziria igualdade de oportunidades — sendo significativo que um grande valor liberal, o da igualdade no ponto de partida, aqui foi e é visto como uma política de esquerda. No entanto, desde o trauma do impeachment, as políticas sociais sofreram um recuo visível, assim como o respeito ao resultado das eleições. (Sei que nem todos os meus leitores concordarão, mas pelo menos podem reconhecer que a sociedade brasileira saiu dessa crise bastante ferida.) Mais grave que isso é o fato de que, em meados de 2016, o Reino Unido decidiu deixar a União Europeia, a primeira defecção num projeto que garantiu a paz no Velho Continente por mais de setenta anos — algo nunca antes visto naquela parte do mundo. E ainda mais grave, a eleição nos Estados Unidos de um presidente que representa a repulsa tanto às liberdades políticas como às pessoais que acima distingui. (Mesmo aqueles que não concordem comigo quanto ao Brasil devem estar de acordo sobre os dois outros casos, de alcance geopolítico bem maior.)

Essa situação levanta uma pergunta: a democracia continuará avançando — ou terá chegado a seu limite? Ou, mesmo, estará recuando? Se prevalecer a primeira hipótese, o que estaremos vendo é o canto do cisne das políticas reacionárias. A crença em que a desigualdade é boa, o repúdio à libertação das mulheres, preconceitos de toda sorte, a homofobia e tantas outras fobias estarão chegando ao fim — mas não se mostram dispostas a entregar o troféu sem luta, mesmo que com isso coloquem muita coisa em risco. (Pela primeira vez em meio século, o risco de uma guerra nuclear pode voltar a nos preocupar.) Mas também pode ser que a democratização tenha terminado antes de completar seu trabalho. Várias razões pode haver para isso. Os ganhos na qualidade de vida podem ter levado muita gente a dizer: isso nos basta; ou pior: agora que chegamos lá, trancamos a porta para deixar os outros de fora. Pode ser um desinteresse pelos excluídos, pode ser uma vontade de manter a exclusão e pode até ser uma vontade das antigas minorias dominantes de devolver à pobreza ou à não cidadania os últimos que saíram delas. Pode ser que paremos por aí e não continuemos mais, pode ser que essa parada prenuncie e prepare um recuo. Pode ser que reste, das democracias, o que nelas era patrício, aristocrático: o mundo tal como era nos anos 1960.

Um recuo tão acentuado é difícil, por uma razão bem simples: o avanço dos costumes. É muito difícil fazê-los recuar. Por mais que a homofobia avance, dificilmente a população LGBT voltará para o armário. Ainda que o machismo continue dominante em nossa política e economia, será difícil manter só homens no poder, quando as mulheres se escolarizam cada vez mais. Mesmo que o preconceito étnico se fortaleça, será difícil descendentes de africanos e de indígenas aceitarem perder o que começaram a conquistar.

Mas vejam os argumentos que acabei de dar: o que impediria o recuo da democracia não seria o êxito da liberdade coletiva, do regime político; seria a mobilização em torno da liberdade pessoal, indivíduos querendo garantir os direitos que recém-adquiriram. A democracia política estará fraca? O que Benjamin Constant temia — que o avanço das liberdades individuais nos fizesse descuidar do regime político, da vida pública — continua nos ameaçando, dois séculos depois de sua conferência sobre a liberdade dos modernos? Será mais forte o apego de cada um ao que conseguiu do que a disposição de nos unirmos para construir uma bela casa comum, que chamaremos democracia?

Talvez tudo isso seja fruto de um mundo incompleto. Como afirmei várias vezes, a democracia não é apenas um regime político: é um regime social, um regime de vida. Dos regimes políticos, talvez seja o que efetua a maior mudança no ser humano — ou a melhor. Mas não basta eleger o governo; é preciso ter o respeito ao outro, a igualdade pelo menos de oportunidades e, finalmente, o ponto utópico que endosso, relações humanas melhores. Mencionei que Rousseau dizia que, nos países quentes, a primeira palavra a surgir foi *ame-me* (nos frios, teria sido *ajude-me*); a lógica da ajuda é poderosa; porém o que traz mais futuro é esse ame-me ou goste de mim.

Talvez a democracia, para se consolidar, precise ser calorosa: não precisamos amar os outros de paixão, mas me parece que é o único regime capaz, numa sociedade complexa, de intensificar os afetos positivos, de fazer deles bom uso político. Mandeville teorizou o capitalismo com muito êxito, ao propor canalizar os afetos negativos, como a ganância, para fazer dos vícios privados benefícios públicos; se soubermos fazer isso com os afetos que têm por modelo a amizade, iremos muito adiante dele. E talvez seja este o *decifra-me ou devoro-te* da democracia: ou lhe damos calor, ampliando-a, ou pode ser que ela pare e até mesmo recue.

Notas

INTRODUÇÃO [pp. 9-24]

1. Esses dois pares de opostos são fortemente explorados na Renascença: a meu ver, continuam válidos. Por um lado, o *otium* (o lazer qualificado, muito longe do atual entretenimento), que converge para a vida contemplativa (o conhecimento por excelência era a contemplação, não a intervenção sobre as coisas); por outro, o *negotium* (nada a ver com o *business*!), que está perto da vida ativa — que por sua vez é, antes de tudo, a ação sobre a vida coletiva, social. Tomemos a *Utopia*, de Thomas More: costumamos ler mais sua segunda parte, que trata do Estado "ideal", em que não haverá a propriedade privada, com seus males todos; mas é igualmente importante a primeira, em que se discute a fundo se o sábio deve atuar na política (vida ativa, *negotium*) ou se afastar do mundo para apenas *contemplar* as verdades (*otium*).
2. Uma forma de deterioração do intelectual foi a dos chamados "ideólogos" do Partido Comunista, em especial do principal, o soviético. Apesar das críticas de Marx à ideologia, praticamente se criou um cargo, no Partido Comunista da União Soviética (PCUS), que era o do ideólogo do Partido — que definiria as ideias, as linhas mestras. Obviamente, com isso, desaparecia qualquer autonomia intelectual.
3. Em janeiro de 2004, foi criado o Ministério do Desenvolvimento Social e Combate à Fome, que manteria o nome e sua autonomia até maio de 2016, quando perdeu o nome e a personalidade.
4. Descartes, *Discurso do método*, 6ª parte: "[Meus conhecimentos sobre a

física, ainda que modestos] me fizeram ver que é possível chegar a conhecimentos que sejam muito úteis para a vida, e que no lugar dessa filosofia especulativa, que ensinam os escolásticos, pode-se encontrar uma [filosofia] prática, pela qual, conhecendo a força e as ações do fogo, da água, do ar, dos astros, dos céus e de todos os demais corpos que nos rodeiam, tão distintamente quanto conhecemos os diversos ofícios de nossos artesãos, possamos empregá-los da mesma maneira para todos os usos aos quais convenham e, assim, tornarmo-nos como senhores e donos da Natureza (*comme maîtres et possesseurs de la Nature*)".

Quanto a Francis Bacon, em várias passagens do *Novum organon* ele expressa ideia próxima: "Pois o homem, devido ao pecado original (*fall*), decaiu ao mesmo tempo de seu estado de inocência e de seu domínio sobre a criação. Ambas essas perdas, porém, podem — mesmo no correr desta vida — ser de alguma forma reparadas: a primeira pela religião e pela fé, a segunda pelas artes e ciências". Para mais referências e um estudo sobre esse filósofo, ver: E. Montuschi, "Order of Man, Order of Nature: Francis Bacon's Idea of a 'Dominion' over Nature", in *Order: God's, Man's and Nature's*. Disponível em: <http://www.lse.ac.uk/CPNSS/research/concludedResearchProjects/orderProject/documents/Publications/MontuschiBacon.pdf>.

1. A BOA POLÍTICA [pp. 25-33]

1. Um exemplo na organização da pesquisa científica: quando fui diretor de avaliação da Coordenação de Aperfeiçoamento de Pessoal de Nível Superior (Capes), entre 2004 e 2008, constatei com minha equipe que, se levássemos longe demais a competição entre os doutorados pela melhor nota, ela se tornaria contraproducente. Eles não colaborariam entre si. Criamos então indicadores que, depois de hierarquizarem os cursos de forma competitiva, somente concediam as notas mais altas, 6 e 7, aos que praticassem efetiva cooperação com cursos menos bem avaliados. Expus essas medidas num congresso em Kassel, na Alemanha, sobre o futuro dos doutorados; um jovem americano, cujo nome infelizmente perdi, sugeriu o neologismo de *coopetição* para esse *mix* de critérios.
2. Ver *O afeto autoritário: Televisão, ética e democracia*. Cotia, SP: Ateliê, 2004.

2. DEMOCRACIA VERSUS REPÚBLICA: A QUESTÃO DO DESEJO NAS LUTAS SOCIAIS [pp. 34-47]

1. Essencialmente, este texto apareceu, com o título de "Democracia versus república", como introdução a *Pensar a República* (Belo Horizonte: Editora da

UFMG, 2000, pp. 13-25). Mais tarde, novas versões dele apareceram na revista da Unesco, em inglês (*Diogenes*, v. 51, n. 201, pp. 55-63, 2004), francês (*Diogène*, v. 201, pp. 59 ss., 2003) e chinês (v. 53, pp. 137-48, 2011). Impossível expressar minha satisfação ao vê-lo publicado em mandarim.

2. Ver *Ao leitor sem medo — Hobbes escrevendo contra o seu tempo* (São Paulo: Brasiliense, 1984, 1. ed., cap. 7, p. 223; Belo Horizonte: Editora da UFMG, 1999, 2. ed., p. 221), em que comento a passagem referida de Hobbes, em *Do cidadão* (São Paulo: Martins Fontes, 1992, cap. 1, p. 30).

3. Basta citar o art. 86, § 4º, da Constituição do Brasil, de 1988, que proíbe processos contra o presidente, durante o seu mandato, por crimes comuns não relacionados ao exercício de seu cargo, embora os autorize uma vez deixado o poder; ou a pendência judicial, nos Estados Unidos, em que o presidente Clinton alegou sua condição de comandante em chefe das Forças Armadas para tentar — em vão — interromper um processo movido contra ele em que se pedia indenização por suposto crime sexual.

4. Lembro um comentário do então governador do Distrito Federal, Cristovam Buarque, abrindo uma conferência que eu ia ministrar na Universidade de Brasília, no início da década de 1990: temos milhares de anos de despotismo, menos de duzentos de democracia. Nossa experiência com ela ainda está no começo.

5. Como um despotismo esclarecido, um Estado de direito aristocrático, ou ainda um governo populista e autoritário.

6. Peter Burke, em sua *A fabricação do rei: A construção da imagem pública de Luís XIV* (Rio de Janeiro: Jorge Zahar, 1994), introduz essa interessante diferença.

7. O príncipe ou tirano pode ser um ditador, mas também um líder carismático, ou, simplesmente, porém com igual eficácia, um pregador religioso ou um apresentador de televisão ou rádio. O essencial do que afirmo é que, no centro do que deveria ser uma democracia ampliada porque levasse em conta o desejo, se coloca um poder antidemocrático.

8. Frase de José Murilo de Carvalho, no debate sobre este texto, apresentado em seminário de um grupo de estudos sobre a república; as ilações são de minha responsabilidade.

9. Ponto levantado por Maria Alice Rezende de Carvalho, no mesmo grupo.

3. A INVEJA DO TÊNIS [pp. 48-53]

1. Falo há bastante tempo em inveja do tênis. Mas não escrevi nada mais longo sobre ela. Há parte aqui, parte ali. Retomei meu texto mais antigo a

respeito, que data de 1998, e o completei com observações que, na maior parte, são da mesma época.

2. Oscar Wilde, *O retrato de Dorian Gray*. Porto Alegre: L&PM, 2010, p. 107.

3. Stendhal, numa de suas *Crônicas italianas*, menciona uma princesa italiana do século XVIII, quase certamente fictícia, que dizia, saboreando um sorvete numa tarde muito quente: "Que pena que isso não seja um pecado!".

4. "Equilíbrio, equidade, eis os dois aspectos da lei de Deus. Ele nos mostra o primeiro aspecto no mundo da matéria e do corpo; Ele nos mostrará o segundo no mundo das almas."

5. OS DIREITOS HUMANOS AMEAÇAM A DEMOCRACIA? [pp. 56-71]

1. Uma das versões deste artigo apareceu, em inglês, no livro organizado por Candido Mendes e Enrique Larreta, *Ethics of the Future*, Rio de Janeiro: Unesco, International Social Science Council; Editora da Universidade Candido Mendes, 1998, pp. 555-75. Saiu em português em pequenas publicações duas vezes, mas em ambos os casos truncado, por falhas editoriais. Aqui, finalmente, ele é publicado como o quero — só que alterei muito o estilo, como alertei na Introdução, simplificando-o.

2. John Locke, Peter Laslett, *Locke: Two Treatises of Government*. Cambridge: Cambridge University Press, 1988, 3. ed.

3. Cf. W. Reich, *Psicologia de massas do fascismo* (São Paulo: Martins, 2001), e E. Fromm, *O medo à liberdade* (São Paulo: LTC, 1984).

4. Paul Veyne, "Os gregos conheceram a democracia?", revista *Diógenes*, UnB, 6 (1984). Benjamin Constant, "Da liberdade dos antigos comparada à dos modernos". Disponível em: <http://www.fafich.ufmg.br/~luarnaut/Constant_liberdade.pdf>.

5. Este tema é desenvolvido no artigo "Sobre o voto obrigatório", pp. 169-90.

6. Como observa, por exemplo, Celso Lafer, em seu *A reconstrução dos direitos humanos*. São Paulo: Companhia das Letras, 1988.

7. É essa, por exemplo, a crítica que lhe dirige Thomas Hobbes. Ver, por exemplo, o capítulo XX do *Leviatã*. Ver, de minha autoria, *A marca do Leviatã: Linguagem e poder em Hobbes*. Cotia: Ateliê, capítulo IV, 2003.

8. Em *Beantwortung der Frage: Was ist Aufklärung?*, 1784 [*Resposta à pergunta: "O que é o Iluminismo?"*. Trad. Artur Morão, s.d.]. Disponível em: <http://www.lusosofia.net/textos/kant_o_iluminismo_1784.pdf>.

9. "A democracia é a pior forma de governo, com a exceção de todas as

outras que foram experimentadas de tempos em tempos." Discurso na Câmara dos Comuns, em 11 de novembro de 1947.

10. Quem me falou dos dois manuais foi a então deputada Marta Suplicy, na década de 1990.

11. Claude Lévi-Strauss, *Tristes trópicos*. São Paulo: Companhia das Letras, 1996.

12. O assassinato de reputação é uma forma fácil de adquirir notoriedade e de ocupar as páginas da mídia.

6. A PERDA DO REFERENCIAL COMUM DA SOCIEDADE: O AVANÇO DOS PARTICULARISMOS [pp. 72-89]

1. Umberto Eco, *Apocalípticos e integrados*, lançado em 1965 na Itália. No Brasil, foi publicado pela Perspectiva, em 1968.

2. O texto-base deste artigo, em inglês, se chamou "The Loss of the Common Referential of Society: Koinonia and Particularisms" e foi incluído na obra organizada por Candido Mendes e Enrique Larreta, *Media and Social Perception*. Rio de Janeiro: Unesco, International Social Science Council; Editora da Universidade Candido Mendes, 1999, pp. 109-27.

Salvo quando expressamente indicado, todos os meus artigos escritos em outras línguas e publicados neste livro foram traduzidos por mim mesmo.

3. Sustento que a guerra civil na antiga Iugoslávia não se deveu a antigas rivalidades étnicas, e sim à insuficiência de recursos para dar conta de todas as demandas, situação sempre delicada, mas que, no caso, foi tratada a partir de identidades étnicas que foram tornadas hostis. Em vez de uma análise racional para a escassez, preferiu-se culpar um "outro", a quem se fazia a guerra.

Entendo que o conflito entre Israel e os palestinos somente será superado quando uma solução a um problema análogo se encontrar: não há um ódio secular entre os dois povos; quando os palestinos tiverem um futuro, não haverá mais motivos para um conflito do porte que temos visto; estarão dadas as bases para acabar com o terror de ambos os lados.

4. Reunidos em livro, com este título, em 1973. Copi era a assinatura do desenhista argentino Raúl Damonte Botana, falecido em Paris aos 48 anos, em 1987.

5. Rio de Janeiro: Difel, 2002. O original francês data de 1960.

6. Ver Gaines Post, "A Romano-Canonical Maxim, *Quod Omnes Tangit*, in Bracton". In: *Traditio*, v. IV, 1946, pp. 197-251. Ernst Kantorowicz retoma essa máxima em seu clássico *The King's Two Bodies — A Study in Mediaeval Political*

Theology. Princeton: Princeton University Press, 1957, passim. Também trabalhei essa questão em meu *Ao leitor sem medo — Hobbes escrevendo contra o seu tempo*. São Paulo: Brasiliense, 1984, especialmente capítulo v.

7. Art. 3º do Decreto-lei n. 4.657, de 4 de setembro de 1942 (ou Lei de Introdução ao Código Civil Brasileiro), cujo nome foi alterado, em 2010, para Lei de Introdução às Normas do Direito Brasileiro. Em francês, a expressão é mais forte e concisa: *"Nul n'est censé ignorer la loi"*, cuja tradução aproximada é "De ninguém se supõe que ignore a lei".

8. Ver Claude Lévi-Strauss, "A aula de escrita". In: *Tristes trópicos*. O antropólogo, nessa passagem, afirma que a alfabetização universal, na Europa de fins do século XIX, reforça o controle do Estado sobre a sociedade. Em sua leitura desse processo, ele diminui, pois, a ênfase que tradicionalmente se depõe numa democratização crescente da sociedade, para acentuar o oposto: um aumento do controle do Estado sobre a sociedade.

Em última análise, essa leitura remete ao que Tocqueville observava em *O antigo regime e a revolução*: em vez da interpretação histórica que acentua um corte em torno da Revolução Francesa, no sentido de uma crescente democratização do Estado e da sociedade, ele via uma continuidade de mais longa duração, marcando o crescente controle da sociedade pelo Estado. Mas, para sermos precisos, não podemos dizer que se trate de um controle sobre algo chamado "a sociedade" — pela simples razão de que esse algo não existia: a um só tempo "a sociedade" é constituída, congregando a pluralidade de grupos (ou as pelo menos três "ordens") que antes existiam, e "a sociedade" passa a ter como foco de decisão a soberania no interior do Estado, investida agora no povo soberano. Cf. meu artigo "História e soberania (de Hobbes à Revolução)". In: *A última razão dos reis — Ensaios sobre filosofia e política*. São Paulo: Companhia das Letras, 1993, pp. 97-119.

9. Criado em 1789, ele se torna diário oficial em 1799 e manterá essa condição, salvo alguns meses durante a Segunda Restauração, até 1869.

10. Charles de Brosses, *Le Président de Brosses en Italie: Lettres familières écrites d'Italie*. Disponível em: <http://gallica.bnf.fr/ark:/12148/bpt6k39895g>.

11. Presidente de uma das câmaras do Parlamento de Borgonha, que é, na verdade, um tribunal.

12. Grifo meu. Ver Stendhal, "La Comédie est impossible en 1836". In: *Mélanges*, v. II, edição do Cercle du Bibliophile das *Œuvres complètes*, Genebra, 1972, p. 271.

13. No francês: "Cela ose raisonner, et n'a même pas cent livres de rente".

14. Em sua conferência de abertura do congresso sobre o Iluminismo, em Münster, julho de 1994.

15. Ver Peter Burke, *A arte da conversação*. São Paulo: Editora Unesp, 1995.
16. D. F. McKenzie, "The Sociology of a Text: Oral Culture, Literacy and Print in Early New Zealand". In: PORTER, Roy; BURKE, Peter (Orgs.). *The Social History of Language*. Cambridge: The University Press, 1987.
17. Eric Hosbsawm, *A invenção das tradições*. São Paulo: Paz e Terra, 2012, 2. ed.
18. Refiro-me aos artigos, respectivamente, de Hugh Trevor Roper, sobre o *kilt*, e de David Cannadine, sobre os ritos da coroação inglesa, ambos publicados em *A invenção das tradições*.
19. Ver o artigo a esse respeito de Natalie Nougayrède em *Le Monde*, 10 abr. 1998, traduzido para o inglês no *Guardian Weekly*, 26 abr. 1998, p. 16, com o título "Much Disquiet in the Western Front".
20. Até aqui, as modificações que introduzi na versão original do presente artigo são quase todas apenas de estilo. Daqui em diante, há uma atualização do que foi escrito inicialmente, sem porém mudar nenhuma das ideias ou hipóteses que elaborei em 1999, as quais foram confirmadas pelo avanço da internet.
21. Os cadernos de classificados, por exemplo, só eram consultados havendo interesse: parcela ínfima dos leitores de determinado dia se debruçava sobre anúncios de carros ou de imóveis. Por isso mesmo, foram umas das primeiras vítimas da internet.

7. A ELEIÇÃO E A QUEIXA: REPRESENTAÇÃO FORTE E FRACA [pp. 90-103]

1. Este artigo está baseado, com muitas modificações, nos textos publicados em *O Estado de S. Paulo* e no último, veiculado na *Folha de S.Paulo*: 1) A queixa e a representação (22 abr. 1995, p. 2); 2) O Ocidente virou Cingapura (2 maio 1995, p. 2); 3) Representação forte e fraca (23 maio 1995, p. 2); 4) Parar a avenida Paulista? (24 jun. 1995, p. 2); 5) O fim neoliberal da política (publicado como "Um adeus à democracia" (caderno Mais!, 15 out. 1995, p. 3).
2. Não vamos esquecer que a Constituição outorgada por Pedro I, em 1824, se inspirava em ideias de Constant; e que o imperador detinha, além do poder moderador, o poder executivo, ainda que no Segundo Reinado este último tenha se convertido, com fraude eleitoral e tudo, em certo parlamentarismo.
3. Por outro lado, o caráter teatral da representação política tem sido uma constante em nossos trabalhos.
4. Como diz Hobbes no cap. XVI do *Leviatã*: "personificar é representar, seja a si mesmo ou a outro; e daquele que representa outro diz-se que é portador de sua pessoa, ou que age em seu nome (sentido usado por Cícero quando diz: *Unus*

sustineo tres Personas; Mei, Adversarii, et Judicis — Sou portador de três pessoas; eu mesmo, meu adversário e o juiz)".

5. A proclamação de George W. Bush como presidente dos Estados Unidos, após a eleição de 2000, é um caso em que a voz da minoria vale como a de todos. Ele perdeu no voto popular, mas também no colégio eleitoral — caso os votos da Flórida tivessem sido recontados, Al Gore teria a vitória nesse estado e venceria o pleito, como mais tarde comprovou o *New York Times* recorrendo a uma auditoria independente. Esse é um caso de fraude eleitoral, que enfraquece o caráter democrático de um regime, porém, de todo modo, é um exemplo de como o múltiplo e diverso se reduz a um.

6. Na Idade Média, os reinos europeus não costumam ter uma capital permanente; o poder se exerce em torno do rei, cuja corte pode muito bem ser itinerante. A consolidação de uma cidade, geralmente a maior do país, como capital é um dos sinais do advento da modernidade.

7. Ver Stephen D. White, *Sir Edward Coke and the Grievances of the Commonwealth, 1621-1628*. Chapel Hill: University of North Carolina Press, 1979.

8. Um exemplo extremo dessa exterioridade é enunciado por Carlos I, no cadafalso, em 30 de janeiro de 1649; suas últimas palavras incluem: "[Quanto ao povo], em verdade eu desejo sua liberdade tanto quanto qualquer outro a deseja; mas devo dizer-vos que a liberdade deles consiste em terem governo e leis pelas quais sua vida e seus bens possam ser tanto quanto possível seus. Não é terem parte no governo, senhores; isso em nada lhes diz respeito; *um súdito e um soberano são coisas bem diferentes*" (grifo meu).

9. O Brasil parece que deixou de ter fraudes significativas pelo menos desde a adoção da urna eletrônica. O México parece tê-las tido em 1988 e 2006, pelo menos. Os Estados Unidos viveram uma enorme fraude em 2000.

10. Montoro pertencia ao Partido do Movimento Democrático Brasileiro (PMDB), mas, pouco tempo depois, se tornou um dos fundadores do Partido da Social Democracia Brasileira (PSDB). Sua tese de democracia participativa não teve continuidade em nenhum desses dois partidos.

11. Na época estudaram-na, entre outros, José Álvaro Moisés e Maria Vitória Benevides, ambos pelo viés do PT.

12. Grifo meu.

13. Repito, sobretudo as de extrema esquerda, por vezes irritantes em seu irrealismo, mas que na verdade estão levando a sério o que foi dito e prometido sobre a democracia.

8. A DIREITA TEM OS MEIOS, A ESQUERDA, OS FINS [pp. 104-14]

1. Este artigo tem suas ideias centrais no artigo "O necessário diálogo que não acontece", em *O Estado de S. Paulo*, 10 abr. 1994, mas foram inúmeras as alterações no original.

2. No ano do impeachment de Dilma Rousseff, economistas de direita defenderam em jornais que houvesse políticas de inclusão social e de desenvolvimento, alertando, porém, que o lugar destas deveria ser no orçamento, entre as despesas; eram céticos quanto à chance de que essas políticas pudessem também inspirar a coleta de tributos.

3. Estou negando que aquilo que a pensadora conservadora Ayn Rand chamava de ética — o egoísmo ético e racional — mereça esse nome. O egoísmo (*selfishness*) pode ter suas qualidades, se devidamente iluminado, mas não vejo como a afirmação de si possa ser valorizada como ética.

4. Nos dias 27 de janeiro, 3 e 10 de fevereiro de 2014, publiquei no *Valor Econômico* uma série de três artigos, intitulados "A inclusão social pelo consumo", "A inclusão social pela educação" e "A inclusão social pela cultura", tratando destes pontos: forte, a primeira inclusão, fracas as outras. (Não me refiro aos gastos nas respectivas áreas, nem deprecio os esforços em educação e cultura dos governos Lula e Dilma: apenas observo que no "projeto de país" efetivamente adotado o consumo teve papel nitidamente superior ao da educação e da cultura.)

5. Ver o nosso *A sociedade contra o social — O alto custo da vida pública no Brasil*. São Paulo: Companhia das Letras, 2000.

6. Lembrando a frase de autor ignorado: "Kant na sua ética tem as mãos limpas, mas o problema é que não tem mãos".

9. COMO O PT PERDEU A IMAGEM ÉTICA [pp. 115-22]

1. O fato de um quarto da população deixar a miséria ou a alta pobreza em apenas cinco anos — como se vê no artigo "O Brasil e a democracia de protesto", pp. 218-51 — não deve ter comparação no mundo, exceto em situações de angústia pós-guerra. A China, o país que mais incluiu pessoas no mundo, com as medidas de Deng Xiaoping, *não* incluiu um quarto de sua população num único quinquênio.

2. Entrevista publicada em *Rolling Stone Brasil*, n. 10, jul. 2007, p. 96.

3. Por república não entendo um governo que tem um presidente em vez de um rei, mas um regime no qual a *res publica*, o bem comum, é valorizado acima da coisa privada — um regime no qual a apropriação privada do bem público

é ilegal. Monarquias europeias têm espírito republicano, enquanto muitos países com presidente da República não passam de despotismos.

4. Do qual ela estava incumbindo a Controladoria-Geral da União e o Ministério da Justiça.

5. Meu assessor Alexey Dodsworth estava incumbido dessa tarefa, mas teve que acudir a tantas emergências que não foi possível fazermos tudo o que queríamos.

10. PODE EXISTIR UMA UTOPIA PÓS-MODERNA? [pp. 123-39]

1. Versão original publicada em Juremir Machado da Silva (Org.), *Metamorfoses da cultura contemporânea*. Porto Alegre: Sulina, 2006, pp. 146-58.

2. Morus começa a escrever a obra pela segunda parte, que é onde descreve a suposta ilha de Utopia — quando está em Flandres, em 1515. Completa-a ao regressar à Inglaterra, acrescentando-lhe uma primeira parte, que é uma longa discussão sobre o que chamaríamos hoje a relação entre o intelectual e a política, ou, como se diria na época, o *otium* e o *negotium*. A obra é concluída e publicada em 1516.

3. Maquiavel faz circular seu manuscrito *De principatibus* desde 1513, mas a obra não será impressa antes de 1532, ou seja, cinco anos após a morte do autor.

4. Provavelmente essa mudança de leitura data da "Nota sobre Maquiavel" que Merleau-Ponty escreveu em 1957 e se encontra em seu livro *Signes* [trad. bras.: *Signos*. São Paulo: Martins Fontes, 1991]. Do lado liberal, também Isaiah Berlin rompe com a representação tradicional de Maquiavel — ver sua "Introdução a Machiavelli", que serve de prefácio à edição de *O príncipe* pela Ediouro (trad.: Lívio Xavier, São Paulo, 1999).

Seria possível considerar já o livro de Max Weber *Ciência e política: Duas vocações* (São Paulo: Cultrix, 2004) indicativo dessa nova abordagem do filósofo florentino, não fosse o fato de que Weber menciona *O príncipe* para compará-lo ao clássico hindu *Arthashastra*, ou seja: ele ainda assume a visão convencional que condena o maquiavelismo.

Em suma, Weber não percebe que, ao falar da vocação do político, está entendendo Maquiavel melhor do que ele próprio imagina...

5. Severo Sarduy, *Escrito sobre um corpo*. São Paulo: Perspectiva, 1979.

6. Sérgio Buarque de Holanda, *Raízes do Brasil*. São Paulo: Companhia das Letras, 2015.

7. Como ela narra em *La Force des choses* (1963).

8. Lionel Jospin retomou essa proposta em leis votadas nos anos de 1998 e 2000, mas em 2007 a média de trabalho por semana na França era superior a 38

horas, acima da média da Zona do Euro. *Alternatives économiques, hors-série,* 2º trimestre de 2007.

9. Esquerdas e comunismo não se devem confundir. As esquerdas não comunistas respeitam a democracia. Podem ter sido — e ser — menos radicais que os regimes comunistas, ao não extinguir a propriedade privada dos meios de produção, mas mostraram um compromisso forte não só com a dimensão social da democracia, como também com sua dimensão propriamente política.

10. René Dumont, *Cuba est-il socialiste?*. Paris: Éditions du Seuil, 1970.

11. Obviamente uma regra de três mostra que alguma redução no salário poderia ocorrer. Porém, ela seria compensada por uma série de fatores, como a diminuição do desemprego, de gastos com saúde e ainda o aumento da economia do lazer. Eventual redução — que, se seguisse o cálculo de Semler quanto à produção, não passaria de 9%, para uma diminuição em 20% da jornada de trabalho — seria superada dentro de um prazo curto.

12. Vejam as palavras finais de *Édipo rei*, de Sófocles, na tradução de Domingos Paschoal Cegalla: "Habitantes de Tebas, minha Pátria! Vede este Édipo, que decifrou os famosos enigmas! Deste homem, tão poderoso, quem não sentirá inveja? No entanto, em que torrente de desgraças se precipitou! Assim, *não consideremos feliz nenhum ser humano, enquanto ele não tiver atingido, sem sofrer os golpes da fatalidade, o termo de sua vida*" (grifo meu).

Essa passagem desperta dois comentários. Primeiro: somente depois de encerrada a vida é que se pode dizer qual projeto, ou melhor, quais projetos ela seguiu.

Segundo, mais ou menos o inverso do primeiro: uma vida tem distintas fases. O fim da vida — a morte — não tem o privilégio epistemológico de dizer "a" verdade dessa vida inteira. Não desqualifica o Édipo que foi íntegro enquanto filho que acreditava ser dos reis de Corinto, ou quando libertou Tebas da Esfinge, ou enquanto foi marido de Jocasta, ou mesmo em seu tempo trágico do *Édipo rei*, para não esquecer ainda a redenção final obtida em *Édipo em Colona*. O fim trágico (que nem é fim, se lembrarmos que à tragédia do *Rei* se segue o final em *Colona*) não aniquila os tempos passados.

13. "Hedonismo", para mim, não tem conotação negativa.

14. Daí a importância de Foucault para pensar essa situação: o poder disciplinar.

15. "[A] divisão do trabalho nos oferece de pronto o primeiro exemplo de que, enquanto os homens se encontram na sociedade natural e, portanto, enquanto há a separação entre interesse particular e interesse comum, enquanto a atividade, por consequência, está dividida não de forma voluntária, mas de forma natural, a própria ação do homem torna-se um poder que lhe é estranho e que a ele é contraposto, um poder que subjuga o homem em vez de por este ser

dominado. Logo que o trabalho começa a ser distribuído, cada um passa a ter um campo de atividade exclusivo e determinado, que lhe é imposto e ao qual não pode escapar; o indivíduo é caçador, pescador, pastor ou crítico, e assim deve permanecer se não quiser perder seu meio de vida — ao passo que, na sociedade comunista, onde cada um não tem um campo de atividade exclusivo, mas pode aperfeiçoar-se em todos os ramos que lhe agradam, a sociedade regula a produção geral e me confere, assim, a possibilidade de hoje fazer isto, amanhã aquilo, de caçar pela manhã, pescar à tarde, à noite dedicar-me à criação de gado, criticar após o jantar, exatamente de acordo com a minha vontade, sem que eu jamais me torne caçador, pescador, pastor ou crítico". *A ideologia alemã*, capítulo I, pp. 37-8. Trad.: Rubens Enderle, Nélio Schneider e Luciano Cavini Martorano. São Paulo: Boitempo, 2007.

11. DEMOCRACIA, COMPAIXÃO, REPÚBLICA, OU ATENAS FOI MELHOR QUE ROMA? [pp. 140-50]

1. Para este livro, dividi em dois o artigo, originalmente escrito em francês, "Est-ce qu'une politique peut être non démocratique?". In: MENDES, Candido (Org.). *The Democratic Imaginary in the Era of Globalization*. Rio de Janeiro: Educam, 2011, pp. 307-48.
2. *Democracia antiga e moderna*. Rio de Janeiro: Graal, 1988.
3. *História da guerra do Peloponeso*, livro V, caps. 85-113, pp. 347-53. Brasília: Editora Universidade de Brasília, 2001.
4. Na *Genealogia da moral*, especialmente a segunda dissertação.
5. Ver em particular *O processo civilizador*. Rio de Janeiro: Jorge Zahar, 1994.
6. No *Juramento dos Horácios*, de 1785.
7. Renato Janine Ribeiro, *A democracia*. São Paulo: Publifolha, 2001.
8. É a tese de Youri Droujnikov, autor de *Mouchard 001, ou L'Assomption de Pavlik Morozov*, publicado em Londres (1987) e na Rússia após a queda do comunismo.
9. A escolha é efetuada pela Associação dos Prefeitos da França (AMF). Bardot foi a eleita de 1968, Catherine Deneuve, a de 1985, e Laetitia Casta, a de 2000. A ideia é que as esculturas de mármore da escolhida se difundam pelas prefeituras e escolas do país, durante vários anos.
10. Não só, mas há.
11. Em seu artigo "Citizenship and Social Class", publicado em *Citizenship and Social Class and Other Essays*. Cambridge: Cambridge University Press, 1950.

12. PODE HAVER POLÍTICA QUE NÃO SEJA DEMOCRÁTICA? [pp. 151-68]

1. A outra parte do artigo "Est-ce qu'une politique peut être non démocratique?". In: MENDES, Candido (Org.). *The Democratic Imaginary in the Era of Globalization*. Rio de Janeiro: Educam, 2011, pp. 307-48.

2. Ernesto Geisel, ditador do Brasil (1974-79), dizia que tínhamos uma "democracia relativa". Os regimes comunistas se declaravam "democracias populares".

3. Discurso no encouraçado *Minas Gerais*, a 11 de junho de 1940, por ocasião da queda da França.

4. Toda a discussão no seio do regime militar brasileiro, quando seus líderes se deram conta de que não tinham mais como manter a ditadura, ocorreu em torno das "*salvaguardas*" que eles queriam incluir na Constituição para proteger o Estado contra a democracia — essencialmente, um conjunto de medidas de exceção, várias das quais não precisariam de aval parlamentar.

5. Há vários livros com esse nome; somente o historiador americano Robert Cowley escreveu três.

6. Em inglês *11/22/63* — ou seja, a data do assassinato de John Kennedy. A tradução brasileira recebeu como título *Novembro de 63*. Trad. de Maria Beatriz de Medina. São Paulo: Suma de Letras, 2013.

7. Talvez se possa dizer o mesmo dos outros regimes. Mas o tempo não tinha, antigamente, a velocidade que adquiriu em nossa época. Os acontecimentos seriam mais repetitivos. A novidade não constituía um valor; ao contrário: inspirava desconfiança. E essa atitude não era monopólio dos que hoje chamaríamos de "conservadores": no século XVII, os ingleses protestavam contra os primeiros reis Stuart que, querendo ampliar seu poder à custa dos Comuns, introduziam "perigosas inovações" na Constituição não escrita do reino.

8. Por essa época o Parlamento já tinha dois séculos de existência. Em contraste com seus homólogos continentais, como os Estados-Gerais franceses, apresentava a vantagem de ser a única assembleia eleita à qual cabia aprovar ou recusar impostos.

9. Ver seu *A History of Political Thought: The Middle Ages* (1965), republicado em 1972 como *Medieval Political Thought*. Harmondsworth: Penguin, 1965.

10. Jean-Pierre Vernant, *As origens do pensamento grego*. 7. ed. Rio de Janeiro: Difel, 2002.

11. Giuseppe Tomasi di Lampedusa, *O leopardo*. São Paulo: Companhia das Letras, 2017.

13. SOBRE O VOTO OBRIGATÓRIO [pp. 169-90]

1. Versão original publicada em BENEVIDES, Maria Victoria; VANNUCHI, Paulo; KERCHE, Fábio (Orgs.). *Reforma política e cidadania*. São Paulo: Instituto Cidadania e Fundação Perseu Abramo, 2003, pp. 162-81.

2. Na Itália, não há punição para quem não vota. Em compensação, em Luxemburgo a multa pode chegar a mil euros.

3. Quando este artigo teve sua versão original, em 2002-3, eram apenas o Partido Verde e o Partido Federalista, sendo que este último nem sequer constava entre os 29 partidos com existência legal, segundo o site do Tribunal Superior Eleitoral (TSE), consultado em 24 de fevereiro de 2003 (pesquisa realizada e artigo escrito em 2002-3).

4. Não encontrei fonte confiável, mas a maior parte das referências encontrada na internet remete a ele, o poderoso governador de Minas Gerais de 1933 a 1945.

5. Um prefeito interino de São Paulo, pelo PMDB — o primeiro a não ser nomeado pela ditadura, em começos de 1983, e que só exerceu o cargo por um ou dois meses —, foi entrevistado na televisão sobre o que fazer diante das enchentes que alagavam a cidade. A resposta dele, Altino Lima: mandar o socorro (uma ambulância, bombeiros) a cada lugar afetado. Não definiu nenhuma política abrangente: só casos.

6. Quando o ditador João Figueiredo foi operado do coração, divulgou-se uma mensagem desejando-lhe sucesso, assinada pelos "amigos do peito" do presidente. Embora a intenção pudesse ser humana, unindo coração e peito, a imagem de que a ditadura favorecia os amigos fez a publicidade ter o efeito contrário ao desejado.

7. Na França, de todos os países do mundo aquele que tem a convicção republicana mais sólida e que a construiu com base na educação universal e obrigatória, o debate sobre o direito de muçulmanas integristas portarem um véu só faz sentido dentro dessa preocupação.

Uma coisa é uma pessoa adulta decidir a fé de sua preferência. Outra é a família impedir o educando de se expor a um elenco mínimo (na verdade, bastante rico) de elementos que o capacitem a captar a diversidade do mundo e a efetuar, depois, suas escolhas pessoais.

8. Refiro-me ao *De laudibus legum Angliæ* [Apologia das leis inglesas], redigido provavelmente no final da vida de Sir John Fortescue, que faleceu em 1479.

9. "L'infanterie [...] épouvantée [...] surtout de la mort des cavaliers qu'elle voyait tomber sans apercevoir ceux qui les frappaient..." *Vies des grands capitaines français du Moyen Âge*, v. 3, capítulo sobre Jacques de la Marche, p. 133.

10. Em artigo de 20 de dezembro de 1993, na segunda página de *O Estado de S. Paulo*. Algumas das ideias que se seguem eu publiquei pela primeira vez numa crítica a seu artigo, no mesmo local ("Sobre o voto obrigatório", 10 jan. 1994).

11. Mario Vargas Llosa sustentou essa posição ao comentar as eleições da Argélia, em 1991, das quais saiu vitoriosa a Frente Islâmica de Salvação (FIS), cujo projeto era contrário aos valores democráticos básicos. Entendo que foi errado o governo argelino fazer o que fez — ele deu um golpe de Estado, perseguiu a FIS e iniciou uma guerra civil atroz —, mas discordo de Vargas Llosa, porque o conceito de democracia deve incluir "cláusulas pétreas", a começar pelos direitos humanos. A democracia não pode abolir a democracia.

12. Outras soluções dependem, porém, do modelo de voto que se adote. Uma eleição proporcional torna mais problemático o debate entre os candidatos a deputado federal e estadual, porque eles são muitos. Uma eleição distrital facilita esse confronto entre rivais diretos. Na vereança, é menos necessária a distritalização. Na disputa do Senado, os candidatos são poucos e há, ou pode haver, debates.

14. O MILITANTE MODERNO E O CIDADÃO ROMANO [pp. 191-9]

1. Publicado na revista *Teoria e Debate*, n. 10, abr.-maio-jun. 1990. Disponível, entre outros links, em: <http://www.teoriaedebate.org.br/?q=materias/politica/custo-e-beneficio-o-bolchevista-e-o-cidadao-romano-ajuste-de-contas>.

2. A esse respeito o melhor livro talvez seja *As origens do pensamento grego*, de Vernant, já mencionado.

3. Montesquieu, *O espírito das leis*. Trad. de Cristina Murachco. Apres. de Renato Janine Ribeiro. São Paulo: Martins Fontes, 2000.

15. OS PERIGOS DO UNIVERSAL [pp. 200-11]

1. Publicado no número 10 da revista *Teoria e Debate*, em 1990. Disponível, sem a introdução acima, em: <http://www.teoriaedebate.org.br/materias/mundo-do-trabalho/os-perigos-do-universal>. Aqui, acrescentei notas e modifiquei passagens.

2. Luiza Erundina, eleita pelo PT em 1988, tomou posse em 1º de janeiro do ano seguinte.

3. *O Estado de S. Paulo*, 16 fev. 1990, p. 3.

4. Paulo Maluf foi governador indireto de São Paulo na ditadura. De todas as dezenas de governadores que assumiram seus cargos sem o voto popular,

porém, ele é o único que não pode dizer-se nomeado, porque conquistou a indicação pelo partido da ditadura na convenção, contra o nome de agrado do ditador Ernesto Geisel.

Partido Democrático Social foi o nome da agremiação sucessora da Arena, que, como ela, sustentou o regime de exceção. Maluf angariou a simpatia dos deputados federais do PDS, em vários estados, adotando entre outros o hábito de mandar flores a suas esposas quando faziam aniversário; essa prática foi uma das que lhe trouxeram a indicação a candidato daquele partido à eleição indireta de 1985, na qual acabou derrotado por Tancredo Neves, candidato da oposição. (Nota de 2016.)

5. Nilo Batista, o advogado que sucedeu a Leonel Brizola no governo do estado do Rio de Janeiro, teve uma discussão — que saiu na íntegra nos jornais — com seu secretariado a respeito, isso nos anos 1990. As finanças públicas estavam ruins, e foi sugerido que o setor privado ajudasse o estado, por exemplo, consertando carros da polícia que não circulavam em decorrência de defeitos. O governador respondeu que um caso como esse daria ao mecânico condições de depois pedir complacência para com um filho que fosse preso guiando sem habilitação. (Nota de 2016.)

6. A dialética marxista não é igual à hegeliana; ver Louis Althusser, *A favor de Marx*. Rio de Janeiro: Zahar, 1979 (inicialmente traduzido como *Análise crítica da teoria marxista*, quando vigorava o AI 5). Sobre o progressismo dialético, ver as críticas de Gérard Lebrun *O avesso da dialética*. São Paulo: Companhia das Letras, 1988. Para Lebrun, contudo, esse "progressismo" *não* é um elogio...

7. Georg Lukács, *História e consciência de classe: Estudos sobre a dialética marxista*. Trad. de Maria Ermantina de Almeida Prado. São Paulo: WMF Martins Fontes, 2012.

8. Falei em "nobre" e "burguês", mas não se entenda que esses nomes designem qualquer indivíduo dessas classes, que podem ser exceção, e sim as próprias classes enquanto capazes, ou não, de agir e conhecer. O mesmo vale para as demais classes.

9. Em 1887, houve um incidente na fronteira franco-germânica, e o Exército francês queria utilizá-lo para ameaçar a Alemanha. No entanto, graças aos governantes civis de ambos os lados, chegou-se a uma solução sem gerar uma nova guerra. Esse episódio, o "caso Schnaebelé", levou Clemenceau a dizer: "La guerre? C'est une chose trop grave pour la confier à des militaires".

10. Ver a célebre crítica de Lênin ao movimento operário, que por si só — sem o partido e a "consciência vinda de fora" — inevitavelmente cairia nas reivindicações apenas sindicais, reformistas, perdendo a perspectiva da revolução.

11. Descrevi o caráter autoritário desse intérprete em *Ao leitor sem medo* — *Hobbes escrevendo contra o seu tempo*, capítulo 5, no fim.

16. CORRUPÇÃO ANTIGA, MODERNA E PÓS-MODERNA [pp. 212-7]

1. Publicado inicialmente com o título de "Financiamento de campanha (público versus privado)". Do texto inicial, um verbete para *Reforma política no Brasil*, org. Leonardo Avritzer e Fatima Anastasia, Belo Horizonte: Editora da UFMG, 2006, pp. 77-81, conservei o que trata da corrupção.

2. Nada contra. Mas o risco é que se fique apenas nas medidas a tomar ou evitar, lidando com as ações e não com as pessoas, fazendo algum tipo de polícia e não de educação.

3. Cf., além do texto já citado de Benjamin Constant sobre a liberdade dos antigos, Isaiah Berlin, *Quatro ensaios sobre a liberdade* (Brasília: Editora da Universidade de Brasília, 1981).

Berlin distingue duas liberdades, a liberdade *to*, em inglês, a liberdade para fazer alguma coisa, e a liberdade *from*, a liberdade na qual se está livre da tutela alheia. É difícil traduzir em português, porque tendemos a verter as duas preposições, *to* e *from*, para "de". Um exemplo fácil seria: a independência do Brasil é liberdade de (*from*) Portugal, porque não dependemos mais daquele país, e é liberdade para (*to*) decidirmos nossas próprias coisas.

Para Berlin, a liberdade *from* é mais importante: se você for livre do governo para resolver o máximo de coisas possível, será bom.

17. O BRASIL E A DEMOCRACIA DE PROTESTO [pp. 218-51]

1. Versão de artigo redigido para a 27ª Conferência da Academia da Latinidade, realizada em Kuala Lumpur, Malásia, de 8 a 10 de janeiro de 2014. O original inglês foi publicado e está disponível em <http://alati.com.br/pdf/2014/malaysia/parte-6_-_Renato-Janine-Ribeiro.pdf>. Traduzido por Lilian Escorel, saiu em português na revista MATRIZes, com o título acima, em seu v. 8, n. 1, jan.-jun. 2014, pp. 93-117. Disponível em: <http://www.revistas.usp.br/matrizes/article/viewFile/82933/85969>. Como sempre, alterei, mas substancialmente apenas no final.

2. É difícil pensar sobre 1968 e seus avatares sem ficar em dívida com Edgar Morin e Alain Touraine, que estão entre os primeiros a apreender a novidade do fenômeno. Embora meu tema resida no inverno brasileiro de 2013, e não na

primavera parisiense de 1968, gostaria de citar o "Mai 68: complexité et ambiguité" de Morin ("toda explicação que elimina a *surpresa* e a incongruência do acontecimento é uma interpretação que elimina a informação que ele desejava nos trazer", meu itálico, vocês verão depois por quê; publicado em *Pouvoirs*. E também Touraine ("Maio de 68 não foi um movimento político nem social. Foi um movimento cultural dominado pelo tema da liberalização da juventude, não apenas em sua sexualidade, mas em todos os aspectos de sua vida. Isso, na época, era algo muito inédito, que deparou com uma resistência forte. Somente hoje em dia, em minha opinião, se reconhece um pouco da importância histórica, no sentido de premonição de 1968, que anunciou coisas que viriam a ter mais importância no futuro"; publicado como entrevista). Disponíveis, respectivamente, em: <http://www.revue-pouvoirs.fr/Mai-68-complexite-et-ambiguite.html> e <http://www.ihuonline.unisinos.br/index.php?option=com_content&view=article&id=1616&secao=250>.

    3. Nova classe C transforma pirâmide social em "losango". *IstoÉ Dinheiro*, 22 mar. 2011. Disponível em: <http://www.istoedinheiro.com.br/noticias/52423_NOVA+CLASSE+C+TRANSFORMA+PIRAMIDE+SOCIAL+EM+LOSANGO>.

    4. Ver "Popularidade de Lula bate recorde e chega a 87%, diz Ibope" (2010) e "Popularidade de Lula é recorde mundial, diz CNT/Sensus" (2010). Disponíveis em: <http://g1.globo.com/politica/noticia/2010/12/popularidade-de-lula-bate-recorde-e-chega-87-diz-ibope.html> e <http://noticias.uol.com.br/politica/ultimas-noticias/2010/12/29/popularidade-de-lula-e-recorde-mundial-diz-cnt-sensus.htm>

    5. Ver "Retomar a [avenida] Paulista". *Folha de S.Paulo*, 13 jun. 2013. Disponível em: <http://www1.folha.uol.com.br/fsp/opiniao/113690-retomar-a-paulista.shtml>. Curiosamente, um de meus artigos sobre o tema da representação fraca e forte se chamava, na década de 1990, "Parar a avenida Paulista?".

    6. Já a violência contra os pobres, sobretudo nas favelas ou cortiços, não desperta grau comparável de repúdio.

    7. MARX, Karl. *The Eighteenth Brumaire of Louis Bonaparte*. Marx/Engels Internet Archive, 2010 [1852]. Disponível em: <http://www.marxists.org/archive/marx/works/download/pdf/18th-Brumaire.pdf>.

    8. Eventos como esse, sem dúvida, não se ajustam ao paradigma hegeliano-marxista de necessidade em História; mas também não se adaptam às principais correntes nas ciências sociais, mesmo aquelas inspiradas por autores bem distantes da esquerda.

    9. Como disse acima, este artigo foi traduzido de seu original inglês.

    10. O paradoxo é que nessa peça musical, à primeira vista, *nada* acontece...

11. O mote do Fórum de Porto Alegre contra o neoliberalismo.

12. "O relógio". Poema integral: "Diante de coisa tão doida/ Conservemo-nos serenos// Cada minuto da vida/ Nunca é mais, é sempre menos// Ser é apenas uma face/ Do não ser, e não do ser// Desde o instante em que se nasce/ Já se começa a morrer".

13. Num dos primeiros artigos que escrevi, "As tribulações dos chineses na China", referindo-me ao filme de Antonioni, comentei: "Numa fábrica, ficamos sabendo que depois do trabalho diário há discussões políticas. Quando o Espírito Fílmico [usei essa expressão porque há uma voz *off* que não se identifica, mas relata cada passo do que acontece] acaba de anunciar isso, as bocas de homens e mulheres abrem-se numa gostosa risada. O que discutiam, por que riem? nunca saberemos. [...] Em nome da poesia, em nome do progresso, o artista [Antonioni] e o comissário [a imprensa oficial chinesa, que acusou o cineasta de denegrir a revolução] não conseguem satisfazer a nossa curiosidade: como é possível rir em política?" (*Discurso*, v. 5, n. 6, 1975, p. 227 e 232). Disponível em: <http://www.revistas.usp.br/discurso/article/view/37788/40515>.

14. Lembremos que este artigo foi escrito em 2013.

15. Em meu artigo "A utopia lírica de Chico Buarque de Holanda", sugiro que as palavras "carnaval" e "samba", que aparecem em muitas de suas músicas, podem ser lidas como metáforas de uma grande e alegre mudança social, tal como uma revolução. Isso é conceber o Carnaval como o *contrário* de uma catarse. "A utopia lírica de Chico Buarque de Holanda". In: CAVALCANTI, Berenice; STARLING, Heloisa Maria Murgel; EISENBERG, José Cavalcante (Orgs.).*Decantando a República*, v. 1. Rio de Janeiro; São Paulo: Nova Fronteira; Fundação Perseu Abramo, pp. 149-68, 2004.

16. "Confidência do itabirano", poema de Carlos Drummond de Andrade, em *Sentimento do mundo* (São Paulo: Companhia das Letras, 2012).

17. Quando estava terminando este artigo, um jovem me disse, num debate sobre os recentes movimentos no Brasil, em 5 de setembro de 2013: "Você viveu a ditadura e deve estar feliz agora porque goza hoje de mais liberdade do que naquele tempo; mas eu não vi os militares governarem nosso país; o que sinto e repudio é a ditadura das grandes corporações". Instituto Ethos, painel de debate *O que dizem as ruas e o que as empresas têm a ver com isso?*

18. Fernando Henrique Cardoso, "O papel da oposição". *Interesse Nacional*, ano 4, n. 13, abr.-jun. 2011. Disponível em: < http://interessenacional.com/index.php/edicoes-revista/o-papel-da-oposicao/>.

19. Para dar um exemplo: no último mês antes da eleição presidencial, em 2010, o candidato da oposição José Serra propôs aumentar o valor do Bolsa Família e incluir mais cidadãos entre os seus beneficiários. Vamos supor, por um

momento, que o governo da situação decidisse adotar tais medidas antes das eleições, numa tentativa de desmobilizar o apoio popular que o outro candidato esperava assim conseguir. Um passo como esse seria provavelmente considerado antiético e até mesmo uma medida ilegal para afetar as eleições, e o Supremo Tribunal agiria contra ele. No entanto, a medida não seria muito diferente em sua natureza da adoção do Plano Real a apenas três meses das eleições, em 1994. A diferença reside na oportunidade, no contexto. Em situações ditas excepcionais, aceita-se a exceção.

20. Ver "ONU: Atlas Brasil 2013 mostra redução de disparidades entre norte e sul nas últimas duas décadas", no site das Nações Unidas no Brasil (2013). Site ONU Brasil. Disponível em: <http://www.onu.org.br/onu-atlas-brasil-2013-mostra-reducao-de-disparidades-entre-norte-e-sul-nas-ultimas-duas-decadas/>.

21. Cito Sebastião Nery: "No golpe de novembro de 1937, Mendes Pimentel, diretor da Faculdade de Direito de Minas e jurista ilustre, telegrafou a Francisco Campos, propondo que, em lugar da 'Polaca' (a Constituição por ele fabricada à imagem e semelhança da Constituição fascista polonesa), bastava o ditador Getúlio assinar um decreto de dois artigos:

'Art. 1º – Fica revogada a lei que aboliu a escravatura no Brasil.

Art. 2º – Os brancos passam a ser também escravos'".

(Disponível em: <http://gazetaweb.globo.com/gazetadealagoas/editoria. php?c=207896>, coluna Sebastião Nery).

22. Em "Die Frage nach der Technik" [A questão da técnica], ensaio que faz parte da obra de Martin Heidegger *Vorträge und Aufsätze* (1954).

23. Com o subtítulo *O alto custo da vida pública no Brasil*. São Paulo: Companhia das Letras, 2000. Prêmio Jabuti de melhor ensaio, 2001.

24. A ironia reside no fato de que se acusa o PT, ou a esquerda em geral, de defender um Estado forte e contrário às privatizações.

25. Ver minha entrevista com Fernando Henrique Cardoso, "Em nome da sociologia", *Revista Sociologia*, n. 30, 2010.

18. A QUARTA AGENDA DA DEMOCRACIA BRASILEIRA [pp. 252-64]

1. Publicado na revista *Interesse Nacional*, ano 7, n. 25, abr.-jun. 2014. Disponível em: <http://interessenacional.com/index.php/edicoes-revista/eleicoes-2014-a-quarta-agenda-da-democracia-brasileira-ou-o-que-2013-trouxe/>. Alterado, aqui, para suprimir o que era demasiado datado. Nunca, porém, alterei um texto para substituir previsões que deram errado por outras que dariam certo.

2. Tratei das manifestações numa série de artigos no jornal *Valor Econô-*

mico, publicados às segundas-feiras, entre 17 de junho e 23 de setembro de 2013, e, mais tarde, no artigo "O Brasil e a democracia de protesto", republicado aqui às pp. 218-51.

3. *Accidental President of Brazil* é o título do livro que Fernando Henrique Cardoso publicou no exterior, sobre sua gestão — depois editado no Brasil com o adjetivo "acidental" substituído por "improvável".

4. Disponível em: <https://www.youtube.com/watch?v=vKgJuNDJYsI>. O vídeo mais impressionante da campanha de 2012 é o discurso ininterrupto de um jovem que fala de suas esperanças no futuro: "Nada nunca foi fácil para mim", diz ele. O título é "Meu nome é João". Disponível em: <https://www.youtube.com/watch?v=CZGv6L7Cyjg>.

5. Alguns dizem neoliberal, mas para a reflexão feita aqui basta assinalar que a prioridade era a economia, sobretudo as contas públicas.

6. O economista Gustavo Franco, um dos principais nomes do mundo tucano, afirma em artigo de 2010: "A social-democracia que os tucanos traziam, e cuja expressão mais clara era a estabilidade da moeda, definia um projeto tão simples quanto inovador: num país de privilégios e igrejinhas, onde a parte 'vertebrada' da sociedade estava embriagada de patrimonialismo, revolucionário era reorganizar a economia a partir de regras universais, onde a lei era a mesma para todos, e a moeda despolitizada". Gustavo Franco, "Saudades do PSDB com um projeto político nítido", *Folha de S.Paulo*, 28 nov. 2010. Note-se que essas características se aplicam mais a um partido liberal do que a um social-democrata.

19. A INTERNET NÃO É UMA ÁGORA [pp. 265-9]

1. Um exemplo conhecido desse uso da alta tecnologia para fins baixos — para além das armas em geral — está na utilização, em países da Ásia, do teste de ultrassom para detectar o sexo do feto, levando ao abortamento dos de sexo feminino. Ou seja, se a sociedade continua machista, a tecnologia serve ao machismo.

2. Relatei a experiência em meu livro *Por uma nova política*. Cotia: Ateliê, 2003.

3. Por volta de 2010, o presidente Fernando Henrique Cardoso convidou várias pessoas, inclusive a mim, seguidores de linhas políticas diferentes, querendo criar uma plataforma de debates políticos pela internet. Infelizmente, o resultado foi partidário.

1ª EDIÇÃO [2017] 1 reimpressão

ESTA OBRA FOI COMPOSTA PELA SPRESS EM MINION E IMPRESSA EM OFSETE
PELA LIS GRÁFICA SOBRE PAPEL PÓLEN SOFT DA SUZANO PAPEL E CELULOSE
PARA A EDITORA SCHWARCZ EM OUTUBRO DE 2017

A marca FSC® é a garantia de que a madeira utilizada na fabricação do papel deste livro provém de florestas que foram gerenciadas de maneira ambientalmente correta, socialmente justa e economicamente viável, além de outras fontes de origem controlada.